Apício

História da incorporação de um livro de cozinha na Alta Idade Média

Wanessa Asfora

Apício

História da incorporação de um livro de cozinha na Alta Idade Média

Copyright © 2014 Wanessa Asfora

Grafia atualizada segundo o Acordo Ortográfico da Língua Portuguesa de 1990, que entrou em vigor no Brasil em 2009.

Edição: Joana Monteleone/Haroldo Ceravolo Sereza
Editor assistente: João Paulo Putini
Assistente acadêmica: Danuza Vallim
Projeto gráfico, capa e diagramação: Gabriel Patez Silva
Revisão: Alexandra Colontini
Imagem da capa: <sxc.hu>

Este livro foi publicado com o apoio da Fapesp.

CIP-BRASIL. CATALOGAÇÃO NA PUBLICAÇÃO
SINDICATO NACIONAL DOS EDITORES DE LIVROS, RJ

A848a

Asfora, Wanessa
APÍCIO : HISTÓRIA DA INCORPORAÇÃO DE UM
LIVRO DE COZINHA NA ALTA IDADE MÉDIA
Wanessa Asfora. - 1. ed.
São Paulo : Alameda, 2014
276p.

Inclui bibliografia
ISBN 978-85-7939-276-4

1. Idade Média - História. 2. Hábitos alimentares - História. 3. Alimentos - História. I. Título.

14-12824	CDD: 392.37
	CDU: 392

ALAMEDA CASA EDITORIAL
Rua Conselheiro Ramalho, 694 – Bela Vista
CEP 01325-000 – São Paulo – SP
Tel. (11) 3012-2400
www.alamedaeditorial.com.br

Para Fernando

SUMÁRIO

Prefácio 9

Apresentação 15

Introdução. Objeto e método 19

Capítulo 1. Texto de fronteiras? 31
Os manuscritos medievais 36
Diferentes temporalidades 47
Livro de cozinha ou receituário médico? 59

Capítulo 2. O fruto proibido, a hóstia e Apício 71
O medo do fruto edênico 78
Hóstia: anticomida 95
Apício excede 103

Capítulo 3. Ingredientes do horto 107
Um pouco sobre a tradição médica altomedieval 108
Dietética: comida e medicamento 118
Farmacopeia apiciana 126

Capítulo 4. *Armarium pigmentorum*: condimentos à base de peixe   149

Garo e outros condimentos à base de peixe   152

Produto exótico ou regional?   159

Artigo de prestígio, bem simbólico   173

Capítulo 5. Temperar apício   181

Um livro de molhos   182

Tempero, temperança   194

Capítulo 6. O lugar da incorporação   213

Tensas incorporações   215

O *locus* apiciano   229

Considerações finais. O sono de apício   239

Referências bibliográficas   245

Prefácio

Talvez o maior ganho qualitativo na história da historiografia tenha ocorrido na década de 1970 quando a chamada *Nouvelle Histoire* deu cidadania a temas anteriormente considerados menores, se não apenas anedóticos ou mesmo inúteis. Foi então que alguns historiadores, logo seguidos por crescente número de colegas e uma enorme quantidade de leitores (o livro de Emmanuel Le Roy Ladurie, *Montaillou, village occitan de 1294 à 1324*, Paris, Gallimard, 1975, traduzido em várias línguas, vendeu mais de dois milhões de exemplares), perceberam que não se poderia compreender o homem do passado sem levar em conta todas suas atividades. Ao lado das tradicionais histórias política, econômica e social seria preciso examinar a vida cotidiana, festiva, vestimentar, medical, sexual, comportamental, emocional, espiritual.

E alimentar. Aquilo que homens e mulheres do passado comiam revela muito de suas condições materiais e culturais. Comer nunca é somente necessidade biológica, é resultado de desejos, escolhas, imposições, manipulações, criatividade. O que se come, como se come, quando se come e com quem se come não são dados secundários. Tampouco quem come o quê. Se existe um código alimentar básico em cada sociedade, ele não é exatamente o mesmo em todos seus segmentos. Entre a mesa dos *bellatores*, dos *oratores* e dos *laboratores* medievais havia claras diferenças quantitativas, qualitativas e procedimentais. Por razões mais éticas do que dietéticas, muitos pensadores medievais prescreviam um consumo alimentar pleno de restrições. Este apelo à moderação vinha na verdade da Antiguidade pagã, enunciado desde Hipócrates (c. 460-c. 370 a.C.), embora, geralmente, por motivos mais dietéticos que morais. Como quer que seja, a culinária de uma sociedade, passada ou presente, pode fornecer ao observador indícios sobre sua estrutura agrária, pastoril, mercantil, técnica, social, filosófica, religiosa.

O estudioso de sociedades pré-industriais também pode se beneficiar desse campo de observação porque a gastronomia não é somente prática, transmitida oral e visualmente de geração a geração no *Sancta Sanctorum* da cozinha. Ela comporta igualmente um registro erudito, escrito, desde tempos remotos. Foi em Roma que surgiu no século I um desses textos, tornado famoso ao longo dos séculos e atribuído a um personagem enigmático, Marcos Gavio Apício. Do seu livro de cozinha sobreviveram somente três cópias elaboradas entre os séculos VIII e IX, ponto de partida para as interessantes reflexões que Wanessa Asfora desenvolve na obra que o leitor tem agora em mãos. Seguindo a lição de Marc Bloch e Lucien Febvre para quem o historiador deve antes de tudo problematizar seu objeto de estudo, a autora coloca de início uma questão aparentemente simples e contudo essencial: por que o texto de Apício, elaborado em contexto secular e pagão, estaria presente em bibliotecas monásticas vários séculos depois? A incongruência parece clara, pois o filósofo romano Sêneca, contemporâneo mais novo de Apício, já o tinha taxado de "mestre de culinária que com seu ensino corrompeu toda uma época".

Para fundamentar a resposta, Wanessa começa por um exame aprofundado dos manuscritos medievais de Apício, consciente, como diz, de que "as marcas de fronteira nem sempre constituem elementos de fácil reconhecimento". E ela tem razão. Tais manuscritos devem ser vistos pelo seu conteúdo antigo ou pelo seu suporte medieval? Se a mensagem deles é somente culinária, como afirma de forma geral a historiografia, como entender a presença de receitas e ingredientes que parecem deslocados no contexto medieval? Sobretudo, como justificar uma cozinha da fartura e do prazer tal como concebida pelos ambientes sociais e culturais aos quais se dirigia na origem o livro de Apício, com a cozinha da frugalidade e da simplicidade que seria a única legítima nos ambientes monásticos da época carolíngia?

A resposta tradicional a todas estas questões – os manuscritos medievais de Apício teriam resultado de simples exercícios de escribas – não satisfaz nossa autora, pois certamente existiriam centenas de outros textos mais adequados para os noviços aprenderem a difícil arte de copiar e escrever. Não aceitando que o *De re coquinaria*, como será chamado pela erudição a partir do século XIX, tenha sido um texto morto, uma mera curiosidade de gramático, como definiu há não muito tempo um historiador, contudo bom especialista da culinária medieval, Wanessa debruça-se com cuidado e acuidade sobre as receitas transmitidas pelos manuscritos. Tarefa delicada, pois os termos não tinham necessariamente o mesmo significado no latim clássico e no latim altomedieval. É o caso, por exemplo, do célebre *garum*, molho à base de peixe importante no receituário de Apício, ao qual nossa medievalista dedica um capítulo de grande erudição e perspicácia.

Mesmo quando certas páginas do presente trabalho poderiam parecer um excurso, o plano geral e a linha básica de argumentação jamais são perdidos. É o que comprova outro interessante capítulo, "O fruto proibido, a hóstia e Apício". Se à primeira vista ele dá a impressão de colocar a discussão em um ponto afastado do livro de cozinha que se pretende analisar, logo se constata que a questão é essencial para compreender por que os ricos e prestigiosos mosteiros de Fulda e de Tours realizaram cópias do manuscrito de Apício. E, desta maneira, a demonstração avança: entre aquilo que a cultura monástica rejeita na alimentação (fruto proibido) e aquilo que ela valoriza (hóstia) existe – tal é a tese básica defendida com toda plausibilidade por Wanessa Asfora – um compromisso que explica a realização das cópias de Apício.

Esse compromisso implicava certa indistinção entre culinária e medicina, entre comida e medicamento. A partir disso, apesar das dificuldades teóricas para os homens da Idade Média, sobretudo monges, aplainava-se um pouco o fosso entre gula e temperança, entre desejo e necessidade. Acostumados atualmente com a presença cotidiana de substâncias prazerosas que alimentam (como chocolate, vinho, cerveja) ou alimentos que dão prazer (especiarias, açúcar, chá, café etc.), não é fácil para os homens do século XXI entender o esforço dos monges medievais para harmonizar as duas instâncias. É verdade que desde os gregos antigos até o século XVII europeu (e, mesmo hoje em dia, com o conceito de alimentos reconstituintes) aceitou-se a ideia de alimento-medicamento, porém com muita frequência oposto ao prazer (por exemplo, o óleo de fígado de bacalhau muito utilizado ainda no século passado).

Daí a importância dos temperos nas receitas de Apício. Como Wanessa insiste justificadamente, temperar deve ser entendido ali como "correção ou produção de qualidade", isto é, de temperamento no sentido médico antigo de conjunto de traços psicológicos que determinam a índole do indivíduo. Temperar um alimento é, indica a etimologia do verbo, "regular", "moderar", "equilibrar" os humores corporais segundo a concepção da medicina hipocrático-galênica. Por isso, e vários estudiosos já o notaram, o livro de Apício é um livro de molhos. Ele teria, aliás, escrito um livro dedicado exclusivamente a eles, *De condituris*. No levantamento de nossa historiadora, das 490 receitas fornecidas pelo *De re coquinaria* mais de 400 são de pratos que levam molhos, e "cerca de metade destas receitas apresenta apenas orientações para o preparo do molho, nada dizendo sobre o que fazer com o ingrediente principal".

Seria um ato falho do texto romano, sugerindo mais sua faceta dietética do que gastronômica? É possível, porque um contemporâneo de Apício, Celso, preocupou-se no seu *De Medicina* com os aspectos terapêuticos da alimentação. No entanto é difícil assegurar, porque o Apício medieval, o único que se conhece atualmente, "estabeleceu uma ligação contraditória, tensa, mas, sobretudo, genuína, entre o universo das necessidades e o universo dos prazeres vividos ou sonhados". É aos interstícios desses universos que somos apresentados de forma criteriosa pelo presente livro. Se ele não fornece todas as respostas que o leitor poderia desejar, é simplesmente porque, como Lucien Febvre assinalou, "historiador não é aquele que sabe. É aquele que procura". E para todo interessado na *quête* do camaleônico mundo apiciano da Idade Média, Wanessa Asfora nos oferece este guia seguro e estimulante, que merece ser lido e refletido.

Hilário Franco Júnior
Universidade de São Paulo

Apresentação

Este livro é o resultado de minha tese de doutoramento defendida no ano de 2010. O texto apresentado naquela ocasião é, em sua essência, o mesmo que o leitor encontrará nas páginas seguintes. Mas devo confessar que a decisão de publicá-la desta maneira não foi tomada tranquila e determinadamente. Como muitos historiadores, tive sim a pretensão de empreender uma revisão cirúrgica; uma revisão daquelas que dissipa todos os equívocos, emenda todos os buracos, pretende fazer desaparecer qualquer tipo de incongruência. Uma revisão que lustra o texto, deixando-o com fino acabamento. Porém, não é isso que fiz. A pesquisa com Apício, como se verá, é sinuosa e propõe desafios ao historiador. Ao medievalista, principalmente, impõe a necessidade da desconstrução de ideias pré-concebidas. Ao reler a tese, percebi que seu caráter sinuoso e desconstrutivista, se é que posso chamá-lo assim, seria eliminado pelos instrumentos de precisão de minha pretensa revisão. Deixei-a, então, do jeito que foi terminada, revelando de maneira escancarada não só tal caráter, mas também sua condição de produto de um tempo: dentre todos os tempos da história, particularmente o meu tempo como pesquisadora. Assim, as modificações realizadas tiveram como único objetivo esclarecer trechos cuja redação encontrava-se pouco compreensível, bem como atualizar uma ou outra referência bibliográfica.

Aproveito esta apresentação, como não poderia deixar de ser, para agradecer. Começo pelos professores. A Hilário Franco Júnior, com quem iniciei minha trajetória de pesquisadora em História Medieval, agradeço pelo reconhecimento de Apício como objeto legítimo de investigação científica, pela orientação respeitosa e objetiva, pelas contribuições e sugestões que disponibilizou ao longo de suas aulas e de suas obras, e, acima de tudo, por sua amizade. Aos professores que participaram da banca de defesa, Mário Jorge da Motta Bastos, Henrique Carneiro, Flávio de Campos e Leila Mezan Algranti, obrigada pela leitura atenciosa e pelo incentivo para que esta publicação fosse possível. A Massimo Montanari, pelo estímulo e ponderações críticas ao projeto de pesquisa, pela oportunidade de apresentar seus primeiros desenvolvimentos a um público bastante especializado e, acima de tudo, por acreditar que a tese era possível. À Eliana Magnani, historiadora do Centre Nationale de la Recherche Scientifique, pelo convite para publicação dos resultados iniciais da pesquisa, pelo curso que me iniciou na paleografia medieval e pelo apoio para a realização da primeira viagem para coleta de material.

A todos os amigos e colegas da academia. Em especial, aos medievalistas Vivian Coutinho, Gabriel Castanho e Eduardo Aubert que, como grupo, contribuíram de maneira profunda para minha formação. Individualmente, agradeço, com admiração, à Vivian por seu companheirismo e cumplicidade, dentro e fora da Medievalística, por seu exemplo de luta e perseverança. Ao Gabriel, por sua generosidade, pelos apontamentos crítico feitos à leitura da tese quase completa e pelas conversas intermináveis sobre o Medioevo e a Modernidade, a Modernidade e o Medioevo. Ao Eduardo, por sua excelência e criticidade no fazer historiográfico e por me mostrar o valor da diferença. Para além da Idade Média, à Cristina Bonfiglioli pela leitura do primeiro capítulo, pelas indicações bibliográficas e pelas ricas sugestões para o "nome da coisa" pensadas a partir de um campo de estudo interdisplinar para mim pouco familiar, a Biologia, a Ecologia e a Comunicação. Aos queridos companheiros dedicados aos estudos da alimentação: à Renata Simões pela troca de ideias sobre nossos temas afins e pelas discussões metodológicas acerca da potencialidade dos livros de cozinha para o estudo da História; à Paula Pinto e Silva, competente antropóloga, pelas oportunidades de lhe ouvir falar sobre comida de uma perspectiva sempre muito rica e inventiva; a Carlos Alberto Dória, por seu olhar provocativo e criativo sobre o universo alimentar e pelo convite para apresentar Apício a seus alunos sociólogos; e a Alexandre Agnolon, pelas aulas de latim e suas frutíferas contribuições e divagações acadêmicas sobre a antiga Roma e o uso do garo. Finalmente, à Flávia Roberta Costa e ao Fernando Nogata Kanni, amigos e profissionais do Turismo, minha primeira formação, por acompanhar e ouvir pacientemente minhas queixas e dúvidas sobre trabalhar com uma distante Idade Média, pelas observações perspicazes e enriquecedoras sobre como levar a vida e pelo carinho de uma amizade de mais de vinte anos.

Os amigos de outras paragens também merecem um lugar especial. São eles que, sinalizando o mundo exterior, obrigam o pesquisador a conferir sentido ao trabalho acadêmico. De coração, agradeço à Angélica Bonfiglioli Lopes, pelas conversas sobre a vida e por seu olhar que enxerga; à Samira Hamra Wittenstein, por sua doçura e pelo impagável auxílio na British Library; à Ana Paula Cairrão, Luciana Occhiuto Nunes e Marcia Mello por constantemente me lembrarem da "vida lá fora"; a Suzy Capobianco, pelo incansável e generoso trabalho de me fazer acreditar que interações e interlocuções verdadeiras são possíveis.

A meus pais, Mauricio e Fátima, a minha irmã Rhamona e a meu sobrinho Pedro agradeço por me mostrarem o poderoso significado de comer e beber em torno de uma mesa. A Fernando Nadler, meu marido, por tudo e muito mais.

Por último, agradeço à Fundação de Amparo à Pesquisa do Estado de São Paulo (Fapesp), que por quatro anos concedeu o apoio financeiro indispensável para a realização da tese defendida junto à Faculdade de Filosofia, Letras e Ciências Humanas da USP, bem como para sua publicação junto à Alameda Editorial.

Introdução

Objeto e método

Compreender um livro de cozinha como registro social, objeto a partir do qual é possível apreender aspectos da sociedade a que ele se encontra atrelado, é um fenômeno historiográfico recente. Na realidade, foi necessário que a alimentação, entendida de maneira mais ampla, fosse habilitada pelos historiadores como terreno legítimo de investigação; o que, de certo modo, há algum tempo já acontecia na Antropologia e na Sociologia.[1] O processo de legitimação do universo alimentar como campo fecundo para os estudos históricos alavancou-se a partir da produção intelectual da segunda geração da chamada

---

1   A alimentação constitui um domínio de pesquisa recente dentro do conjunto da produção intelectual das ciências sociais. São precursores os trabalhos de antropólogos e sociólogos que desde o final do século XIX desenvolveram estudos que, embora centrados em problemáticas relacionadas a outros fenômenos sócio-culturais, como o tabu, o totemismo, o sacrifício e a comunhão, acabaram por se debruçar, de maneira indireta, sobre questões relacionadas à alimentação. Comparativamente, a entrada da História nesse campo é posterior. No entanto, mesmo que o interesse dos historiadores pela alimentação tenha sido tardio, suas contribuições foram decisivas para a consolidação de uma perspectiva teórica interdisciplinar de trabalho, hoje compartilhada pela maioria dos especialistas no assunto. Para uma recuperação histórica abrangente da constituição do campo de estudos sobre a alimentação, ver: GOODY, 1982, p. 10-37; MENESES; CARNEIRO, 1997, p. 9-91; MENNELL; MURCOTT; VAN OTTERLOO, 1992, p. 28-34; MINTZ, 2001, p. 31-41; POULAIN, 2004, p. 151-222.

Escola dos Annales.[2] No ano de 1961, na seção da revista *Annales E.S.C.* intitulada "Enquêtes ouvertes", Fernand Braudel publicou dois breves artigos, célebres e pioneiros – "Vie matérielle et comportements biologique" e "Alimentation et catégories d'alimentation"[3] – que tinham como fio condutor comum evidenciar a rica possibilidade de se estudar as sociedades pela investigação da vida material. A alimentação fora escolhida como domínio privilegiado para exemplificar esse exercício de pesquisa. Braudel enfatizou a necessidade de investigação para além do evento alimentar, o que significava situá-lo em um quadro explicativo muito mais amplo e que desse conta das conjunturas de curta e de longa duração. Esta última, para o autor, só poderia ser compreendida se se fizesse convergir pesquisas de geógrafos, antropólogos e historiadores da chamada pré-história.[4]

Com aqueles artigos, Braudel elevou o estatuto da alimentação a objeto de estudo tão sério e "nobre" quanto os demais,[5] iniciando, assim, um processo de ruptura entre o paradigma corpo/mente que tradicionalmente orientava a produção historiográfica (processo esse que, diga-se de passagem, se encontra em estado mais amadurecido, porém não terminado). Além disso, evidenciou-se a capacidade totalizante da

---

2   Não se está considerando aqui certo interesse histórico, enciclopédico e, por vezes, anedótico, acerca das cozinhas de outros períodos. A esse respeito, no Ocidente europeu, o século XVIII francês, berço da chamada gastronomia histórica, oferece alguns exemplos, a partir da obra fundadora de Le Grand d'Aussy, *Histoire de la vie priveé des Français*, de 1782 (cf. LAURIOUX, 1997b, p. 9).

3   Cf. BRAUDEL, 1971a, 1961b.

4   Daí que valesse a pena, na ocasião, destacar o trabalho do botânico polonês Adam Maurizio (1932) que, a despeito de sua formação, escreve a obra sobre história da alimentação que se tornaria referência para os demais pesquisadores do tema. O que agrada Braudel na obra de Maurizio é justamente sua capacidade de trabalhar com a perspectiva da longa duração.

5   "[...] le secteur de l'histoire alimentaire est l'un quelconque des domaines de la recherche et de l'interpretation historiques [...]. Ses élements sont emportés par les mêmes courants que les élements les plus nobles de l'histoire" (BRAUDEL, 1961b, p. 723).

alimentação que, a partir daquele momento, mais do que nunca, só poderia ser entendida por completo se fossem levadas em consideração as múltiplas e comunicantes perspectivas que a configuram, isto é, a biológica, a econômica, a social e a cultural.

Na França, um balanço dos primeiros desdobramentos das ideias lançadas por Braudel pôde ser lido em um dossiê especialmente dedicado à história do consumo alimentar, dirigido por Maurice Aymard e publicado em *Annales E.S.C.* em 1975. O dossiê reuniu trabalhos de vários pesquisadores, cobrindo questões relativas ao consumo em diversos lugares no período compreendido entre os séculos XIV e XIX.[6] No entanto, é o artigo do próprio Aymard (1975, p. 431-444), "Pour l'histoire de l'alimentation: quelques remarques de méthode", que consolidará posicionamentos teóricos que transbordarão as fronteiras dos estudos históricos e dinamizarão a interdisciplinaridade já pregada por Braudel.

Esse aspecto fica evidente quando Aymard, após agrupar a produção acadêmica sobre alimentação em três grandes vias – psicossociologia da alimentação; abordagem macroeconômica da alimentação; investigação quantitativa e qualitativa da alimentação antiga –, aponta como problemático, no grupo de trabalhos afinados com a terceira via, aquilo que mais diretamente lhe interessava, o procedimento analítico empregado pelos pesquisadores de isolar os componentes alimentares de um conjunto mais amplo. Para Aymard, os diversos componentes da alimentação humana ganham sentido apenas no interior de um regime alimentar que, como uma dada cultura, só pode ser entendido dentro de um sistema de culturas. Sistema esse que, bem ou mal, possui certo equilíbrio. O regime alimentar de que trata possui todos os aspectos de uma estrutura no sentido braudeliano, ou seja, evolui lentamente e com

---

[6] Trata-se de dezessete artigos, dos quais apenas três referem-se à Idade Média. São eles: BENNASSAR; GOY, 1975, p. 402-430; AYMARD, 1975, p. 431-444; CHARBONNIER, 1975, p. 465-477.

pouca elasticidade.⁷ A importância das análises seriais nesse momento evidencia o peso que a história econômica exercia nos estudos alimentares de diversos períodos. Influência esta que somente mais tarde deixará de ser tão fortemente sentida.

A necessidade de ir além da história para estudar as sociedades pela via da alimentação estava posta. O artigo de Aymard acabou por reforçar aos historiadores a importância da materialidade de certos aspectos que permeiam as abstratas relações sócio-econômicas. Introduziu também novas perspectivas de análise nos jogos das relações sociais anteriormente encaradas apenas do ponto de vista estritamente político e econômico: a perspectiva biológica do consumidor e a perspectiva ecológica dos locais de produção.

Juntamente com as ciências biológicas e da natureza, as ciências sociais já eram chamadas a contribuir com seus aportes teóricos para os estudos históricos sobre a alimentação desde os mencionados artigos de Braudel. Entretanto, na prática, seu ingresso definitivo nos domínios historiográficos é posterior. Após a publicação da obra *Le cru et le cuit* e do artigo *Le triangule culinaire* de Claude Lévi-Strauss, em 1964 e 1965 respectivamente, a alimentação é transportada para o centro do olhar antropológico e sociológico, inaugurando uma nova fase de trabalhos nessas áreas.⁸ Para os historiadores, a obra de Lévi-Strauss e

---

7   "[...] les diverses composantes de l'alimentation humaine ne prennent leur sens qu'à l'intérieur d'un régime alimentaire, de même que les cultures à l'intérieur d' un système des cultures. À celui-ici d'assurer, bien ou mal, une sorte d'équilibre. Ce regime a tous les aspects d' une structure, au sens de Fernand Braudel: il n'évolue que très lentement dans le temps, avec une très faible élasticité" (AYMARD, 1975, p. 434).

8   Ainda que Claude Lévi-Strauss tenha feito uso da cozinha como instrumental para compreender mais profundamente o universo mitológico de populações ameríndias, sua tetralogia intitulada *Mitológicas*, bem como o artigo no qual o célebre triângulo culinário é apresentado acabaram por constituir referências fundamentais, a partir das quais foram lançadas novas vertentes de reflexões sobre a alimentação (cf. LÉVI--STRAUSS, 1964, 1965, 1967, 1968 e 1971).

seus rendimentos proporcionarão uma mudança no foco dos estudos sobre a alimentação. A perspectiva da produção e do consumo será lentamente substituída pela perspectiva da cozinha, fortemente atrelada a concepções mais estruturalistas ou culturalistas do universo alimentar. Em 1982, no primeiro grande encontro internacional dedicado à alimentação na Idade Média – "Manger et Boire au Moyen Âge", realizado em Nice –, abria-se um pequeno espaço para a investigação da cozinha medieval, embora os trabalhos ali apresentados ainda se encontrassem, em sua grande maioria, dominados pelas problemáticas ligadas ao consumo.[9] A mudança de foco definitiva – do alimento para a cozinha – acontecerá somente ao longo dos anos posteriores, quando edições antigas de livros de cozinha foram redescobertas, novas edições propostas e estudos mais amadurecidos delas derivados ganharam espaço.[10] O resultado dessa nova fase de trabalhos pôde ser visto em 1990, em outro colóquio internacional, Du Manuscrit à la Table, sediado em Montreal.[11] Iniciava-se, assim, um caminho fértil para investigações a partir de um *corpus* documental diferenciado, incluindo-se aí os livros de cozinha. Talvez a iniciativa de maior vulto nesse sentido tenha sido a criação do grupo de trabalho Enquête sur les Traités Culinaires Anciens na École des Hautes Études en Sciences Sociais, em Paris, que permaneceu sob a direção do historiador Jean-Louis Flandrin de 1983 a 2001 (ano de sua morte). O grupo de Flandrin comportava alguns medievalistas que, sem dúvida nenhuma, viriam a dinamizar o estudo sobre a alimentação e a cozinha do período.

---

9   *Manger et boire au Moyen Âge. Actes du colloque de Nice (15-17 octobre 1982)*, Paris, 1984. 2 v.
10 Para uma listagem de novas e velhas edições de livros de cozinha, cf. LAURIOUX, 1997a, p. 7-11; repertório ampliado por LAMBERT, 1992, p. 317-379.
11 Cf. LAMBERT, 1992.

Entretanto, a despeito dos progressos relativos à valorização dos livros de cozinha como fonte para a história, questões de método envolvendo seu tratamento permanecem pouco discutidas.[12] No caso específico da Idade Média, um dos trabalhos pioneiros parece ser o artigo "From the cookbook to the table: a Florentine table and Italian recipes of the fourteenth and fifteenth centuries", de Allen Grieco (1992, p. 29-38). A pergunta que ecoa logo na sua introdução evidencia o grande nó metodológico com o qual o historiador deve se preocupar: "somente o fato de uma receita aparecer em um livro de cozinha significa que ela foi, realmente, preparada, servida e consumida alguma vez?".[13] Nó que poderá ser desfeito, segundo Grieco, apenas pela análise serial daquele tipo de fonte ou através do cruzamento das informações ali contidas com outras advindas indiretamente de fontes diversas. Decorrentes da primeira questão, Grieco levanta então quatro outras que deveriam orientar o trabalho de qualquer historiador na investigação dos livros de cozinha e que foram aplicadas em sua análise acerca da documentação da *mensa della Signoria* de Florença no século XIV: 1. Qual a relação entre livros de cozinha e prática culinária? Ou seja, livros de cozinha do passado de fato refletem uma determinada prática culinária? 2. Se as receitas desses livros eram realmente preparadas, é possível dizer algo sobre o grupo social ao qual estavam destinadas? 3. Dentro do conjunto de receitas praticadas, o que se sabe sobre seu contexto de preparação? Trata-se, por exemplo, de receitas cotidianas, elaboradas para banquetes ou para tratamento de doentes? 4. Qual a frequência de preparação

---

12 Para discussões teóricas envolvendo fontes de períodos distintos e tipologia variada relativas à História da Alimentação, lembro os trabalhos apresentados por ocasião do Congresso Gli archivi per la storia dell'alimentazione, realizado em Potenza-Matera em 1988 (Cf. GLI ARCHIVI, 1995).

13 "just because a recipe appears in a cookbook does it mean that it was ever actually prepared, served and eaten?" (GRIECO, 1992, p. 29, tradução nossa).

dessas receitas? Eram todas preparadas com a mesma regularidade ou algumas delas quase nunca eram preparadas?

Em um artigo publicado cinco anos depois, Bruno Laurioux (1997b, p. 463-487) se debruça sobre as possibilidades de trabalho com essas "fontes lacunares" que são os livros de cozinha. Partindo da mesma perspectiva de tratamento que Allen Grieco – análise serial e cruzamento com demais fontes –, Laurioux discute brevemente os limites e as contribuições que a documentação de natureza escrita, iconográfica ou arqueológica pode apresentar ao historiador no momento do trabalho com livros de cozinha. Quando fala de livro de cozinha, o medievalista francês tem em mente cerca de 150 manuscritos que contêm livros datados entre 1300 e 1500. Suas orientações metodológicas voltam-se para essa série única e pouco explorada até então. No mesmo ano, Laurioux terá a oportunidade de discutir com mais profundidade as questões brevemente delineadas nesse artigo em um manual integrante da importante coleção "Typologie des Sources du Moyen Âge Occidental". Entretanto, a discussão metodológica proposta por Laurioux permanece direcionada essencialmente para a documentação do final da Idade Média. Aspecto, inclusive, justificado pelo próprio autor, que considera o final do século XIII como o momento do "renascimento" do gênero (LAURIOUX, 1997a, p. 27).

Em geral, Apício não é reconhecido pelos medievalistas como um livro de cozinha medieval – o que, de saída, já anuncia alguns dos problemas que serão aqui investigados. Mesmo dentre os especialistas do período altomedieval, Apício passa quase despercebido.[14] Até onde se

---

14   Se comparado com outros períodos históricos, são ainda poucos os trabalhos essencialmente voltados para questões alimentares da Alta Idade Média; no entanto, um bom repertório do que existe foi organizado recentemente pelos historiadores Bruno Laurioux, Alban Guatier e Yann Morel para a Ménestrel, rede que disponibiliza na Internet recursos para o estudo da Idade Média. Disponível em: <http://www.menestrel.fr/spip.php?rubrique987&lang=fr>.

verificou, somente Liliane Plouvier, no primeiro volume de sua obra *L'Europe à table*, enxerga valor culinário à cópia das receitas apicianas no início da época carolíngia: "Sobre Carlos Magno, a cozinha antiga sobrevive. A *Arte culinária* de Apício é escrupulosamente recopiada no século IX, enquanto o garo continua a atrair gourmets.". Para aquela historiadora, não existe anacronismo nesta perspectiva interpretativa, pois pelo menos parte das receitas apicianas adere muito bem ao modelo alimentar carolíngio.[15]

No entanto, apesar dessa interpretação positiva sobre a possibilidade de uma leitura altomedieval de Apício, Plouvier não oferece em sua obra uma discussão teórica que fundamente mais criticamente tal interpretação. Em busca dessa fundamentação, além das obras de Laurioux, a opção foi recorrer a filólogos, latinistas e historiadores da Antiguidade (da alimentação ou não), mas que, como se verá mais adiante, com preocupações distintas, acabaram por não elucidar a questão que aqui realmente interessa: por que copiar Apício na Alta Idade Média?

De qualquer forma, muito do que se escreveu até o momento sobre livros de cozinha medievais, independentemente do período, auxilia a refletir sobre esse tipo de literatura como objeto social que permite, afora a compreensão de sua razão de ser como gênero literário, configurar alguns quadros das sociedades aos quais estão vinculados (nesse sentido, o manual de Bruno Laurioux permanece sendo a melhor referência). Isso porque o texto de um livro de cozinha – geralmente sob a forma de receitas, mas também de prescrições e orientações – propicia acesso a diversas dimensões da vida humana: ecossistemas podem ser

---

15 "Sous Charlemagne la cuisine antique survit. L'*Art culinaire* d'Apicius est scrupuleusement recopié au IXe siècle, tandis que le *garum* attire toujours les gourmets" (PLOUVIER, 2003, p. 91). E, mais adiante: "Sa relecture [de Apício] attentive permet même d'en extraire un petit *corpus* de recettes que ne révèlent aucun anachronisme et 'collent' bien au modèle alimentaire carolingien" (p. 149).

delineados por meio da maior ou menor incidência de gêneros alimentícios que ali figuram; níveis de organização material podem ser supostos a partir da investigação de técnicas e utensílios necessários à consecução das preparações e recomendações culinárias; aspectos sociais e econômicos podem ser esboçados quando se tenta perfazer os caminhos da produção e circulação de matérias-primas, mercadorias e demais bens presentes nas receitas; noções culturais podem ser conhecidas quando certos sabores, cheiros, texturas, temperaturas e procedimentos são positivados, enquanto outros são apresentados de forma negativa ou proibitiva.

Entretanto, esse acesso não se dá apenas pela análise do discurso – esta é uma primeira etapa, uma abordagem inicial de familiarização –, já que há uma série de limitações relativas à linguagem extremamente técnica e econômica dos livros de cozinha. Nesse tipo de literatura, o vocabulário especializado e as formulações sintéticas funcionam como um dispositivo textual que permite recolher em um universo mais profundo técnicas, saberes, gestos, cálculos e interpretações que não necessitam serem ditos. Dessa forma, é apenas na comparação com outras fontes – de mesma natureza ou não – que aquelas dimensões, sempre sobrepostas, poderão ser, eventualmente, identificadas em meio aos silêncios do texto culinário.

Retomando Apício, o livro de cozinha, fica evidente que seu tratamento será bastante peculiar. A despeito da possível existência de textos romanos, os textos mais antigos que se conhece pertencem ao período altomedieval. Assim, diante da inexistência de outros livros de cozinha contemporâneos que permitam o diálogo com Apício, será impossível inseri-lo em uma tradição textual de livros de cozinha específica à Alta Idade Média e proceder a uma análise propriamente serial (ao contrário do que se passa com o estudo dos receituários dos séculos XIII e XIV, como *Viandier de Taillevent*, *Registro de coquina*, de Jean de Bockheim, e *De honesta voluptate*, de Platina). A perspectiva de investigação, portanto, posicionará Apício em uma tradição mais longa de textos referentes ao universo da cozinha – que remonta à Antiguidade greco-romana – mas que no momento medieval de sua confecção se atualiza, adquirindo um novo sentido de incorporação. Para buscar compreender como é tecido esse jogo entre o antigo e o medieval, Apício deverá dialogar também com fontes contemporâneas de natureza diversa que auxiliem na circunscrição de seu *locus* medieval. É dentro desse enquadramento que as múltiplas variáveis, as dimensões mencionadas há pouco, poderão ser observadas. Com isso, obviamente, não se pretende anular possibilidades de leitura de Apício como fonte para a história da Antiguidade (uma parte dela, pelo menos). Os limites e as perspectivas que Apício impõe ao antiquista e ao medievalista são distintos, e qualquer tentativa de conhecê-lo melhor necessita, portanto, estabelecê-los.

A noção de incorporação, embora seja trabalhada mais especificamente apenas no último capítulo, é a chave organizadora de toda a reflexão que permeia este trabalho. Sua importância fundamental deve-se ao fato de ter permitido investigar Apício sem confiná-lo a posições fixas ou demasiado polarizadas. Neste livro, Apício – manuscritos e textos – é, a um só tempo, fonte e problema de pesquisa. Tais imbricação e organicidade, sem dúvida, colocam problemas de ordem formal, pois por tradição um livro é apresentado de modo secional. Sendo assim, optei por fazer de meus capítulos, da maneira que me pareceu a menos violenta possível, espaço de abrigo e acolhimento das ideias convergentes que envolvem, rondam, assombram, mas, sobretudo, definem o *locus* da existência de Apício na Alta Idade Média. No primeiro, a convergência de tempos e gêneros literários que podem ser construídos ao redor de Apício; no segundo, a convergência de abordagens distintas sobre a comida que exerceram influência na estruturação de um lugar para Apício em um ambiente orientado pelo pensamento eclesiástico; nos terceiro e quarto, a convergência de diferentes ingredientes, antigos e medievais, a partir dos quais a comida apiciana poderia ter sido preparada; no quinto, a convergência da nutrição, da cura e do prazer no espaço da cozinha. O último capítulo, finalmente, é dedicado a pensar sobre como todas essas junções são incorporadas aos grupos sociais que teriam consumido Apício.

Capítulo 1

Texto de fronteiras?

As marcas de fronteira nem sempre constituem elementos de fácil reconhecimento. No caso específico de fontes históricas, são as diferentes tradições historiográficas que acabam, ao lançar mão de critérios específicos, determinando quais fontes devem pertencer a uma dada circunscrição e, por conseguinte, quais delas precisam ser excluídas. Para o estudo da Idade Média, os textos apicianos permaneceram, sem dúvida alguma, fora do lugar. Primeiramente, porque, embora remetam à Antiguidade clássica – dada sua possível relação com o personagem romano de nome Apício –, sua existência mais remota está materializada em manuscritos do período altomedieval (séculos VIII e IX), o que, por vezes, os deixam em situação ambígua em relação a que tempo estariam propriamente filiados. Em segundo lugar, porque mesmo que seu conteúdo tenha sido atrelado, pela interpretação historiográfica moderna, à alimentação e à culinária, uma investigação mais refinada revela a insuficiência desse acantonamento que acaba por fragmentar um *locus* mais amplo para a existência apiciana, o harmonioso território que une alimentação, cozinha e medicina (sem que haja necessariamente um critério hierárquico entre essas categorias). Existência essa que se encontra vinculada a um determinado extrato sociocultural, isto é, às camadas aristocráticas da sociedade carolíngia, particularmente certo segmento do mundo monástico composto por homens de letras engajados no chamado Renascimento Carolíngio e os grandes senhores laicos ligados a eles.

A tarefa de encerrar Apício rigidamente em um único tempo ou domínio do conhecimento resulta, portanto, pouco satisfatória. É paradoxal que tal esforço metodológico – tão caro ao historiador – acabe por aniquilar possibilidades de compreensão histórica mais profunda; entretanto, é impossível abrir mão dele, pois isso inviabilizaria uma investigação histórica propriamente dita. Diante da evidente limitação, resta como recurso mais operativo trabalhar na porosidade das fronteiras anteriormente mencionadas, esforçando-me por mostrar a permeabilidade entre elas.

Antes disso, contudo, convém fazer algumas apresentações. Apício é um nome próprio, não o título de uma obra.[1] Alguns homens durante o período romano assim foram chamados, porém nenhum deles ganhou tanta fama e fortuna quanto aquele que viveu na Roma do século I. Aparentemente, segundo referências encontradas em Tácito e noutros autores da Antiguidade, existiu certo M. Gavius Apicius, contemporâneo do imperador Tibério (42 a.C. – 37 d.C.),[2] um excêntrico *gourmet* que circulou em casas e salões dos poderosos de seu tempo. Dizem também que foi cozinheiro talentoso e exigente, tão perfeito na execução de

---

[1] O título *De re coquinaria*, tradicionalmente atribuído ao conjunto de textos apicianos, não será utilizado neste livro, já que tal não foi encontrado em nenhum dos manuscritos altomedievais. Na verdade, foi C. T. Schuch, autor da edição de 1867, que, ao recuperar certa tradição humanista, estabeleceu a convenção de entitular os textos apicianos com *De re coquinaria* (MILHAM, 1967, p. 262). Escolho, por influência da mais recente edição dos textos, que é também a edição de base deste livro (GROCOCK; GRAINGER, 2006), usar o nome Apício, simplesmente. Entendo se tratar da opção que melhor dá conta das ambiguidades por trás do nome, ou seja, que situa uma tradição culinária supostamente atrelada àquela figura histórica, mas que se insere em um processo de escritura e construção de saberes culinários muito mais complexos.

[2] A lista de testemunhos antigos fornecida por Jacques André menciona, dentre outros, Sêneca, Plínio, o Velho, Marcial, Juvenal, Tácito, Dion Cássio, Ateneu, Tertuliano, Elio Esparciano, Sidônio, Venâncio Fortunato (*Apicius*, 1987, p. XXIV-XXXIX).

suas funções que, após sua morte, seu nome tornou-se sinônimo da profissão que desempenhara. Sobre ele, tantas outras coisas foram ditas que o nome e o homem fundiram-se em uma única entidade, de existência histórica para uns, lendária para outros.³ Apício impregnou as cozinhas bem como o livro de receitas que supostamente sobreviveu aos séculos romanos. É deste texto "encarnado" – condição resultante tanto da tangibilidade da matéria onde está registrado, quanto da intangibilidade da escrita de suas receitas – que trata este livro. A reificação pura e simples do nome, do homem ou do texto não será aqui objeto de estudo.

Poder-se-ia dizer que há dois textos apicianos.⁴ O primeiro deles, tradicionalmente considerado como o texto apiciano por excelência, é mais longo e reúne 459 receitas distribuídas ao longo de dez seções (ou livros, como aparece no texto latino) que versam sobre temas variados (Quadro 1.1). Os títulos dos livros são transliterados do grego e o restante do texto está em latim. O segundo, mais curto, está vinculado ao personagem de nome Vinidário, como se verá mais adiante, e configura-se de maneira distinta. Escrito totalmente em latim, tem início com uma listagem de condimentos, encontrando-se, em seguida, 31 receitas bastante próximas em forma e conteúdo às demais receitas apicianas, ainda que não exista nenhuma duplicação propriamente dita. Diferentemente do texto longo, não há divisão em livros, e as receitas são apresentadas ininterruptamente

---

3   Para uma síntese sobre esse personagem, cf. "Marcus Gavius Apicius – history and legend", na Introdução de Grocock e Grainger (2006, p. 54-58).

4   Os textos apicianos foram editados inicialmente ao longo dos séculos XV e XVI. Há também algumas edições do século XVIII; no entanto, são as edições do século XIX que constituirão parâmetros para a erudição moderna sobre Apício (MILHAM, 1967). Nesse sentido, destacamos: 1867 (Schuch); 1908 (Ihm); 1912 (Giarratano); 1922 (Giarratano e Vollmer), 1958 (Flower e Rosembaum), 1965 (André); 1969 (Milham); 2006 (Grocock e Grainger). Para referências completas, consultar na bibliografia fornecida ao final do item 'Edições e traduções', além do artigo de Milham acima citado. Apício também foi traduzido em várias línguas, incluindo o português (ORNELLAS, 1997). Uma listagem atualizada das traduções pode ser encontrada em Grocock e Grainger (2006, p. 122).

na seguinte ordem: *caccabinae*[5] (2 receitas); *ofellae*[6] (4 receitas); peixes e frutos do mar (12 receitas); *patina*[7] (1 receita); quadrúpedes (8 receitas); miúdos (1 receita); aves (3 receitas).[8]

QUADRO 1.1. – CONTEÚDO DOS DEZ LIVROS DE APÍCIO (TEXTO LONGO)

LIVRO	CONTEÚDO	TOTAL DE RECEITAS
I. *Epimeles*	bebidas, molhos e preparados para conservas	35
II. *Sarcoptes*	embutidos, picadinhos	24
III. *Cepuros*	vegetais	57
IV. *Pandecter*	pratos compostos, dentre eles, saladas, *patinae*, *minutalia*,[8] sopas e caldos	55
V. *Ospreon*	legumes secos, grãos e mingaus	31
VI. *Trophetes*	aves	41
VII. *Politeles*	pratos suntuosos, dentre eles, *ofellae*, vísceras, bulbos, carnes e alguns doces	77
VIII. *Tetrapus*	carne de quadrúpedes	68
IX. *Thalassa*	frutos do mar	36
X. *Alieus*	peixes	35

---

5 *Caccabina* é o termo latino para panela. Em Vinidário, é utilizado para designar um tipo específico de preparação culinária (uma espécie de panelada). Curiosamente, no texto longo, *caccabina* aparece apenas para indicar o utensílio.

6 O nome tem provável origem no vocábulo latino *offa* (pedaço) e designa pratos cuja principal característica são os pequenos pedaços de carne que o constituem.

7 *Patina* é o nome do utensílio (caçarola; na Antiguidade geralmente feita de barro). Em Apício, os pratos que são preparados nela têm como elemento comum o acréscimo de ovos na sua finalização.

8 As *minutalia* assemelham-se a cozidos que levam sempre, ao final, pedaços de um tipo de massa achatada denominada *tracta*.

Os textos encontram-se distribuídos em um total de 20 manuscritos (três medievais, 16 do século XV e um pertencente ao século XVII).[9] A despeito dos esforços da filologia tradicional – que busca sempre encontrar, dentre um conjunto de textos manuscritos, o *textus optimus* e a partir dele construir um *stemma* cujo ponto de origem é, frequentemente, um suposto manuscrito mais próximo do original –, as variações presentes nesse *corpus* interessam muito à tarefa de compreensão de Apício na sociedade altomedieval. O esforço para eliminar diferenças e encontrar elementos comuns no emaranhado de textos assemelhados parece pouco operativo, demandando outra postura metodológica para o tratamento dessas fontes. Assim, neste livro, não faço discriminação entre texto longo e curto – o primeiro sendo "mais fiel" à tradição apiciana do que o segundo –, pois parto da definição de texto de Halliday e Hasan, que me permite tomar os exemplares medievais de Apício como um conjunto de textos com sentido compartilhado e para os quais se deve atentar com igual respeito:

> um texto é mais bem pensado não como uma unidade gramatical, mas antes como uma unidade de tipo diferente: uma unidade semântica. A unidade que o texto tem é uma unidade de sentido em contexto, uma textura que expressa o fato de que ele se relaciona como um todo com o ambiente no qual está inserido (HALLIDAY; HASAN *apud* CHARAUDEAU; MAINGUENEAU, 2006, p. 467).

Definição que vai ao encontro da perspectiva de trabalho anunciada pela chamada "nova filologia", que propõe, justamente, abordar e entender o texto como algo que extrapola o fenômeno discursivo – discurso entendido aqui na sua acepção mais genérica, designando simplesmente a

---

9   Cf. *Apicii decem libri*, 1969.

linguagem posta em ação ou a sequência de frases (DUBOIS *et al*, p. 192). O texto interage ativamente com o manuscrito do qual faz parte, incluindo aí seus aspectos materiais (tipo de escrita, decoração, iluminuras, comentários marginais e encadernação), a tradição textual à qual se vincula tanto o texto em questão como os demais que com ele foram encadernados no mesmo códice e, finalmente, os contextos e as redes de produção e circulação nas quais se inscreve.[10] Em última instância, existência e significado de um texto só podem ser apreendidos em sua totalidade se sua dimensão material for levada em conta. A inovação de tal perspectiva de trabalho filológico muito me agrada, porque impede que se pense que a relação entre texto e leitor (moderno ou medieval) se dê apenas por meio de um processo especializado de abstração, às vezes custoso, aprendido em escolas e universidades. Ou seja, abre espaço para refletir sobre possibilidades de incorporação menos mediatizadas pelo significado das letras.

Assim, o critério utilizado para o recorte no *corpus* não é de ordem discursiva, mas estritamente cronológica, no sentido da existência concreta em um determinado tempo. É o fato de haver um conjunto de textos apicianos medievais que me inquieta e que, na minha opinião, demanda interpretações mais problematizadas do que aquelas que pude mapear até o momento. Mas, para isso, é preciso em primeiro lugar voltar aos manuscritos.

OS MANUSCRITOS MEDIEVAIS

Até onde é possível rastrear, a tradição manuscrita de Apício tem início no período carolíngio, momento da produção dos três únicos exemplares medievais: o manuscrito A (B.N.F Ms. Lat. 10318, Codex

---

10 Dentre os trabalhos precursores dessa nova perspectiva filológica, pode-se citar: NICHOLS; WENZEL, 1986; CERQUIGLINI, 1989. Merece especial atenção o volume da revista *Speculum* intitulado "The New Philology", editado por Stephen G. Nichols (v. 65, n. 1, 1990, p. 1-10); WENZEL, p. 11-18; FLEISCHMAN, p. 19-37; HOWARD BLOCH, p. 38-58; SPIEGEL, p. 59-86; PATTERSON, 87-108.

Salmasianus), que contém o texto mais curto; e os manuscritos E (Codex New York Academy of Medicine 1) e V (Codex Vaticanus Urbinas Lat. 1146), com o texto mais longo. Pouquíssimo se sabe acerca da trajetória desses manuscritos entre o período de sua produção e o século XV, quando o interesse por Apício passa a integrar a agenda dos humanistas italianos empenhados em recuperar textos da Antiguidade Clássica.[11]

O estudo filológico pioneiro sobre o conjunto dos manuscritos apicianos foi realizado por C. Giarratano em 1912.[12] Entretanto, o debate acerca da configuração do *stemma* dos manuscritos só se coloca, de fato, nos anos 1920, a partir das hipóteses desenvolvidas por F. Vollmer e por E. Brandt (VOLLMER, 1920; BRANDT, 1927 *apud* MILHAM, 1967, p. 259-320). Em linhas gerais, esses autores concordam com a primazia dos manuscritos carolíngios e sustentam que E e V teriam sido copiados no século IX, derivados de um manuscrito comum que teria existido em Fulda[13] (tradicionalmente o manuscrito A não é incluído no *stemma* proposto pelos filólogos da primeira metade do século XX, questão que será abordada mais adiante). Na realidade, o interesse maior da discussão filológica de Vollmer e de Brandt, assim como daquela levantada pela profícua especialista canadense Mary Ella Milham, que retomará o tema anos depois,[14] recai sempre sobre a questão da ordenação dos manuscritos existentes, principalmente daqueles pertencentes ao século XV, no *stemma*.

---

11   Cf. LAURIOUX, 2006; MAYO, 2008.

12   Cf. *I codici dei libri*, 1912.

13   Essa hipótese foi recentemente contestada por Bruno Laurioux. Para ele, a existência desse modelo comum em Fulda é improvável. A suposição seria um engano, porque estaria fundamentada na informação incorreta de que o suposto Apício visto em Fulda fosse um terceiro exemplar, distinto de E e V. Laurioux dedica grande parte de seu artigo à demonstração de como essa "*légende*", ancorada em uma má interpretação dos documentos relativos à redescoberta de Apício pelos humanistas, se constrói. Cf. LAURIOUX, 1994, p. 17-38; a citação está na página 24.

14   Cf. MILHAM, 1967, p. 259-320; 1970, p. 433-443; 1971, p. 323-329; 1972, p. 188-191.

É, então, por uma perspectiva da história renascentista de Apício que conseguimos nos aproximar dos manuscritos medievais. O refinamento do debate acerca da datação proposta para A, E e V, da mesma forma que sobre a relação que se estabelece entre eles, só parece ter interessado aos especialistas na medida em que os auxiliava a compreender melhor o percurso renascentista dos demais manuscritos.

Manuscrito V (Codex Vaticanus Urbinas Lat. 1146)[15]

O manuscrito V (pergaminho; 195 x 235 mm; sete cadernos), originário de Tours, possui 60 fólios, nos quais foi identificada a presença de três mãos diferentes em um tipo de minúscula carolíngia particularmente desenvolvida na escola de Tours. A mão do corretor também aparece em escrita de Tours (mas em uma tinta azulada, e não preta como é o padrão) de um tipo que não havia aparecido antes da metade do século IX. Para Edward Rand, em seu minucioso estudo sobre a história da tipologia da escrita praticada nos *scriptoria* de Tours, aquela encontrada em V pertenceria ao que denominou "quinto período": os anos de 820-834, durante o abaciado de Fridugiso (804-834). Pela observação, no manuscrito, das principais características das produções desse momento – utilização conjunta do "New Style" e do "Old Style", bem como o embate entre dois tipos de abreviações para a terminação *tur* (t' e t^2) – Rand pôde, inclusive, avançar na proposta de uma datação mais precisa para sua confecção, o ano de 830. O local específico da cópia teria sido a igreja colegial de St. Martin, e não os demais estabelecimentos ligados ao complexo religioso de Tours – mosteiros de Marmoutier, Saint-Jullien,

---

15 A descrição do manuscrito V foi realizada *in loco* com o apoio de: STORNATOLO, 1921, p. 174; RAND, 1929, p. 144; MUNK-OLSEN, 1982, p. 3-4; BUONCORE, 1998, p. 186-188. O manuscrito ainda não foi digitalizado, mas sua visualização está disponível em: <http://www.facsimilefinder.com/facsimile/images/755/apicius-de-re-coquinaria>. Acesso em: 6 jun. 2014.

Saint-Médard, Saint-Venant, Sainte-Radegonde e Saint Maurice, mais tarde Saint Gatian (RAND, 1929, p. 53-59 e 144; AUDIN, 1989).

A hipótese de Rand não foi aceita por Émile Lesne. Este último (1910, p. 187) centrou sua argumentação na análise das iluminuras que ornam o manuscrito e sugeriu como datação o período do abaciado de Vivian, 843-851. Em todo caso, como bem apontou Bruno Laurioux (1994, p. 25), a confecção do manuscrito deve ser anterior à destruição de Saint Martin pelos normandos em 853. Não se excluindo a possibilidade de V ter sido copiado nos anos 830, durante o abaciado de Fridugiso e iluminado durante o abaciado de Vivian. Hipótese que se reforça pela informação de que, até 830, manuscritos produzidos em Tours não eram iluminados (MÜTTERLICH; GAEHDE, 1976, p. 13).

V é considerado um manuscrito de luxo pela rica ornamentação de seus seis primeiros fólios. É bastante aceita, inclusive, a hipótese de que tenha sido confeccionado para ser dado como presente ao monarca carolíngio Carlos, o Calvo (840-870) (MILHAM, 1967, p. 264-265). Ocupando quase todo o fólio 1r, há, centralizado, um tapete retangular de cor púrpura, motivo iconográfico bastante comum dentre as iluminuras carolíngias (PÄTCH, 1997, p. 69-71). O tapete possui uma série de molduras concêntricas nas cores vermelho, preto e cinza (o desgaste do tempo não permite uma identificação mais precisa), dentre as quais a mais espessa é preenchida com motivos florais em dourado, vermelho e preto. Cada lado do retângulo recebeu ainda uma espécie de "florescência" seguindo o mesmo padrão de cores da moldura decorada. No centro do tapete, está a solene e célebre inscrição em capitais douradas "INCP/ API/CAE". A abreviatura INCP para *incipit* é usual, entretanto o significado de "API/CAE" já foi objeto de muitas discussões entre os editores do texto, sem que se tenha chegado a algum consenso. Uma das hipóteses mais conhecidas, não levada adiante desde a publicação dos estudos de

Mary Ella Milham (1967, p. 261-262), é a de que se tratava de uma referência a *Apicii Caena*.

Os fólios 1v e 2r fazem uso de um outro conhecido recurso iconográfico do período carolíngio: as tábuas comumente usadas para os Evangelhos. Ambos são praticamente especulares: possuem duas arcadas, uma menor e outra maior, que emolduram, respectivamente, a numeração (romanos em vermelho) e o título (a primeira letra está em capitais vermelhas, e as demais em minúsculas na cor preta) das receitas do primeiro livro. Na parte superior das duas grandes arcadas há ainda o título do primeiro livro, "EPIME/LES LI/BER I", em vermelho. No fólio 1v estão os títulos das receitas de 1 a 8; no fólio 2r, de 9 a 18. A decoração segue o mesmo padrão de cores do fólio inicial. Usam-se formas geométricas nas colunas, folhagens e pássaros ornando as arcadas, além de belas lamparinas que pendem centralizadas das quatro arcadas. Os fólios 2v e 3r possuem exatamente os mesmos elementos de 1v e 2r; as diferenças restringem-se, essencialmente, ao tamanho de alguns deles. No fólio 2v estão os títulos das receitas de 19 a 28; no fólio 3r, de 29 a 35. Após esta última, está a inscrição em capitais "EX PLI CIUNT/ CAPITULA", em preto e vermelho, respectivamente.

No último fólio decorado, 3v, há um outro tapete retangular em púrpura que segue os mesmos padrões de 1r, fechando assim o ciclo simétrico de iluminuras (1-2-2-1). No seu interior, está o título da primeira receita do livro I em capitais romanas douradas "INCP/CONDITU/ PARADOXV". No fólio seguinte, 4r, tem início o texto das receitas, que seguem mais ou menos o mesmo padrão de cores: títulos das seções em vermelho, letra inicial do texto de cada receita também em vermelho e o restante do texto em preto.

Manuscrito E (Codex New York Academy of Medicine 1)[16]

O manuscrito E (pergaminho; 173 x 223 mm; sete cadernos), originário do mosteiro de Fulda, não apresenta iluminuras. Trata-se, portanto, de um exemplar mais simples que seu contemporâneo de Tours. Parece ser também o resultado de uma produção coletiva, pois várias mãos foram identificadas nos 58 fólios do texto.[17] O primeiro deles, que aparentemente continha os títulos dos livros I a IV, está perdido – e já parecia estar em 1490 quando o manuscrito renascentista de Apício que hoje se encontra em São Petersburgo foi com ele colacionado (MILHAM, 1967, p. 261-262). Os fólios 1-6r, 22r-23v, 27v-34v foram escritos em minúscula carolíngia; em 6v-21v, 24r-27r e 35r, todos os títulos rubricados, bem como as correções, estão em minúscula anglo-saxônica fuldense. O texto termina no fólio 58v, seguido por *Explicit feliciter amen*. Nota-se o uso de vermelho para os títulos de receitas ou seções e preto para o texto das receitas propriamente dito.

Assim como V, o manuscrito E contém atualmente apenas o texto de Apício. A inscrição do século XVI, *Hippocrates De ratione e victus et alia*, que aparece no primeiro fólio, diz respeito à antiga encadernação com Ms. Phillipps 386 (BECCARIA, 1956, p. 241), hoje na Bodmer Library em

---

16 O manuscrito E, também consultado *in loco*, teve sua descrição auxiliada por: LOWE, 1920, p. 1174-1176; MILHAM, 1967, p. 261-280; MUNK-OLSEN, 1982, p. 3-4. Para informações paleográficas e codicológicas mais detalhadas, cf. MAYO, 2008. Uma imagem do manuscrito, ainda não digitalizado, pode ser vista em: <http://commons.wikimedia.org/wiki/File:Apicius_Handschrift_New_York_Academy_of_Medicine.jpg>. Acesso em: 6 jun. 2014.

17 Entre especialistas, existe uma divergência em relação ao número de mãos presentes no manuscrito. Para Lowe, há duas em minúscula anglo-saxônica e quatro em minúscula carolíngia; dado contestado por Spilling, que defende a existência de cinco mãos carolíngias. Cf. LOWE, 1920, p. 1174-1176; SPILLING *apud* GROCOCK; GRAINGER, 2006, p. 118.

Genebra (Cod. Bodmer 84),[18] e refere-se à versão latina de *Regimen II* também conhecida através de títulos distintos: *De observantia ciborum* (na grafia do próprio manuscrito), *Peri diaetes, De diaeta, De victu* e *Peri enypnion*. A encadernação atual data de cerca de 1750.

Para Bischoff (1993, p. 132), a confecção de E situa-se, muito provavelmente, na primeira metade do século IX quando, no *scriptorium* de Fulda, teriam sido usados conjuntamente os dois tipos de escrita que aparecem no manuscrito de Apício e em muitos outros do mesmo período. Bruno Laurioux (1994, p. 25) refina a proposição de Bischoff, restringindo o período de composição para os anos de 820 e 850, mais especificamente durante o abaciado de Rábano Mauro (822-842). Segundo ele, Rábano Mauro, que estudara em Tours como pupilo de Alcuíno, havia ficado impressionado pela escrita praticada naquele mosteiro e introduziu-a em Fulda. Chistopher Grocock e Sally Grainger, apoiados em outro trabalho de Bischoff, preferem um período ainda mais curto, os anos de 825-840 (BISCHOFF *apud* GROCOCK; GRAINGER, 2006, p. 118).

MANUSCRITO A (B.N.F. MS. LAT. 10318, CODEX SALMASIANUS)[19]

O manuscrito A (pergaminho; 315-320 x 245-250 mm)[20] comumente denominado *Excerpta*, é o mais antigo dos exemplares me-

---

18 A consulta ao manuscrito, que se encontra inteiramente digitalizado, permite verificar o seguinte *incipit*: "INCIPIT PERI DIETES IPPOCRATIS HOC EST DE OBSERVANTIA CIBORUM. DE POSITIONE CIBORUM". Disponível em: <http://www.e-codices.unifr.ch/en/list/one/cb/0084>. Acesso em: 17 ago. 2011.

19 A descrição do manuscrito foi realizada a partir de consulta *in loco* em conjunto com: *Apicius*, 1987, p. xvi; MILHAM, 1967, p. 278; GROCOCK; GRAINGER, 2006, p. 32-35 e 116; SPALLONE, 1982, p. 1-71. O manuscrito foi recentemente digitalizado e está disponível em: <http://archivesetmanuscrits.bnf.fr/ead.html?id=FRBNFEAD000072049>. Acesso: 6 jun. 2014.

20 No códice, os cadernos estão numerados de XXII a XXXI, o que evidencia uma mutilação no documento. O texto de Apício se encontra no caderno XXIII.

dievais de Apício.²¹ Embora o latim utilizado no texto aponte para os séculos V e VI, o manuscrito tem sido controversamente datado entre os séculos VII-VIII ou VIII-IX.²² Considerando a proeminência do século VIII nestas propostas de datação, e tendo em vista que os dois outros manuscritos foram datados do século IX, opto por trabalhar com o manuscrito A como produto provável do intervalo compreendido entre os séculos VIII e IX, o que nos fixa cronologicamente ao período carolíngio. Sua origem também apresenta problemas: para alguns autores, estaria ligada a algum lugar do norte da Itália (MUNK-OLSEN, 1982, p. 3-4; APICIUS, 1987, p. x-xiv; LAURIOUX, 1994, p. 22), para outros, além dessa última possibilidade, o sul da França também é aventado (VERNET, 1975, p. 89-123). O texto não está sozinho no códice (caso dos manuscritos A e V), ele ocupa 5 de um total de 289 fólios. Foi escrito em unciais e semiunciais pretas (corpo) e vermelhas (iniciais e títulos) por apenas uma mão (SPALLONE, 1982, p. 39). Capitais decoradas e iluminuras são inexistentes no trecho manuscrito que contém Apício, mas presentes em outras partes do códice. A utilização de unciais no mundo franco, pelo menos a partir da segunda metade do século VIII, indica o *status* elevado do manuscrito, uma vez que aquele tipo de escrita destinava-se aos textos sagrados do cristianismo, como os Evangelhos, ou àqueles comissionados por ricos patronos de origem eclesiástica ou laica (MCKITTERICK, 1990, p. 5).

---

21 Enquanto todos os manuscritos renascentistas derivam de E e V, A deixou apenas um "herdeiro", copiado no século XVII por Nicholas Heinsius. Cf. MILHAM, 1967, p. 278.

22 Para os séculos VII-VIII, cf. *Apicius*, 1987, p. XVI; para o século VIII, cf. MILHAM, 1967, p. 278; MUNK-OLSEN, 1982, p. 8; e, finalmente, para os séculos VIII e IX, WICKERSHEIMER, 1966, p. 99-100; SPALLONE, 1982, p. 71.

O códice possui encadernação do século XIX e reúne dois conjuntos de textos (Quadro 1.2). O primeiro[23] – que o tornou bastante conhecido nos meios paleográficos – é uma coletânea poética denominada *Antologia Latina* pela crítica textual moderna, que compreende versos em honra à Vênus Hyblae intitulados *Pervigilium Veneris; Medea*, poemas de suposta autoria do poeta africano Osídio Geta; epigramas atribuídas a Petrônio e Sêneca; *Enigmata*, recolha de versos sobre história natural do desconhecido Symfosius Scolasticus e, por último, *Liber epigrammaton*, de Lussório. Apício integra o segundo conjunto de textos que tem início com o livro de cômputo *Calculus Dionisi*; em seguida está *Brevis pimentorum quae in domo esse debeant ut condimentis nihil desit* (=Apício); *De ponderibus* (apenas o título; o conteúdo está ausente); *Petri Referendarii versus*; obra provavelmente sobre retórica cujo início deveria estar nos fólios perdidos e que tem como protagonista Honório Escolástico; *Sententiae Sancti Syxti Episcopi et Filosophi*, versão latina do original grego que contém sentenças éticas e religiosas atribuídas a Sesto e foi escrita por Rufino de Aquileia; *De remediis fortuitorum*, atribuída ao Pseudo-Sêneca; *Cronicae Iulii Caesaris* que, na verdade, se trata da *Cosmographia* de Júlio Honório escrita a partir do consulado de César; *De remediis salutaribus* do Pseudo-Apuleio; um trecho perdido e, finalmente, *Versus de singulis causis* (SPALLONE, 1982, p. 11-36).

---

23   A edição pode ser encontrada em BUECHELER; RIESE, 1894; BAEHRENS, 1882.

QUADRO 1.2. — COMPOSIÇÃO DOS CÓDICES MEDIEVAIS DE APÍCIO

Códice que contém o ms. A	*Antologia Latina*	*Pervigilium Veneris*
		Medea de Osídio Geta
		Epigramas atribuídas a Petrônio e Sêneca
		Enigmata de Symfosius Scolasticus
		Liber epigrammaton de Lussório
	Textos numerados de I a XVIII	I. *Calculus Dionisi*
		II. *Petrus Referendarii Versus*
		III. *Brevis pimentorum* (Apício)
		IV. *De ponderibus* (só o título, texto perdido)
		V. (perdido, talvez o primeiro relato do texto de Honório Escolástico)
		VI. (perdido, talvez o início do segundo relato do texto de Honório Escolástico)
		VII-XI. texto já iniciado que tem como protagonista Honório Escolástico
		XII. *Sententiae Sancti Syxti Episcopi et Filosophi* escritas por Rufino de Aquileia
		XIII. *De remediis fortuitorum*, Pseudo-Sêneca
		XIV. *Cronicae Iulii Caesaris* (*Cosmographia* de Júlio Honório)
		XV. *De remediis salutaribus*, Pseudo Apuleio
		XVI e XVII. (perdidos, talvez continuação de *De remediis salutaribus*)
		XVIII. *Versus de singulis causis*
Códice que contém o ms. E	*De observatia ciborum*, Pseudo-Hipócrates	
	Recepta medica	
	Apício	
Códice que contém o ms. V	Apício	

Como dito, *Brevis pimentorum quae in domo esse debeant ut condimentis nihil desit* [Lista de especiarias que se deve ter em casa para que nada falte de condimentos] constitui o *incipit* do texto apiciano e, logo abaixo dele, segue justamente uma lista de temperos e condimentos. Em meio a essa listagem, sem fazer uso de capitais, um pouco abruptamente, encontra-se *Apici excerpta a vinidario viro ilustri* em vermelho. Um índice para as 31 receitas e as receitas propriamente ditas só aparecerão mais adiante, após a rubrica *Brevis cyborum*. Segundo Grocock e Grainger (2006, p. 33-34), a listagem de temperos poderia ser uma obra diferente, uma vez que contém um termo em latim tardio (*pimentum*) e apenas metade das especiarias listadas estão presentes nas receitas que se seguem; ou seja, a listagem não seria derivada das receitas. Existe aí uma pista inexplorada pelos autores e que, certamente, pode explicar tanto o posicionamento "desajeitado" do título dos excertos apicianos como a relação entre a listagem de temperos e a sequência de receitas. O nome Vinidário, godo de origem, remete a um possível compilador ou a alguém por ele designado. Já o título que o acompanha, *vir illuster* (de origem romana e inicialmente reservado aos mais altos dignatários da hierarquia administrativa), na época carolíngia, era utilizado para designar uma categoria de nobres estreitamente ligados ao soberano e que exerciam função pública (LE JAN, 1990, p. 441-442; WERNER *apud* CHRONIQUE, 1999, p. 203).

Usualmente, A não figura no *stemma* da tradição manuscrita de Apício. Na proposição de Mary Ella Milham, no clássico artigo já várias vezes aqui citado, E e V derivariam de um mesmo manuscrito que fora visto em Fulda por alguns viajantes no início do século XV. Esse manuscrito teria se perdido, mas referências a ele em documentação da época permitiram a Milham construir a hipótese de que teria sido o modelo comum para a cópia de E e V. Não era possível, entretanto, inserir A nessa tradição, e este permaneceu fora da árvore genealógica dos manuscritos apicianos. Quando Schuch, logo após a descoberta de A no século XIX, incluiu-o na sua edição, foi largamente criticado. O "erro" foi corrigido alguns anos depois por Giarratano e Vollmer, que separaram, em uma nova edição, os *Excerpta* dos textos dos outros dois manuscritos. Esses especialistas não eliminam o parentesco entre os três textos; porém, como se inserem dentro de uma perspectiva filológica mais tradicional, tendem a neles valorizar atributos formais e de conteúdo (morfologia, sintaxe, variações fonológicas do latim etc.) que possam auxiliar na composição do *stemma*. A construção dessa árvore genealógica é sempre a ação que orienta a abordagem dos textos. Particularmente no caso de Apício, é realmente difícil posicionar A, cujos conteúdo e forma não podem ser especularmente sobrepostos ao conteúdo e à forma de E e de V. É usual, a partir da edição de Giarratano e Vollmer, encontrar os textos de E e V editados separadamente de A. Nas próprias considerações introdutórias das edições, embora o parentesco seja indicado e, após a publicação do estudo de Brandt (1927) sobre os *Excerpta*, a existência de uma fonte comum para os três manuscritos também tenha sido sugerida, permanecem lacunas incômodas para o pesquisador interessado na significação e no uso social daqueles textos.

DIFERENTES TEMPORALIDADES

As lacunas mencionadas inserem-se em uma mesma problemática: o recurso único à Antiguidade como meio de aproximação e entendimento do conjunto de textos apicianos. Sem dúvida, para a maior parte dos especialistas, a Alta Idade Média jamais é considerada como possível ponto de partida do processo de escritura de Apício. Aliás, muito pelo contrário, suas abordagens tratam o período como ponto de chegada, momento de descarte de uma obra que teria tido fortuna na Antiguidade para ressuscitar apenas no Renascimento. Uma delimitação assim tão rígida parece impedir a percepção de que Apício existe em um emaranhado de temporalidades no qual certos pontos (a Antiguidade ou a Idade Média) podem ser fixados apenas arbitrariamente por critérios estabelecidos pelo historiador. A não consideração desse *continuum* impede, certamente, uma análise histórica mais refinada. Situar Apício na Antiguidade sem a devida consideração do vaivém existente entre aquele período e a Idade Média e entre esta e o Renascimento (que é obviamente a razão de haver manuscritos medievais e renascentistas de Apício), dificulta a compreensão dos *Excerpta* e, mais precisamente, do processo de formação do conteúdo do *corpus* de maneira geral.

Os mais recentes editores de Apício, Sally Grainger e Christoper Grocock, mesmo não abandonando a noção do *stemma* filológico (sugerem uma complementação à proposta de Milham, concordando que E e V seriam derivados do manuscrito perdido, mas, ao lado deles, encontrar-se-ia A como derivado de um manuscrito distinto, também perdido, que conteria a coleção de receitas apicianas disponíveis para Vinidário), propuseram algumas reflexões que, diferentemente de seus antecessores, oferecem possibilidades menos rígidas de investigação. A historiadora da alimentação e o latinista inovam por defender que os manuscritos perdidos a partir dos quais A, E e V foram copiados derivam de um processo comum de recolha de receitas, iniciado muito tempo antes de atingirem a forma escrita que conhecemos.

> O livro de receitas conhecido como Apício é o único sobrevivente de um processo de coleta de receitas que teve início muito antes que atingisse a forma pela qual o conhecemos, e com a qual certamente continuou por muito tempo depois. Não é, sem dúvida, obra de um único autor, seja ele *gourmet*, cozinheiro ou editor, mas uma coleção aleatória reunida durante muitos séculos. A partir do texto que sobreviveu,

é impossível saber quem criou o formato particular, a ordem e os títulos de Apício, e quando o fizeram.[24]

A hipótese de Grainger e Grocock pode ser reforçada pela tentativa de ordenar a datação e a proveniência das receitas por eles empreendida. Há receitas, por exemplo, que remetem a ingredientes que, em um dado momento, deixaram de existir. É o caso daquelas que faz em referência ao *laser* cirenaico (1.30 *laseratum* e 7.1.1 *uuluae steriles*)[25] que, segundo Plínio, o Velho (23-79) já estava extinto em c. 50 (*História Natural*, 19.38-35, 22.100-106). Outras têm seus nomes relacionados a personagens de momentos históricos precisos. Do século II, destacam-se as três receitas associadas a Vitélio (5.3.5 *pisam Vitelllianam siue fabam*; 5.3.9 *pisam siue fabam Vitellianam*; 8.7.7 *porcellum Vitellianum*) – homem famoso por seu apetite e que morrera no ano 70 – e duas receitas inspiradas nos imperadores Trajano (98-117) e Cômodo (180-192) (8.7.16 *porcellum Traianum sic facies* e 5.4.4 *concicla Commodiana*). As receitas que recebem o termo apiciano em seus títulos (4.1.2 *aliter sala cattabia Apiciana*; 4.2.14 *patinam Apicianam sic facies*; 4.3.3 *minutal Apicianum*; 5.4.2 *conciclam Apicianam*; 6.7 *anserem elixum calidum ex iure frigido Apiciano*; 7.4.2 *ofellas Apicianas*; 8.7.6 *porcellum lacte pastum elixum calidum iure frigidum crudo Apiciano*) poderiam ser atribuídas aos vários homens que nasceram com esse nome entre os séculos I e II d.C. Há receitas também que poderiam ser ainda mais antigas, como, por exemplo, aquelas

---

24 "The recipe text known as Apicius is the sole survivor of a process of collecting recipes which began long before it reached the form in which we know it, and which certainly continued for a long time afterwards. It is certainly not the work of one author, whether he be gourmet, cook or editor, but a rather haphazard collection assembled over many centuries. From the text as it survives, it is impossible to know who created the particular format, order and titles of Apicius, and when they did it" (GROCOCK; GRAINGER, 2006, p. 13, tradução nossa).

25 A numeração que antecede o *incipit* das receitas segue a proposta da edição de base utilizada por mim. O primeiro número indica o livro, e o segundo, a receita propriamente dita.

que fazem uso das *lucaniae* (2.4), tipo particular de salsicha trazidos da Magna Grécia e introduzidos em Roma por soldados após sua conquista no século II a.C. Além disso, os editores lembram, prudentemente, que qualquer receita pode ter tido uma longa história. A *patina* como refeição já aparece no século I a.C. em menus romanos, e tem sua origem em um termo grego que designa prato ou vasilha. Por sua vez, nomes de pessoas mencionados nos textos não oferecem pistas muito precisas, o máximo que se consegue é associá-los a figuras históricas pertencentes ao período compreendido entre os séculos II, III e às vezes IV d.C. Enfim, o intervalo de tempo no qual se pode encontrar referências quanto à datação de algumas das receitas presentes em Apício é imenso, do século II a.C. ao IV d.C. (2006, p. 15-17).

Em relação à origem das receitas, Grainger e Grocock identificam na proeminência de referências gregas presentes em Apício (uso do grego nos títulos dos livros e o grande número de receitas contendo conceitos culinários helenísticos) uma possibilidade de que a ordem e os títulos dos livros da obra tenham sido retirados originalmente de um livro de receitas grego que fora separado, em uma etapa muito inicial, na evolução da recolha de receitas. Entretanto, reconhecem a impossibilidade de provar tal afirmação (2006, p. 17). A tradição culinária grega exerce um papel de fundamental importância na sua hipótese de trabalho. Para eles, no contexto da Antiguidade, é impossível compreender Apício sem atrelá-lo, de alguma maneira, àquela tradição que, embora presente em Roma desde o século II a.C., fora adaptada e disseminada ao longo do período imperial:

> Naquele tempo não havia uma tradição culinária independente, verdadeiramente romana, na alta sociedade de Roma: todos os livros de receitas ou de cozinha em geral de domínio público, no

final da República e no início do Império eram gregos de origem, se não na língua. Apício pode ser um livro de receitas romano escrito (em sua grande parte) em latim, mas era provavelmente em seu início uma coleção helenística de receitas, e assim continuou a ser.[26]

Chama atenção na edição de Grocock e Grainger o aspecto que diz respeito à inclusão dos três manuscritos, A, E e V, em uma mesma tradição que, independentemente dos apógrafos a partir dos quais foram copiados, está relacionada a um processo de coleta de receitas sobre o qual pouco se pode saber. É dentro dessa mesma lógica que a hipótese de Brandt, desenvolvida no estudo mencionado anteriormente e durante tanto tempo corroborada por importantes especialistas como Mary Ella Milham, Jacques André, Bárbara Flower e Elisabeth Rosembaum,[27] parece igualmente descabida como referencial teórico que ajuda a pensar algumas problemáticas envolvidas na tradição manuscrita. Para Brandt, a composição dos dois conjuntos de receitas presentes em E e V, de um lado, e em A, de outro, foi levada a cabo em momentos diferentes: o século IV para o primeiro caso, e o século V para o segundo (BRANDT *apud* MILHAM, 1967, p. 261). Entretanto, ambas se originariam de uma única fonte: certo compêndio culinário escrito no século I e de autoria do romano M. Gavius Apicius. Os manuscritos conhecidos, muito posteriores, conteriam, portanto, composições efetuadas a partir daquela obra

---

26 "At that time there was no independent, truly Roman, culinary tradition in high-status Roman society: all available recipe books or general cookery books in the public domain in the late republic and early empire were Greek in origin, if not in language. Apicius may be a Roman recipe book written (mainly) in Latin, but it was probably a Hellenistic collection of recipes at its inception, and continued to be one" (GROCOCK; GRAINGER, p. 17, tradução nossa).

27 MILHAM, 1967; *Apicius*, 1987; *The Roman Cookery Book*, 1958.

por compiladores anônimos (sendo que, no caso de A, conhecemos o nome de um deles, o godo Vinidário).

Grainger e Grocock são, de fato, os primeiros estudiosos a colocar a questão em termos distintos. Embora o façam de uma perspectiva antiquista (Apício é pensando na Antiguidade e para a Antiguidade), o acento posto em um processo comum de coleta de receitas de difícil apreensão – independentemente das diferenças entre os dois conjuntos de receitas –, e não em uma única fonte, permite pensar *o que* é Apício e não *quem* é Apício (é dessa forma, exatamente, que abrem a introdução de sua edição). O nome desse personagem histórico deixou de significar uma existência individual para rotular o receptáculo de uma tradição culinária construída ao longo de séculos. Tradição esta que nos séculos VIII e IX, por exemplo, poderia estar muito distante de suas possíveis intenções originais.

Seguindo o raciocínio dos editores, a trajetória temporal do *corpus* poderia ser apresentada da seguinte forma (figura 1.1). Em primeiro lugar, existiria um tempo longo e fluído quando, de maneira quase imperceptível, receitas provenientes de outros rolos, códices, papiros ou do saber oral circulavam e eram postas em prática sem integrarem nenhuma espécie de registro escrito único (que estaria na origem do futuro Apício). Para Grainger e Grocock, este é o período compreendido entre a entrada da culinária grega em Roma, pelo menos desde o início do século II a.C., e a sua gradativa e dinâmica incorporação ao gosto romano, principalmente após o advento do Império (2006, p. 44-54).

Posteriormente, haveria um momento mais preciso, quando aqueles saberes e receitas foram reunidos na materialidade de um único texto, ou melhor, segundo Grainger e Grocock, dois textos romanos distintos, o apógrafo de E e V, e o apógrafo de A. Embora de difícil circunscrição, os autores o situam entre a metade e o final do período imperial. É o tempo de uso e reverberação social do texto. É quando ele teria se entranhado na vida de diferentes grupos da sociedade romana. Apício, então, não se resumiria a uma simples coletânea elaborada para a elite – esta é, aliás, a grande inovação da proposta de Grocock e Grainger para o estudo dos textos apicianos do ponto de vista da Antiguidade. Na realidade, haveria um núcleo original nesse sentido, mas a evolução da coleção acabou por caracterizá-la de outra maneira. Ela seria mais bem descrita como uma coletânea urbana e cosmopolita acessível à grande parte da sociedade romana. Nela haveria receitas que atenderiam: 1) às necessidades e preferências da família do imperador (nesse caso, a diferença não estaria tanto na seleção dos ingredientes, mas em como eles eram escolhidos – mais frescos, de uma determinada localidade etc. –, ou seja, um mesmo ingrediente poderia fazer parte da mesa imperial ou de outro grupo social, mas a qualidade desse ingrediente é que marcaria a diferença entre eles); 2) às aspirações de grupos sociais "médios", como comerciantes de pequeno a grande porte, importadores, construtores, artistas e pequenos proprietários de terra (esses grupos deveriam ter uma renda estável e suficientemente alta, inclusive para bancar um cozinheiro ou um escravo que fizesse os trabalhos de cozinha. Estes últimos teriam acesso a uma ou algumas das receitas da coleção, particularmente para ser praticada em ocasiões especiais); 3) aos membros das camadas mais baixas da sociedade, especialmente integrantes de guildas ou *collegium*, que teriam acesso a uma ou algumas das receitas em ocasiões raras; 4) possivelmente, também, ao gosto "popular" (neste caso, as receitas refletiriam pratos "populares" servidos nas ruas em *popinae* e bares) (2006, p. 23-25). Nesse mesmo momento, Grocock e Grainger conseguem identificar os agentes envolvidos na confecção de Apício: os cozinheiros. Para eles, Apício difere da maior parte da literatura sobre comida do mundo antigo que sobreviveu, ou que se encontra mencionada em obras que sobreviveram – *Hedypatheia* de Arquéstrato e *Deipnosofistas* de Ateneu de Náucrates são talvez os exemplos mais notórios.[28] Esse tipo de literatura – de maior nível de complexidade em comparação com o caráter econômico e técnico dos livros de receitas – apresentaria atributos de ingredientes e pratos discutidos de uma maneira genérica, frequentemente intercalando receitas entre um comentário e outro. Ou seja, mais do que livros de receitas, tratar-se-ia de uma espécie de literatura gastronômica destinada a *gourmets*. Entretanto, Apício, "uma coleção livre de narrativa",[29] adequar-se-ia ao ambiente dos profissionais de cozinha. Na perspectiva de Grocock e Grainger, essas receitas poderiam ter sido copiadas e distribuídas informalmente durante muitos anos entre cozinheiros e escolas de culinária, antes de serem apropriadas pelo *establishment* literário, parcialmente ou em sua totalidade, e aí incorporadas a livros sobre cozinha e distribuídas pela elite literária.

Em seguida, haveria um tempo indistinto e amorfo quando os manuscritos que conhecemos são produzidos, a Idade Média (mais precisamente a Alta Idade Média), que é mencionada apenas quando as necessárias questões de proveniência e datação dos manuscritos são identificadas.[30] À primeira vista, há pouco a ser recuperado sobre o período medieval no discurso de Grocock e Grainger. O Renascimento, a última das temporalidades identificáveis nessa complicada teia, talvez receba um tratamento maior e mais consciente. Afinal, trata-se do

---

28 ARQUÉSTRATO, 1994; ATENEU, <19-->.

29 A hipótese da inexistência de narrativa em Apício, sustentada pelos editores, apoia-se na leitura, a meu ver, um pouco apressada do trabalho de Natalia Vasilieva (1987, p. 199-205). Na verdade, ao pensar o texto culinário apiciano como integrante do grupo de "special literature" (do qual fazem parte os chamados textos técnicos), Vasilieva coloca-o em oposição ao texto narrativo por sua natureza semiológica reduzida, mas não o destitui completamente de narração. A pesquisadora identifica no texto culinário uma estrutura denotativa distinta que deixa de carregar um importante componente de conteúdo, o conotativo, encontrado em textos narrativos de maneira geral.

30 Mais especificamente nos seguintes itens: "What is Apicius" (p. 13-22), "The Vinidarius collection" (p. 32-35) e "Description of the manuscripts and *stemma*" (p. 116-120).

momento em que os manuscritos medievais são "descobertos" pelos humanistas e, sob a forma de novas edições, voltam a ter um papel social relevante, na opinião dos editores, no que diz respeito às práticas culinárias daquele tempo.

FIGURA 1.1. TRAJETÓRIA TEMPORAL DE APÍCIO

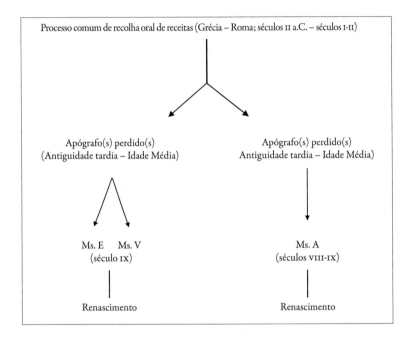

A identificação dessas quatro temporalidades não é algo exclusivo ao estudo de Grocock e Grainger; elas figuram em todos os demais trabalhos sobre os textos apicianos. Entretanto, o que me faz dedicar maior atenção à questão, nesse caso específico, é o descompasso que há entre a intenção muito consciente daqueles autores em escapar às armadilhas da não distinção das duas primeiras temporalidades, e a incapacidade de levar adiante essa mesma intenção em relação à temporalidade medieval dos manuscritos com que estão trabalhando. Assim, são encontrados posicionamentos contraditórios como aqueles que dizem respeito ao processo dinâmico de composição dos livros de receitas, e que não se restringem apenas aos livros da Antiguidade –

> é possível que coleções de receitas como aquelas fossem periodicamente rearranjadas quando eram recopiadas. De fato, livros de receitas raramente permaneciam do mesmo tamanho ao longo do tempo. Versões mais antigas do primeiro livro de cozinha francês do século XIV, que mais tarde ficou conhecido como *Viandier de Taillevent*, eram consideravelmente menores do que sua últimas versões. Situação semelhante também ocorre com o primeiro livro de receitas do Renascimento: *A Arte de Cozinha composta pelo eminente Maestro Martino de Como*. Um dos três manuscritos foi enormemente aumentado por um escriba ou gourmet.[31]

–, e o que se afirma acerca do papel do copista (a formulação aparece no momento em que Grocock e Grainger contestam a explicação de Brandt em relação à duplicação de algumas receitas nos manuscritos E e V; para este último, um revisor conscientemente teria movido uma receita do lugar original, esquecendo de apagar sua antiga posição):

> Contudo, um escriba desinteressado que estava simplesmente fazendo cópia de todas as receitas a partir de uma coleção disparatada disponível

---

[31] "It is possible that recipe collections such as these were periodically rearranged when they were re-copied. In fact, recipe books throughout the ages rarely remain the same size. Early versions of the first French cookery book from the fourteenth century, which is later known as the Viandier of Taillevent, are considerably smaller than the final versions. A similar situation also occurs with the first Italian recipe book of the Renaissance: The Art of Cooking composed by eminent Maestro Martino of Como. One of the three manuscripts has been greatly enlarged by a scribe or gourmet" (GROCOCK; GRAINGER, p. 17-18, tradução nossa).

> em rolos ou códices (ou mesmo em folhas soltas de papiro), de modo a produzir uma obra única, simplesmente escreveria o que encontrasse, e não faria julgamento algum sobre o conteúdo. Encontramos evidência dessa abordagem desinteressada na diversidade da ortografia latina, construção e gramática que o manuscrito contém. Poderíamos esperar um revisor interessado, ou mesmo um escriba educado, que se sentisse compelido a corrigir alguns dos mais abomináveis erros gramaticais e a regularizar a ortografia, mas as formas e práticas diferentes foram todas copiadas, na maior parte das vezes, bem fielmente.[32]

Certamente, os autores se referem nesta passagem à segunda temporalidade, o momento da escritura, quando escribas romanos, de pouca educação, levaram a cabo a tarefa de cópia de maneira totalmente desinteressada e não interferente (talvez por isso tenham utilizado o adjetivo "haphazard" para descrever a maneira pela qual a coleção de receitas apicianas foi ganhando sua forma ao longo do tempo). Sem adentrar na discussão da inadequação dessa perspectiva de aleatoriedade[33] do ponto de vista da Antiguidade – pois seria muito mais pertinente pensar que o processo de recolha nos é desconhecido ou pouco conhecido –, é possível questionar como todas essas não interferências

---

32 "However, a disinterested scribe who was simply making a copy of all the recipes in the disparate collection that he had from scrolls or codexes (or even loose sheets of papyrus) so as to produce a single work would simply write out what was found, and would pass no judgment on the content. We find evidence of this disinterested approach in the diversity of Latin spelling, construction and grammar which the manuscripts contain. We might expect an interested reviser, or even an educated scribe, to feel compelled to correct some of the more heinous grammatical errors, and to have regularized the spelling, but the different forms and practices have all been copied quite faithfully for the most part" (*idem*, p. 22, tradução nossa).

33 Ver citação na nota 24 deste capítulo.

são possíveis se os manuscritos são medievais. Imaginam os autores que os manuscritos contêm textos que não sofreram nenhuma alteração do século I até os séculos VIII ou IX? Como não considerar o papel de revisores ou copistas com diferentes níveis de atuação no processo de escritura? Como afirmar que os erros mais grotescos só teriam sido corrigidos e o latim só teria sido regularizado se houvesse existido a figura de um revisor educado? De que revisor educado se está falando? E de que educação? Não se pode esquecer que, no caso dos manuscritos de Fulda e de Tours, os copistas estavam atrelados a dois dos mais elevados centros educacionais do período carolíngio e que a presença de revisores é atestada em correções presentes nos próprios manuscritos – correções estas que não tinham por objetivo retificar os erros abomináveis e nem regularizaram o latim.

A passagem causa ainda maior estranheza quando comparada ao trecho anteriormente citado que trata, justamente, da capacidade de agir dos homens envolvidos no longo processo de escritura de um livro de cozinha. Grocock e Grainger, de modo nenhum, negam isso. Eles enxergam o dinamismo que cria permanentes rearranjos na forma e no conteúdo desse tipo de literatura ao longo da Antiguidade greco-latina, na França do final da Idade Média e no Renascimento; porém durante a Alta Idade Média o processo parece ter sido abortado, e o período aparece diante de nós como um grande espaço vazio, um tempo sem contornos próprios.

Enfim, a constatação do processo dinâmico que envolve a existência dos textos apicianos evidencia que se está diante de um *corpus* cujo ponto de origem na Antiguidade é impossível precisar, e cujo ponto de ancoragem na Alta Idade Média passa quase despercebido. Parece-me, portanto, que qualquer proposta de circunscrição de um *locus* para Apício deva ir além da fixação de um ou outro desses tempos como perspectiva exclusiva de análise para, em vez disso, privilegiar a compreensão de como se dão as inevitáveis sobreposições entre o antigo e o medieval e vice-versa. O vaivém por esse *continuum* temporal tão arbitrariamente interrompido pela historiografia resulta no caso de Apício – e possivelmente de outros textos antigos constantemente apropriados pela tradição manuscrita altomedieval – em uma proposta de investigação histórica, a meu ver, muito mais frutífera.

LIVRO DE COZINHA OU RECEITUÁRIO MÉDICO?

A presença de fronteiras temporais evanescentes pode ser estendida para o domínio dos gêneros literários aos quais Apício aparece vinculado. Para a maior parte dos especialistas, trata-se de uma obra culinária, pois uma descrição simplificada leva mesmo a crer que a matéria sobre a qual discorre o *corpus* apiciano é a cozinha em sua concepção moderna. Certamente, não o deixa de ser; porém, é o que se entende por cozinha que acabará por restringir ou ampliar o lugar de inserção daqueles textos. Por exemplo, ao verificar que as palavras *coquina* ou *culina* em fontes textuais anteriores ao século XIII se restringiam ao espaço do cozinhar; e que o sentido de "comida preparada" (*cibaria cocta*) se torna presente apenas daquele século em diante,[34] é possível conjecturar que a cozinha na Alta Idade Média talvez fosse muito mais um "lugar" para onde afluíam diferentes saberes – incluindo o que hoje se designa saber culinário, mas não só –, a partir dos quais matérias-primas eram manipuladas e transformadas.

Está-se diante, portanto, de uma noção mais ampla e que vai ao encontro do primeiro dos três sentidos para o vocábulo "cozinha" propostos pelo antropólogo Jack Goody, ou seja, um sentido geral ligado aos produtos do espaço denominado cozinha (*kitchen*) e que se difere do sentido particular relativo às cozinhas culturalmente diferenciadas

---

34 Cf. BLAISE, 1975, p. 252; DU CANGE, 1937-38, v. II, col. 1057; NIERMEYER, 1997, p. 273.

(*cuisine*) e do sentido especializado que designa as formas de cozinhar altamente elaboradas, encontradas em algumas sociedades como a China, o Oriente Médio e a França pós-Renascimento, e usualmente empregado como sinônimo de gastronomia (1982, p. VII). Assim, a reflexão sobre a lógica que aproximou e consolidou tanto as receitas que compõem o *corpus* como a composição dos códices nos quais se encontram os manuscritos medievais de Apício será pautada por esse entendimento *lato* de cozinha, ou seja, cozinha compreendida como *lugar* de processamento de alimentos orientado por um conjunto de saberes específicos (examinado ao longo dos capítulos seguintes). De forma geral, para o período carolíngio, esse lugar aparece como um espaço pouco especializado e diferenciado. Evidentemente, uma investigação devidamente refinada dos textos altomedievais seria necessária para comprovar tal uso da palavra; no entanto, constitui, desde já, uma indicação de que a sinonímia mais restrita entre cozinha e comida preparada pode não se aplicar totalmente à Alta Idade Média. Esse aspecto, que toca este livro como um todo, passou largamente despercebido pelos historiadores da alimentação.

Exemplo disso é a hipótese tecida por Bruno Laurioux. Por pensar nos textos apicianos apenas de um ponto de vista culinário estabelecido a partir do final da Idade Média, quando o *locus* da medicina começa a se definir mais claramente em função dos ambientes escolásticos – dando início talvez ao processo de ruptura epistemológica que a separará de outras práticas ligadas a cura, como, por exemplo, a preparação de remédios (processo evidentemente lento e gradativo que só se escancarará, de fato, a partir dos séculos XVII/XVIII) –, Laurioux não conseguiu encontrar uma explicação para eles dentro do período no qual foram produzidos. Para ele, Apício é um livro de cozinha antigo (de fato, pode ser encaixado em sua própria definição de livro de cozinha: "um grupo, organizado ou não, de receitas designadas à preparação de alimentos tendo em vista seu consumo pelos homens")³⁵ que perdera sentido na Alta Idade Média, uma vez que livros de cozinha medievais, de uso propriamente culinário, aparecem, de maneira pontual, somente no final do século XIII e, de forma mais difundida, a partir do início do século XIV, momento apontado por ele como do "renascimento de um gênero" (1997a, p. 25-28): "Os mais antigos manuscritos culinários que o Ocidente cristão nos transmitiu remontam ao início do século XIV, ou melhor, ao final do século XIII".³⁶

A ideia de renascimento proposta por Laurioux funda-se na hipótese de que, desde o final do século IV, a utilização culinária de livros de cozinha teria sido interrompida (sem que o historiador forneça alguma possibilidade explicativa para esse fenômeno) para reaparecer somente no momento intelectual particular e fecundo do final da Idade Média. Seriam fatores fundamentais para a (re)escrita dos livros de cozinha: 1) promoção da reunião das *ars mecanicae*, incluindo-se aí, para alguns autores do período, o saber culinário (*ars coquinaria*); 2) o interesse redobrado dos médicos pela alimentação, o que tornava necessário transmitir as normas a ela relacionadas por meio de suportes escritos; 3) ascensão social dos cozinheiros, que deixam seu estatuto de escravos ou de servos para ocupar posições de mestre (1997a, p. 28). No entanto, o processo de esvaziamento de sentido para a existência de livros de cozinha entre o final da Antiguidade e a Baixa Idade Média, proposto por Laurioux, necessita explicar o estranho aparecimento de Apício. Ele assim o faz:

> Nos séculos que seguem [o século IV], se cessará progressivamente de utilizar este texto [Apício] como uma recolha de receitas praticáveis, simplesmente porque a cozinha medieval se distanciava

---

35 "un groupe, organisé ou non, de recettes dévolues à la préparation des aliments en vue de leur consommation par les hommes" (LAURIOUX, 1997a, p. 13, tradução nossa).

36 "Le plus anciens manuscrits culinaires que l'Occident chrétien nous ait transmit remontent au début du XIV, au mieux à la fin du XIIIe siècle" (*ibidem*, p. 25, tradução nossa).

pouco a pouco daquela que lhe havia legado as elites da Baixa Antiguidade, abandonando, por exemplo, o garo ou renovando profundamente o estoque de especiarias. Quando, nos anos 830-850, os monges de Fulda e de Tours se lançam a copiar uma vez mais o tratado dito de Apício, este não era mais que um *texto morto, uma curiosidade de gramático*. Ademais, não se fez mais nenhuma transcrição até a redescoberta do texto pelos humanistas italianos do século xv. Portanto, os livros de cozinha medievais nada lhe devem, seja por seu conteúdo ou seu vocabulário, ou mais genericamente por sua forma e tom.[37]

Três anos antes, Laurioux havia sido um pouco mais hesitante em rotular Apício. O historiador sugerira que os textos teriam sido copiados, juntamente com outros autores clássicos, durante o Renascimento Carolíngio, "como o testemunho de uma cultura que convinha preservar a qualquer preço". Até porque sua existência não era de todo ignorada pelos homens daquela época; Apício pertencia "ao universo mental dos monges carolíngios", como atestavam as menções a ele encontradas em uma obra de grande circulação monástica, as *Etimologias* de Isidoro de Sevilha (LAURIOUX, 1994, p. 24).

De uma forma ou de outra, uma ideia central se mantém nos dois trabalhos de Laurioux: o "único" livro de cozinha da Alta Idade Média

---

37 "Dans les siécles que suivirent, on cessa progressivement d'utiliser ce texte comme un recueil de recettes praticables, tout simplement parce que la cuisine médiévale prennait peu à peu ses distances d'avec celle que lui avaient léguée les élites de la Basse Antiquité, en abandonnant par exemple le garum ou en renouvelant profondément le stock d'épices. Lorsque dans les années 830-850, les moines de Fulda et ceux de Tours entreprirent de copier encore une fois le traité dit d'Apicius, celui-ci n'était plus qu'un *texte mort, une curiosité de grammarien*. On n'en fit d'ailleurs plus de transcription jusqu'à la redécouverte du texte par les humanistes italiens du XVe siècle. Les livres de cuisine médiévaux ne lui doivent donc rien, que ce soit pour leur contenu ou pour leur vocabulaire ou plus généralement leur forme et leur ton" (*ibidem*, p. 27, grifo nosso, tradução nossa).

não é nem propriamente de cozinha, nem propriamente medieval. Em primeiro lugar, porque seu conteúdo revela gostos e práticas culinárias abandonados desde o final da Antiguidade tardia, e que não encontravam mais nenhuma razão de ser nas realidades alimentares dos séculos VIII e IX. Em segundo lugar, porque aquele conteúdo antigo, cristalizado em manuscritos, representava um texto morto, sem vínculo aparente com as dinâmicas criativas do período carolíngio, e pelo qual apenas uma elite letrada, engajada em um movimento de salvaguarda da moribunda cultura greco-romana, poderia se interessar.

Se considerada do ponto de vista da Baixa Idade Média, a interpretação de Laurioux pode ser coerente. Contudo, elemento fundamental, porém minimizado pelo historiador, os textos dos quais trata têm sua materialização em um momento bastante pontual da Alta Idade Média quando o entendimento de Apício como texto culinário deve necessariamente considerar sua inserção no contexto de efervescência cultural proposto e propiciado de maneira mais incisiva pelo chamado Renascimento Carolíngio. Nesse momento, textos cujos objetos são alimentação e medicina, nas suas mais variadas perspectivas de tratamento, descortinam inúmeras possibilidades de entrecruzamentos e de convergências que incidem sobre a compreensão do que vem a ser a cozinha ou o culinário no período. Aspecto que se comprova quando da investigação dos códices que contêm os textos apicianos (Quadro 1.2).

Em um dos raros estudos sobre a medicina merovíngia e carolíngia, o historiador Loren MacKinney realizou um levantamento de manuscritos médicos produzidos na Alta Idade Média e nele inseriu o códice B.N.F. Ms. Lat. 10318, que contém o manuscrito apiciano A; contudo, não mencionou que se tratava de Apício e assim o descreveu: "p. 196-204 *brevis pimentorum qui in domo esse debeant. crocum piper... Brevis ciborum* (31 capítulos sobre vários tipos de comidas)".[38] O fato é curioso e sobre ele é possível especular. Parece-me improvável que MacKinney desconhecesse o *corpus* apiciano dada a sua familiaridade com textos clássicos, um deles inclusive bastante próximo ao que poderíamos chamar de domínio culinário, o *De obseruatione ciborum*, tratado dietético atribuído a Antimo (511-534), sobre o qual voltarei falar no capítulo 3. Talvez por se tratar dos *Excerpta* e não do que costumava ser editado como texto apiciano, a menção a Apício não tenha sido feita. De qualquer forma, MacKinney reconhece naquele trecho do códice a existência de receitas para preparação de diferentes tipos de comida, e não vê nenhum tipo de incoerência em colocá-lo junto aos demais textos médicos. Existiria uma lógica de sentido no conjunto do códice que, aliás, não deveria excluir os demais fragmentos e textos não mencionados por MacKinney. Certamente, Apício não é um texto "intruso" ou mal colocado junto aos outros textos mais facilmente reconhecidos como médicos. Há um plano de ordenação que inclui Apício naquela recolha; plano este que vejo presente também em pelo menos um dos dois outros códices carolíngios que o contêm.

O códice B.N.F Ms. Lat. 10318 é incluído por Pierre Riché na categoria de manual escolar; o que não parece sem sentido, pois tudo indica que fosse mesmo utilizado com essa finalidade. No entanto, o que interessa aqui é pensar a utilização de certos textos que o compõem não do ponto de vista da instrução teórica apenas, mas da aplicação dos saberes vinculados a questões da vida prática, notadamente, no campo da medicina (1962, p. 524, nota 167). Lembrando a existência de dois conjuntos distintos naquele códice, chamo a atenção para o segundo deles, que reúne textos numerados, não sem razão, de 1 a XVIII. A relação entre os quatro primeiros é mais fácil de ser percebida, uma vez que revela semelhanças com casos já

---

38 "(31 chapters on various kinds of foods)" (MACKINNEY, 1979, p. 180).

investigados por outros pesquisadores. Manuscritos medievais contendo livros de cômputo do tempo, estudados por Faith Wallis, evidenciaram a presença recorrente de textos médicos e "astrológico-astronômicos" orbitando ao seu redor. A relação parece estar na imprescindível conexão do tempo, pensado principalmente em termos de estações ou de fases lunares, com as teorias humorais, fundamentos do pensamento e da prática médica do período. Tal relação aparece explicitada, por exemplo, em *Regimen II*, texto atribuído a Hipócrates e que esteve encadernado com Apício no manuscrito E. Nele recomenda-se que o homem conheça o percurso das estrelas, assim como os excessos de comida, bebida e ventos, pois as doenças que afligem os seres humanos advêm de todas essas coisas. Pensam-se os humores, e, portanto, como tratar as diversas compleições humanas em termos de estações e luas, bem como é possível pensar o tempo em termos de luas, estações e humores (não sem razão, Beda incorpora em *De temporum ratione*, um capítulo dedicado a esse tema). Além disso, as concepções de tempo e de corpo – doente ou saudável – visivelmente interpenetradas, podiam igualmente contaminar outros saberes transmitidos pelos códices dos quais faziam parte e ser contaminadas por eles.

Tal reflexão aplica-se bastante bem ao códice de A, uma vez que se pode identificar uma intrínseca interdependência entre o calendário denominado *Calculus Dionisi* e o receituário apiciano que figura a seu lado. Não há como ministrar, aplicar ou consumir as receitas corretamente, ou seja, no momento adequado segundo as orientações médicas vigentes, sem a possibilidade de se apropriar dos mecanismos artificiais de controle do tempo, caso do calendário. Trata-se, portanto, de relações de equivalências, medidas e proporções a serem assimiladas e utilizadas. Relações estas que se estendem a outros textos do códice, como por exemplo, o livro perdido sobre medidas, do qual resta somente o título, *De ponderibus,* e que certamente reforça a ideia de interdependência e circularidade entre todos os conteúdos em questão.

Pensar noções de equivalências, medidas e proporções nos textos V a XVIII necessitaria ainda de uma verificação mais ampla por meio do estudo aprofundado de cada um dos textos que integra o códice do manuscrito A – investigação sobre a qual não me debruçarei neste livro, mas que sem dúvida merece ser levada adiante. De qualquer forma, a partir de alguns casos como a *Cronicae Iulii Caesaris* (*Cosmographia*) e o herbário do Pseudo-Apuleio – o primeiro, uma descrição geográfica das quatro partes da Terra, com seus oceanos e rios; o segundo, composto basicamente de trechos dos livros 19 e 20 da *História Natural* de Plínio, o Velho (obra escrita entre 77 e 79 e constituída de 37 livros), que tratam de plantas e ervas e suas propriedades medicinais, e de um receituário anônimo – o caminho parece estar na dependência existente entre o conhecimento acerca do tempo e das quantidades (fornecido pelos textos I a IV) e da disponibilidade/acessibilidade das plantas no mundo (fornecida pelos textos XIV a XVII em questão) para que, em sendo necessária utilização, sua eficácia fosse maximizada.

Ao levar essa reflexão para o códice de Fulda (que contém o manuscrito E), é inevitável a necessidade de se recorrer ao outro manuscrito que o integrava na Alta Idade Média e que hoje constitui um códice separado, Cod. Bodmer 84. Igualmente datado da primeira metade do século IX, e também originário de Fulda, comporta o hipocrático *Peri diates* ou *De obseruantia ciborum* (f. 1-22v) e um receituário intitulado *Recepta medica* (f. 22-51v). O parentesco entre as duas partes do códice não foi até então investigado, a não ser do ponto de vista filológico. No entanto, ao compará-las com o códice do manuscrito A é possível verificar que a aproximação entre Apício e Hipócrates, bem como entre Apício e as demais receitas médicas, evidencia uma mesma lógica interna de ordenação.

Há que se considerar, também, que tal lógica de ordenação de textos verificada nos códices apicianos pode ser encontrada em outros códices compósitos altomedievais relativos à medicina. A partir dos levantamentos realizados por Augusto Beccaria e Ernest Wickersheimer em bibliotecas europeias, percebe-se ser bastante comum, no século IX, combinações de textos semelhantes àquela identificada nos códices A e E. Estão presentes receituários (sob as designações *medicamenta, medicinalia, electuaria, antidotum e hermeneumata*), calendários dietéticos, herbários, lapidários, bestiários, textos sobre medidas, todos anônimos, bem como obras de autores médicos antigos como Hipócrates, Galeno, Antimo, Oribásio, Apuleio, Quinto Sereno, Alexandre de Trale, Marcelo Empírico, Dioscórides, Vindiciano, Heliodoro, Sorano, Gargílio Marcial, Apolo, Justus, Joahnes, Aurélio, Rufo Efésio, Arsênio, Demócrito, Cássio Félix, Antônio Musa, Hermógenes, Cornélio Celso e Teodoro Prisciano. São encontrados, ainda, cópias de textos sobre veterinária (a *Mulomedicina* de Vegécio e o *Liber medicianae ex animalibus* de Sesto Plácido) e trechos de obras a princípio distintas do domínio médico, mas que fazem sentido de acordo com a lógica que se evidencia: é o caso dos excertos da *História Natural* de Plínio e das *Etimologias* de Isidoro de Sevilha sobre a constituição do corpo humano e do universo.

Deve-se acrescentar como mais um elemento na configuração desse cenário um dado externo aos códices, contextual, portanto. Devido ao fato de o manuscrito A ter origem discutida, é possível, por ora, olhar apenas para as regiões de proveniência dos outros dois manuscritos (os estabelecimentos monásticos de Fulda e Tours). Ainda que este seja um dos objetos de análise do quinto capítulo, vale a pena adiantar que a documentação altomedieval disponível revela um vívido interesse pela teoria e a prática médica naquelas regiões durante o período carolíngio, mais precisamente nos mesmos séculos da escritura dos textos apicianos. O dado é importante, pois ajuda a preencher lacunas abertas quando o problema é analisado apenas do ponto de vista filológico, paleográfico ou codicológico. Sobretudo no caso do manuscrito V que, diferentemente dos outros dois códices, diz-se ter sido confeccionado para conter apenas o texto apiciano. O fato de que seria códice de um só manuscrito, somado à inexistência de catálogos dos séculos VIII ou IX que contivessem o inventário dos livros da biblioteca de Tours nos quais se pudesse acompanhar mais de perto a incidência de obras médicas copiadas e possivelmente lidas e praticadas na esfera daquela localidade, evidentemente impossibilita percorrer a lógica de estruturação interna do códice como se fez em relação aos dois outros exemplares. Entretanto, ao olhar para fora do códice, encontram-se duas informações extremamente relevantes: a região de Tours constitui-se importante referência no que diz respeito à medicina na parte ocidental do Império Carolíngio; o monarca Carlos, o Calvo, ao qual o manuscrito se destinaria, era um atestado bibliófilo que, dentre outros domínios do conhecimento, incentivava em sua corte a discussão de temas relativos à medicina. Assim, tanto pelo local de sua proveniência como de seu destino, é impossível desconsiderar a correlação entre a tradição médica e Apício.

Enfim, confirmar uma lógica médica para Apício necessita resolver ainda o que seria para o homem moderno um aparente paradoxo: a convivência em um mesmo texto de prescrições explicitamente médicas com preparações mais obviamente culinárias (tema do terceiro capítulo); aspecto que faria, à primeira vista, rejeitar sua aproximação com textos ligados à saúde, a exemplo dos textos dietéticos ou *regimina sanitatis* do final da Idade Média. Tecnicamente, Apício não se encaixa nessa categoria, aparecerá somente na segunda metade do século XIII (ADAMSON, 1995). No entanto, é impossível negar que seja orientado por um saber característico daquele gênero. Saber que aparece não apenas naquilo que chamei anteriormente de prescrições explicitamente médicas, mas igualmente em todas as receitas. O avizinhamento do médico, nas suas vertentes dietética e farmacológica, e do culinário não é algo descabido no contexto altomedieval. Para além da observação mais genérica e antropológica de que a categoria "comida" não deve ser vista como única, precisa, objetiva, mas sim como algo bem mais amplo que pode tanto designar subgrupos de alimentos de acordo com o valor nutricional a eles outorgados como seus usos culturais, sua importância emocional e mesmo uma combinação de todos esses aspectos (CONTRERAS, 2002, p. 222), ao longo das páginas seguintes, será possível acompanhar mais detalhadamente como a relação entre comida e medicamento na Alta Idade Média é complexa e imbricada, e deve ser devidamente considerada em um escopo menos subserviente às regras formais que definem os campos do conhecimento moderno.

CAPÍTULO 2

O fruto proibido, a hóstia e Apício

O pensamento altomedieval sobre a comida é, acima de tudo, eclesiástico. Nele ressoam vozes dos Pais do Deserto que, desde os primeiros tempos do cristianismo, tecem uma intrínseca e negativa associação entre comida, prazer, vício e perdição. Por essa razão, trata-se muito mais de ideias genéricas acerca da alimentação do que sobre preparações culinárias. Na verdade, sobre elas pouco se pode apreender. Entretanto, há algumas brechas interessantes. Brechas que estão ligadas ao reconhecimento de que essa Alta Idade Média cristã que pregará incessantemente a renúncia das coisas do corpo, como se verá mais adiante, é a mesma que, na condição de sociedade fundamentalmente agrária – ou seja, que tem sua sobrevivência alimentar intimamente atrelada à terra, tornando-a, portanto, sempre suscetível a períodos de fome e de abundância[1] – enxergará a comida como dádiva e salvação. Nesse sentido, é pouco provável que os alimentos fiquem relegados a esse plano material tão pouco significante como se quer fazer acreditar. Neste capítulo, apresento um enquadramento geral do pensamento eclesiástico altomedieval sobre a comida, pontuando no seu interior abordagens diversas acerca do tratamento da matéria alimentar que convergiram

---

1   Cf. MONTANARI, 2003.

para configurar o lugar que possibilitou a Apício ganhar vida e existir durante certo período de tempo na Alta Idade Média.

A evidente tensão entre aquelas duas percepções da comida está associada ao entendimento, de acordo com a tradição ocidental, de que corpo e alma se apresentam em constante embate. A base da representação cristã acerca das relações entre esses dois elementos pode ser encontrada no evangelista Paulo e, ainda que sobre ela tenha incidido matizes distintos, pode-se dizer que muito de sua concepção original permanecerá presente ao longo de toda a Idade Média (SCHMITT, 2002, p. 254). "Nas cartas de Paulo, o corpo humano nos é apresentado como numa fotografia batida contra o sol: trata-se de uma silhueta negra cujas bordas estão inundadas de luz" (BROWN, 1990, p. 49). A bela imagem tecida por Peter Brown captura o essencial do pensamento paulino sobre o corpo disperso em suas várias epístolas. Calcado sobre uma estrutura dualista, condena corpo e alma a ocupar lugares diametralmente opostos ao redor dos quais orbitam campos destinados a combater eternamente entre si: fraqueza, morte e vício contra força, vida e virtude.

Tal positivação da alma tenderia a abrir espaço para uma concepção negativa do corpo e da materialidade de maneira geral. De fato, existe um desprezo pelo corpo, uma busca incessante por sua negação e condenação, afinal, segundo qualquer explicação teológica encontrada no período, ele desempenhou um papel no pecado original cometido no Éden. Observa-se, no entanto, que o grau de envolvimento desse corpo na falta primordial será motivo de constante debate. Há, por exemplo, o argumento que defende que tal falta consistiria em um pecado da alma no qual o corpo teria ocupado apenas o papel de instrumento. O entendimento dessa participação indireta do corpo está presente na tradição agostiniana. Em *De civitate Dei* (413/427), Agostinho (354-430) identifica na natureza do pecado original o problema da transgressão aos desígnios do Criador. A obediência, virtude-mãe de todas as outras, foi violada em nome da soberba (*superbia*). Sua interpretação não está propriamente centrada no corpo e no impulso que o move a buscar comida (que em si nada tem de mal), mas no orgulho que fez os primeiros seres humanos agirem por vontade própria (AGOSTINHO, 1955, XIV.12-13, p. 433-436).

Apesar da força do argumento agostiniano, a associação mais direta entre Queda e pecado carnal (alimentar) encontra-se bastante arraigada no imaginário medieval. Pelo menos, esta é a hipótese sustentada por Carla Casagrande e Silvana Vecchio, historiadoras que enxergam uma possibilidade explicativa para tal fato na interpretação literal que certas passagens do texto bíblico podem ter suscitado, caso, por exemplo, dos episódios de Esaú, que desprezou o direito à primogenitura, vendendo-a por um prato de lentilhas (Gênesis 25, 29-34); de Noé, que, após se embriagar de vinho, ficou nu (Gênesis 9, 20-27); e da refeição tomada aos pés do cordeiro de ouro (Êxodo 32, 1-10).[2] Contudo avançar na tentativa de definir se a culpa do corpo se daria pela perpetração de atos de luxúria ou de gula configura outro terreno dificultoso. Na literatura dos Pais do Deserto, não é incomum encontrar o desejo incontido pela comida como responsável pela busca do fruto edênico e a consequente expulsão do Paraíso. Em uma obra atribuída ao abade Nilo de Ancira (m. c. 430), *Tractatus de octo spiritibus malitiae*, encontra-se a afirmação literal de que o desejo pela comida levou à desobediência, que o prazer pelo gosto (paladar) afastou a humanidade do Paraíso.[3] Ideia que aparece igualmente na obra *De Elia et jejunio*, do influente

---

2 CASAGRANDE; VECCHIO, 2003, p. 195-196.
3 Na tradução latina do editor: "Edulii cupiditas inobedientiam peperit, et suavis degustatio expullit e paradiso" (NILO, *Tractatus de octo spitiribus malitiae* col. 1145B-1146B).

bispo Ambrósio de Milão (339-397).[4] Mas nem sempre a menção aos desejos do ventre é tão específica, sendo mais comum encontrar referências à carne. Esta, não obstante, coloca problemas, uma vez que a noção de carne (*caro*) não é necessariamente intercambiável à noção de corpo (*corpus*). Deve-se a essa ambivalência lexical o aparecimento de posições divergentes na interpretação do pecado carnal, que ora é descrito como pecado sexual (*luxuria*), ora como pecado do ventre (*gula*) (SCHMITT, 2002, p. 255-256).

Se motor ou veículo do pecado original, a posição do corpo nessa questão permanece aberta. É inegável, porém, que ele ocupa lugar relevante na cena primordial e que está implicado com o devir de seus genitores: a falta de Adão e Eva deixou por herança à humanidade uma existência terrena maculada. Até a salvação final, os homens jamais se libertarão da marca de pecador, cabendo a eles buscar a regeneração por meio de ações e comportamentos organizados em torno das ideias de penitência e sacrifício. A penitência corporal expressa pela continência sexual e alimentar é vista, assim, como um comportamento virtuoso, um ato sacrificial, que pode conduzir à salvação. Vale lembrar que na Alta Idade Média o modelo humano ideal será o do monge que mortifica seu corpo por meio do cilício e de perpétuos jejuns e abstinências.[5]

---

4   "Itaque gula de paradiso regnantem expulit, abstinentia ad paradisum revocavit errantem" (AMBRÓSIO DE MILÃO, *De Elia et jejunio*, col. 700).

5   Existe uma diferença estrito senso entre jejum e abstinência. O primeiro designa a privação total de comida ou bebida, o segundo a abstenção de certos tipos específicos de alimentos (carne ou seus derivados e vinho, por exemplo). Entretanto, como a renúncia total de alimento impossibilita a vida humana, um sentido mais flexível, que permite o consumo parcial de comida e bebida, é por vezes aceito como jejum. Assim, a abstinência total e o jejum parcial acabam por se tornar práticas aproximadas. De qualquer forma, a prática de jejuns e abstinências não deve ser confundida com a virtude da abstinência, parte subjetiva da temperança, ou seja, algo mais próximo à ideia de uma faculdade mental que controla o desejo e o uso da comida (NEW CATHOLIC ENCYCLOPEDIA, 1966, p. 847; ARBESMANN, 1949, p. 1-71, esp. p. 1-9 e 33-52).

No entanto, ao se fazer homem em um corpo, Deus o glorificou. E é este corpo glorificado que, pela eucaristia, perpetuará a aliança entre criador e criatura. Ao final dos tempos, nesse mesmo corpo, já purificado de todas as enfermidades, os homens gozarão da visão beatífica (SCHMITT, 2002, p. 257). A interpretação desses eventos bíblicos por parte dos teólogos dos primeiros tempos do cristianismo reforça que qualquer percepção negativa do corpo necessita conviver com outra de inegável valor positivo. Hilário de Poitiers (c. 315-367/8), em sua interpretação da Trindade (*De trinitate*), ensina que Cristo, ao nascer homem, possibilitou a mistura de sua natureza e da natureza humana em uma só carne que passou a ser, ao mesmo tempo, eterna e humana (HILÁRIO DE POITIERS, 1999, p. 396-399). Essa comunhão entre o corpo de Cristo, que em si é também o corpo do Pai, e o corpo dos homens se perpetuará pela eucaristia, impossibilitando a rejeição completa do corpo. Aliás, de acordo com percepções um tanto contrárias, como a de Agostinho em *De vera religione* (390/391) (p. 235-236), existe uma beleza própria ao corpo que está ligada a sua capacidade de manutenção da vida humana.

Tem-se, assim, um entendimento da questão que, pelo menos no plano teórico, elimina a fixação das noções de corpo e de alma em polos opostos e excludentes. Para Jean-Claude Schmitt (2002, p. 257), "a tentação do dualismo sempre foi limitada e rapidamente corrigida, quer se tenha tratado de certas correntes neoplatônicas (Orígenes) ou, ainda mais claramente, de heresias como o maniqueísmo, no século V, ou o catarismo, no século XII". Nesse sentido, cabe ao corpo um papel dinâmico "no mito central da Encarnação e na economia da salvação individual" e não seu aniquilamento.

O pensamento sobre a comida desenvolve-se dentro desse enquadramento brevemente delineado. No plano teórico, há apenas duas possibilidades de agência da comida em relação ao corpo: ser como o fruto proibido e potencializar a degeneração do corpo vilipendiado, ou como a hóstia, nutrindo e mantendo são o corpo glorificado. Há um saber sobre a comida que se deve dominar para que ela não funcione como o fruto que tirou do homem o direito de gozar o Paraíso, mas como o viático que o restituirá no final dos tempos.

Certamente, o que está por detrás dessas metáforas alimentares não é a existência de grupos de alimentos distintos, e que por sua constituição podem funcionar como o fruto proibido ou como a hóstia, mas o problema do desejo pelo prazer da comida. Em outras palavras, trata-se de figuras de linguagem que expressam atitudes distintas diante dos alimentos: por um lado, um "comer virtuoso" que, no limite, é um "não comer" que afasta qualquer possibilidade de prazer; por outro, um "comer pecaminoso" que empurra o comensal para o prazer das sensações que a comida pode despertar. O primeiro posicionamento é tema de vasta literatura ao longo de todo o medievo e é particularmente tratado sob a perspectiva da oposição banquete-jejum.[6] Já o segundo, obviamente, encontra dificuldades de ser abordado. Esse aspecto, embora seja muitas vezes motivo de desalento para o pesquisador da história da alimentação altomedieval, principalmente da cozinha dessa época (dada a inexistência de contrapontos em textos ou imagens que possam auxiliar na construção de um quadro interpretativo mais amplo sobre o tema), é ao mesmo tempo o que torna mais instigante a reflexão sobre os textos apicianos no período. Afinal, parece haver algo de "extraordinário" no evento de sua escritura. De alguma maneira, está-se diante de uma mudança no entendimento daqueles conteúdos alimentares: textos mundanos associados aos vícios de um comer pecaminoso

---

6 Para uma síntese acerca do desenvolvimento do tema na Antiguidade tardia e na Alta Idade Média, cf. o segundo capítulo, intitulado "Fast and feast: the historical background" de WALKER BYNUM, 1987, p. 31-69.

de uma Antiguidade pagã teriam sido revestidos de uma virtuosidade do comer que, dentre outras coisas, chancelaram sua existência em uma Alta Idade Média que se queria cada vez mais cristã.

O que há de mais difícil em se abordar a temática alimentar na Alta Idade Média é compreender como se articulam dois posicionamentos aparentemente tão divergentes. Claro que há uma longa tradição na literatura ascética que prefere valorizar o caráter perigoso da conexão entre sexo e comida,[7] mas não é essa a perspectiva que convém adotar neste momento, pois o que se pretende evidenciar é um movimento de constante bascular entre os domínios da necessidade e do prazer. Diferentemente do sexo, que para alguns grupos deve ser restringido e ordenado e para outros é incontestavelmente condenado, a comida está profundamente ligada à manutenção do organismo e, consequentemente, de todos os corpos que constituem a comunidade cristã. Não sendo possível negá-la completamente, opta-se pela abstinência como prática cotidiana mais próxima do modelo ideal de comportamento alimentar. O "não comer" conduz à vida eterna, mas, paradoxalmente, persegui-lo de fato pode levar à morte. Portanto, mais do que falar em divergência de posicionamentos, é preciso pensar em termos de convergência para um campo de ação comum: a manutenção da vida (neste e no outro mundo). No interior de tal campo, encontram-se uma série de outras atitudes alimentares possíveis – e dentre elas, certamente, Apício pode ser enquadrado –, mas sobre as quais infelizmente pouco se consegue saber.

---

7   A ligação entre comida e sexualidade constitui um *topos* bastante comum na literatura helenística pagã (moralista e comédia). No contexto cristão, foi adaptado e ganhou coloridos distintos em autores como Filo de Alexandria, Clemente de Alexandria, Tertuliano e Jerônimo. Cf. GRIMM, 1996.

O MEDO DO FRUTO EDÊNICO

Comer pecaminosamente é comer com prazer, é sentir prazer com os alimentos nas suas mais variadas combinações, cores e texturas, na enorme possibilidade de sabores e odores. Na Alta Idade Média, esse vício aparece na literatura sob nomes distintos: *gastrimargia, ingluvies, crapula* – o primeiro, de origem grega, indica a loucura ou o furor do ventre,[8] e os demais, latinos, se aproximam do que se entende tradicionalmente por gula[9] –, todos eles associados ao mundo monástico desde os primeiros tempos do cristianismo.[10] Com efeito, para Carla Casagrande e Silvana Vecchio (2003, p. 193-228) é somente a partir do século XII que a gula receberá um tratamento literário voltado especificamente ao mundo laico. Até então, trata-se de um tema monástico por excelência abordado no âmbito das discussões acerca dos vícios e das virtudes capitais. Na Alta Idade Média, especificamente, sua síntese mais elaborada encontra-se na obra do monge e papa Gregório Magno (c. 540-604). Essa importante figura do cenário religioso altomedieval reelabora noções acerca do prazer da comida que já circulavam na tradição dos Pais do Deserto quando estão em ação os primeiros movimentos de organização da vida cenobítica. Vale a pena, por isso, retomar seus precedentes.

O ponto de partida são as obras de Evágrio do Ponto (c. 345-399) e João Cassiano (c. 370-435). Muito provavelmente, os textos do asceta grego Evágrio constituem o antecedente mais antigo conhecido a

---

8   O termo remonta à Ética de Aristóteles. Cf. CASAGRANDE; VECCHIO, 2003, p. 198.
9   *Ingluvies* literalmente significa garganta ou papo das aves, por extensão, em sentido figurado, pode designar gula ou voracidade. *Crapula*, por sua vez, possui duas acepções: excesso de vinho ou de comida (DU CANGE, 1937-38, v. II, col. 1138, v. IV, col. 1362; NIERMEYER, 1997, p. 279; GAFFIOT, 1979, p. 438 e 819).
10 Uma síntese acerca da história do pecado da gula pode ser encontrada no estudo pioneiro de Morton Bloomfield (1952) e nos trabalhos mais recentes de Siegfried Wenzel (1968, p. 1-22), Veronika Grimm (1996), e Carla Casagrande e Silvana Vecchio (2003).

apresentar um elenco de vícios à semelhança do que mais tarde foram considerados os sete pecados capitais (WENZEL, 1968, p. 2). Seu conteúdo estrutura-se em torno de orientações para a condução de uma vida ascética exemplar que podem ser comparadas a exercícios de prática de virtudes com finalidade de superar os oito vícios ou pensamentos (*logismoi*), como ele os prefere designar: gula, fornicação, amor pelo dinheiro, raiva, tristeza, acedia, vanglória e orgulho. Os três primeiros pertencem às paixões corporais, à concupiscência; são vícios fundamentais, concatenados entre si, que devem ser combatidos, respectivamente, pelas virtudes da temperança, continência e caridade (EVÁGRIO DO PONTO, 2005, p. 153-154).

Não é fácil acompanhar a construção da concepção de gula em Evágrio. A *gastrimargia* não é propriamente definida, mas apresentada sob forma de dizeres ou colocações extremamente sintéticos que se repetem ao longo de sua obra sem maiores desenvolvimentos. Uma tentativa de sistematização a partir dos textos "Sobre os vícios opostos às virtudes", "Sobre os oito pensamentos" e "Tratado para vida prática",[11] permite algumas considerações. Evágrio, partindo do entendimento de que o desejo pela comida está na origem da Queda, alerta para a necessidade de se ter o máximo de cuidado com essa "matéria dos prazeres". Ela é mãe da fornicação e, sendo assim, quanto menos for ingerida, menos propenso estará o monge aos demais prazeres, incluindo aquele que é o pior de todos, a fornicação. Além disso, a *gastrimargia* está associada à doença, pois enfraquece o corpo e leva a uma morte sombria. A abstinência, finalmente, é o modelo a ser perseguido. Ela é a pedagoga do corpo que, ao mortificá-lo e reprimir suas paixões, amordaça a gula e revivifica a alma. Em termos

---

[11] Os dois primeiros textos foram traduzidos para o inglês sob os títulos "[To Eulogios] On the Vices Opposed do the Virtues" e "On the Eight Thoughts" em EVÁGRIO DO PONTO, 2005, p. 60-65 e 66-90. O terceiro está na edição greco-francesa (*idem*, 1971).

alimentares, uma dieta sem alimentos cozidos ou condimentados é tudo aquilo que um monge deveria se permitir.

De maneira geral, a literatura grega do deserto está repleta de admoestações relativas às incorreções da boca. Referências à *gastrimargia* como vício primeiro a ser combatido podem ser encontradas em vários episódios da *Apophthegmata Patrum* –composta aproximadamente no final do século V (HARMLESS, 2004, p. 169). Em uma passagem relativa ao abade Poemen, por exemplo, encontra-se uma interessante analogia entre cozinha e destruição. O trecho do livro de Reis no qual a vinda de Nabouzardan, o chefe dos cozinheiros, é associada ao incêndio do templo do Senhor (Reis 25, 8) é explicado por Poemen da seguinte maneira: se o afrouxamento da gula não vier da alma, o espírito não será vencedor no combate contra o inimigo.[12] A tônica de todas as histórias contadas na obra é a da condução de uma vida de extrema abstinência. Embora houvesse moderados, como o próprio Poemen, dietas rigorosas constituíam a regra contra as ameaças do fruto edênico. Há relatos de monges que chegavam a comer uma vez a cada dois, quatro ou sete dias. Alimentos crus eram exortados e os cozidos considerados privilégios de ocasiões especiais ou, se consumidos diariamente, relegados ao campo das coisas supérfluas (HARMLESS, 2004, p. 176-180).

Tributário da tradição grega dos Pais do Deserto e de Evágrio, com quem aparentemente estudou, o romano João Cassiano apresenta uma reflexão mais vigorosa sobre a gula. Em sua primeira obra, *Intitutiones* ou *Instituta coenobiorum*, propõe um código de conduta para a vida em comunidade que se organiza igualmente em torno da ideia de combate a oito vícios principais (JOÃO CASSIANO, 2001). Assim como em Evágrio, a *gastrimargia*, a fornicação e o amor pelo dinheiro constituem os três vícios primordiais. Cassiano, mantendo o termo grego

---

12   LES APOPHTHEGMES des pères, 2005, v. 387, p. 204-203.

em seus textos latinos, afirma que a *gastrimargia* pode ser interpretada como desejo da garganta[13] e, por extensão, da boca. Para ele, tripla é a natureza de tal vício: a primeira refere-se ao desrespeito às horas fixadas para as refeições; a segunda ao comer apenas para agradar e saciar o ventre; e a terceira ao apreço por pratos cuidadosamente preparados e suculentos.[14] Prazer e desordem são, portanto, aspectos constituintes da gula, essa nociva paixão. Para sua supressão, o único remédio é a virtuosa continência que, no campo alimentar, se expressa por meio da abstinência e do jejum.

Com efeito, desde Evágrio, as dietas rígidas e os jejuns dos Padres do Egito constituem o modelo alimentar a ser perseguido pelo grupo monástico. Contudo, para Cassiano, comer pouco ou quase nada também configura um excesso que, como todos os demais excessos, deve ser evitado. É preferível que se faça todos os dias refeições moderadas em vez de jejuns austeros e prolongados, que acabam dificultando a manutenção de um comportamento alimentar continente quando aquelas dietas e jejuns não são mais necessários:

> É útil observar o jejum fixado pela regra canônica, mas se ele não é seguido por uma refeição composta por comida frugal, não poderá levar à integridade. Pois jejuns prolongados aos quais se seguem refeições copiosas saturam, por um tempo, mas não permitem adquirir a pureza da

---

13 "quae interpretatur gulae concupiscentia" (JOÃO CASSIANO, 2001, p. 190).

14 "Triplex enim natura est gastrimargiae, una quale canonicam refectionis horam praeuenire conpellit, alia quae tantummodo uentris ingluuie et saturitate quarumlibet gaudet escarum, tertia quae accuratioribus epulis et esculentioribus oblectatur" (*ibidem*, p. 230.). Essa ideia aparece novamente em outra obra do mesmo autor: "[...] gastrimargiae genera sunt tria: primum quod ad refectionem perurguet monachum ante horam statutam ac legitimam festinare, secundum quod expletione uentris et quarumlibet escarum uoracitate laetatur, tertium quod accuratiores ac delicatissimos desiderat cibos" (JOÃO CASSIANO, 1959, p. 330).

castidade. A integridade do espírito é coerente com a privação alimentar. Não há pureza perpétua e casta para aqueles que não guardam a temperança contínua.[15]

Existe igualmente em seu discurso uma flexibilidade em relação à dieta a ser seguida. Na realidade, não há um único padrão de alimentos a serem consumidos, há espaço para variações quantitativas e qualitativas de acordo com idade e estado de saúde do comensal, desde que se respeite a continência.

> Com efeito, não é possível para todo mundo prolongar o jejum durante uma semana, nem mesmo ficar três dias, ou somente dois, sem comer. Há mesmo muitos, exaustos pela doença ou pelo peso dos anos, que não suportam, sem muito cansaço, jejuar até o pôr do sol. Legumes cozidos não convêm a todos, nem todos podem se contentar com alguns legumes puros ou com a austeridade do pão seco. Com um peso de duas libras, um não conhece a saciedade, enquanto outro está saciado depois de uma libra ou mesmo de seis onças de comida. Entretanto, para todos, o objetivo da continência é um só: tendo em vista a capacidade pessoal, que ninguém coma à saciedade. De fato, não é apenas a qualidade, mas também a quantidade de comida que enfraquece a vivacidade do

---

15 "Vtilis quidem et omnimodis obseruanda canonica ieiuniorum custodia: sed nisi hanc frugi fuerit ciborum refectio subsecuta, ad integritatis calcem non poterit perueniri. Longorum namque ieiuniorum inedia saturitate corporis subsequente lassitudinem potius temporalem quam puritatem castitatis adquirit. Integritas mentis uentris cohaeret inediea. Non habet perpetuae castimoniae puritatem, quisque non iugem temperantiae aequalitatem tenere contentus est" (*idem*, 2001, p. 202 e 204).

coração, e acende a lenha quente e nociva dos vícios no espírito e no corpo saturados.¹⁶

E finalmente, o que pode parecer contraditório, em sua obra posterior, *Conlationes*, Cassiano irá afirmar que a gula em si não corromperá a alma desde que não conduza o monge a outras paixões mais perigosas. Ao longo de uma extensa passagem no livro em que trata dos oito vícios, Cassiano parece se conscientizar acerca da impossibilidade de uma interferência efetiva nas relações entre o monge e a comida, uma vez que comer representa uma necessidade imponderável – natural, diz ele – para a manutenção da vida e, portanto, sempre difícil de ser controlada: "com efeito, negar o necessário alimento do corpo, será como tirar as forças do corpo ou cometer um crime à alma [...] Podemos, consequentemente, remover as raízes dos vícios sobrepostos a esta natureza, mas, de modo algum, teremos força para amputar o costume da gula".¹⁷ Resta como recurso encerrá-la em um lugar menos provocador no qual saciar a fome e nutrir o corpo – jamais o prazer – constitua o motor primeiro do impulso alimentar.

Ao deslocar a natureza viciosa da gula do comer propriamente dito para o que há de "extranecessário" no comer, Cassiano acaba

---

16 "Neque enim cunctis possibile est ebdomadibus protelare ieiunia, sed ne triduana quidem uel biduana inedia refectionem cibi differre. Multis quippe aegritudine et maxime senio iam defessis ne usque ad occasum quidem solis ieiunium sine laboris adflictione toleratur. Non omnibus infusorum leguminum esus conueenit eneruatus nec cunctis purorum holerum habilis est parsimonia nec universis sicci panis refectio castigata conceditur. Alius quantitate duarum librarum saturitatem non sentit, alius librae unius siue unciarum sex edulio praegrauatur. Attamen unus in omnibus his continentiae finis est, ne quis iuxta mensuram capacitatis suae saturitatis oneretur ingluuie. Non enim qualitas sola, sed etiam quantitas escarum aciem cordis obtundit ac mente cum carne pariter inpinguata noxium uitiorum fomitem igneumque succendit" (*idem*, 2001, p. 198).

17 "Necessarius enim victus corporis non sine uel ipsius pernice uel animae sccelere denegatur. [...] Possumus ergo horum quae naturae superinducta sunt radices abscidere uitiorum, usum uero gastrimargiae nequaquam ualebimus amputare" (*idem*, 1959, p. 211).

por oferecer uma solução para o embate entre necessidade e prazer que assombra as práticas alimentares monásticas. Solução que aparecerá mais refinadamente na análise que Gregório Magno apresenta sobre a gula (*ventris ingluvies*). Em sua interpretação do livro de Jó, *Moralia in Job*, Gregório expande para quatro as modalidades da gula propostas por Cassiano:

> Porque a gula nos tenta. Não a comida, mas o apetite pelo vício. Pois, quando o tempo precede a necessidade; quando o tempo não precede, mas se procura comidas suntuosas; quando se deseja consumir comidas preparadas com cuidado; quando, porém, estão de acordo tempo e qualidade das comidas, mas se excede a medida da refeição moderada na quantidade consumida.[18]

Fica evidente que aquele elemento "extra necessário" caracteriza o desejo e o desregramento pelo prazer da comida e certos gêneros alimentícios em si. Um prazer de tal forma amalgamado com a necessidade de se alimentar reclamada pela natureza que com ela pode se confundir. O monge deve assim despender enorme energia em uma tarefa de discriminação entre o incontornável e o acessório:

> São consumidas as coisas que a necessidade busca, não aquelas que o desejo sugere. Quanto discernimento é necessário para isso. Assim, as coisas consumidas são aquelas que a necessidade

---

[18] "Quinque modis gula nos tentat. Non cibus, sed appetitus in vitio est. [...] Aliquando namque indigentiae tempora praevenit, aliquando vero tempus non praevenit, sed cibos lautiores quaerit; aliquando quaelibet quae sumenda sint praeparari accuratius expetit; aliquando autem et qualitati ciborum et tempori congruit, sed in ipsa quantitate sumendi mensuram moderatae refectionis excedit" (GREGÓRIO MAGNO, *Moralium Libri*, col. 556-557).

da natureza procura, e não aquelas que o desejo sugere comer. Mas o grande trabalho de discernimento é expulsar, submeter e negar, e não o de suprimir a gula, e nutrir a natureza.[19]

Interessante observar que tanto em Cassiano como em Gregório, existe um vaivém de sentido entre "desejo pelo prazer da comida" e "comida mais prazerosa e desejável". Daí certa preocupação em designar o que diferencia esta última de uma comida frugal. Aparentemente o que torna um alimento mais prazeroso e desejável (e, portanto, perigoso) é um maior distanciamento da forma como ele se apresenta na natureza. Em outras palavras, quanto mais transformada a comida, mais pecaminosa ela será. Vale lembrar que do ponto de vista antropológico, quando se fala em transformação de alimentos, abre-se um enorme espectro de possibilidades – basta mencionar as nuances existentes entre o cru e o cozido. Entretanto a transformação que parece preocupar aqueles autores não reside em processos aparentes de cozimento (assar, cozinhar etc.), mas tão somente no cuidado excessivo com as preparações, o que equivale dizer, adornamento e adição de condimentos[20] (que, diga-se de passagem, não deixa de ser um tipo de cozimento). Cassiano fala em

---

19 "Edenda quae necessitas quaerit, non quae libido suggerit. Quanto ad hoc discretio necessária. Ea itaque sumenda sunt quae naturae necessitas quaerit, et non quae edendi libido suggerit. Sed magnus discretionis labor est huic exactori et aliquid impendere, et aliquid denegare; et non dando gulam restringere, et dando naturam nutrire" (*ibidem*, *Moralium Libri*, col. 557).

20 Ao que tudo indica, a ideia de que condimentos são ameaçadores, pois facilmente podem transformar a comida em algo perigoso, é bastante antiga na tradição cristã e encontra porta-vozes em autores gregos e latinos do início do cristianismo, como o próprio Evágrio – segundo tratado endereçado a Eulogios, denominado "Os vícios opostos às virtudes" (EVÁGRIO DO PONTO, 2005, p. 62) – e Tertuliano (*De Jejuniis*, 16, PL, v. 2, 976-977; *De anima*, 33, PL, v. 2, col. 705).

refeições cuidadas e suculentas (*acuratioribus epulis et esculentioribus*),[21] Gregório em alimentos suntuosos (*cibos lautiores*).[22]

No texto fundante do monasticismo que prevalecerá no Ocidente altomedieval, a *Regra* de São Bento, a advertência contra os perigos de preparações requintadas não está claramente explicitada, embora seja uma evidente preocupação. Redigida antes do papado de Gregório (c. 534), a organização da vida cenobítica proposta por São Bento (480-547) será amplamente acatada pelo pontífice como modelo de monasticismo a ser perseguido. No texto, a ordenação do estômago integra o programa mais amplo de restabelecimento da ordem da comunidade cristã no plano terrestre e espiritual e prescreve o respeito ao horário das refeições e aos modos à mesa, a não entrega a estados excessivos e a obediência a uma dieta especial. O capítulo intitulado "Da medida da comida" prevê que o monge se alimente de 1 libra de pão e de dois pratos, escolhidos dentre duas opções de *pulmentarium* (cozinhados),[23] ou, havendo disponibilidade de frutas ou legumes frescos, de um terceiro:

> XXXVIIII. Da medida da comida. Cremos ser suficiente para a refeição cotidiana, que acontece à sexta ou à nona hora, dois pratos de *pulmentarium*,[24] para que, em razão das diversas doenças, aqueles

---

21 JOÃO CASSIANO, 2001, p. 230.

22 GREGÓRIO MAGNO, *Moralium Libri*, col. 556-557.

23 O uso do termo "cozinhado" neste livro é proposital para marcar diferença entre cozido (tipo de preparação culinária) e algo bem mais genérico cuja forma de cocção é obrigatoriamente a imersão em algum tipo de caldo líquido.

24 *Pulmentarium* está etimologicamente ligado ao prefixo *puls*, que significa polenta, mas pode ser traduzido genericamente por "prato" cuja técnica culinária característica é o cozimento em água ou em outro tipo de líquido. Nesse sentido, são amplas as variações possíveis, e a escolha dos ingredientes acontece a partir das exigências dietéticas do grupo consumidor: exclusivamente vegetais, e/ou ovos e/ou queijo e/ou gordura para regras monásticas como a de São Bento; ou tudo isso acrescido de carne para laicos (MONTANARI, 1988b, p. 85-86).

que não podem comer de um, comam do outro. Portanto, dois pratos de *pulmentarium* serão suficientes a todos os irmãos e, se houver meios de se conseguir frutas ou legumes frescos,[25] será adicionado um terceiro. Por dia, será suficiente, uma libra de pão bem pesada [...].[26]

A carne de quadrúpedes era expressamente proibida, exceto em caso de monges doentes,[27] o que levanta a hipótese de que o cozinhado mencionado tivesse como ingredientes centrais cereais e, eventualmente, ovos e carnes de outro tipo (aves, peixes). Esse mesmo dado aponta também para a existência de certa flexibilidade quando se trata de situações excepcionais à condição monástica padrão (crianças, velhos e doentes). De qualquer forma, a frugalidade é, sem dúvida, a tônica do comportamento alimentar adequado ao monge beneditino; é ela que aplaca o prazer e, consequentemente, evita a desordem.

Fora dos muros dos mosteiros, o combate à desordem e a comportamentos excessivos é igualmente tema de grande preocupação nos

---

25 No original latino, a expressão é *nascentia* que dá margens a interpretações diferentes. Para os tradutores da *Sources Chrétiennes*, a referência diz respeito a legumes e frutas crus e jovens (LA RÈGLE DE SAINT BENOIT, 1971-1977, v. 182, p. 577 e v. 186, p. 1127). Já para Maria Dembinska (1985, p. 443), especialista em alimentação monástica medieval, trata-se especificamente de vagens.

26 "XXXVIIII. De mensura cibus. Sufficere credimus ad refectionem cotidianam tam sextae quam nonae, omnibus mensis, cocta duo pulmentaria, propter diuersorum infirmitatibus, ut forte qui ex illo non potuerit edere ex alio reficiatur. Ergo duo pulmentaria cocta fratribus omnibus sufficiant et, si fuerit unde poma aut nascentia leguminum addatur et tertium. Panis libris una propensa sufficiat in die [...]" (LA REGLE DE SAINT BENOIT, 1971-1977, v. 182, p. 576 e 578). Outras menções à comida propriamente dita na *Regra de São Bento* encontram-se nos capítulos XXXVI ("Sobre os irmãos doentes"), XXXVIII ("Sobre o leitor da semana"), XL ("Sobre a medida do vinho"), XLI ("A que horas os irmãos devem fazer as refeições?"), XLIII ("Sobre aqueles que se atrasam à obra de Deus ou à mesa").

27 Além da referência anteriormente mencionada na nota anterior, o tema é tratado também nos capítulos XXXVI ("Sobre os irmãos doentes") e XXXVII ("Sobre velhos e crianças"). Cf. LA REGLE DE SAINT BENOIT, 1971-1977, v. 182, p. 571-72.

primeiros séculos da Alta Idade Média. O bispo Cesário de Arles (470-543), em pelo menos dois de seus sermões, condena os excessos cometidos por bispos em banquetes seculares. Em um deles adverte que "ninguém se embriague; que ninguém durante uma refeição force outros a beber mais do que se deve, nem pela embriaguez perca a sua alma e a deles" (sermão XIII).[28] Em outro, previne o eclesiástico inclinado a beber em excesso de que "menos mal seria para ele se ofendesse a carne com o gládio, do que matasse a alma por embriaguez" (sermão XLVI).[29] Nestes casos específicos, a preocupação recai sobre a bebida, mas como aponta a historiadora e arqueóloga Bonnie Effros, em seu estudo sobre a convivialidade na Gália merovíngia, Cesário foi uma das poucas vozes a se levantar contra a frequente participação de clérigos em *convivia* seculares nos quais beber e comer juntos funcionava como veículo de estabelecimento ou estreitamento de relações de poder.[30] De fato, é recorrente encontrar nos penitenciais altomedievais infrações relacionadas a comer ou beber em excesso. A pena variava dependendo do tipo de infrator (monges, clérigos ou laicos), mas sempre previa períodos de penitência nos quais o jejum a pão e água era bastante comum.[31]

A interpretação gregoriana da gula, assim como a dos outros sete vícios, se tornará o principal enquadramento teórico para o tratamento da questão nos meios monásticos durante boa parte do medievo. Nos séculos de Apício, é para ela que se deve voltar, primeiramente, em

---

28 "Nullus se inebriet; nemo in convivio suo cogat alium amplius bibere quam oportet, ne per ebrietatem et suam et illius animam perdat" (CESÁRIO DE ARLES, 1971, p. 421).

29 "[...] minus malum ei erat, si carnem eis gladio vulneraret, quam animam eius per ebrietatem occideret" (*ibidem*, p. 205).

30 Cf. EFFROS, 2002, p. 25-37 (especialmente p. 27).

31 Do século VII, *Penitencial de Columbano* (SCHMITZ, 1883, p. 594-598; MCNEIL, 1974, p. 250-253); do século VIII, *Penitencial Burgúndio* (SCHMITZ, 1883, p. 319-322; MCNEIL, 1974, p. 275); e do século IX, *Penitencial pseudorromano* (SCHMITZ, 1883, p. 471-489; MCNEIL, 1974, p. 309).

busca de elementos que auxiliem na construção de um pano de fundo mais próximo da contextura que envolve sua confecção e possível prática. Em seguida, é preciso averiguar que nuances ou especificidades aquele momento histórico propôs à leitura interpretativa do vício da gula. Nesse sentido, vale a pena olhar mais de perto algumas fontes dos séculos VIII e IX. Em primeiro lugar, os costumes monásticos. Como na *Regra* de São Bento, nesses permanece a prescrição da frugalidade, porém com um maior detalhamento acerca do consumo de certos alimentos.[32] Em um costume do século VIII (c. 778-787), por exemplo, encontra-se uma explicação sobre como deveria ser preparado o terceiro prato possível de integrar a dieta dos monges mencionada na *Regra*. Ele deveria conter somente legumes cozidos em água. As frutas não foram, neste caso, mencionadas: "o nosso santo pai instituiu como refeição cotidiana dois cozinhados e um terceiro composto de legumes cozidos em água".[33] Como visto, na *Regra* a referência é apenas a "frutas ou legumes frescos", o que não permite saber de que forma essas frutas e legumes deveriam ser preparados ou consumidos. Nesse caso, precisar o cozimento apenas em água, talvez fosse um alerta para a não utilização

---

32   Os costumes constituem um tipo de documentação que dispõe sobre a condução prática de aspectos da vida cotidiana de uma comunidade monástica, como por exemplo, a provisão de alimentos e seu consumo. Na Alta Idade Média, compreendem documentos escritos por ocasião do Sínodo de Aix-la-Chapelle (816-817), bem como compilações posteriores datadas de até 850. A recomendação aparece no capítulo VII do *Synodi Primae Aquisgranensis Acta Praeliminaria* ("ut uolatilia intus forisue ullo tempore non conmendentur nisi pro infirmitatibus"); no capítulo XXI do *Synodi secundae Aquisgranensis decreta authentica* ("ut infantes oblati carnem nisi causa infirmitatis non manducent"); no capítulo VIII *Collectio capitularis Benedicti Levitae Monástica* ("ut uolatilia intus forisue nisi pro infirmitate nullo tempore commendant"); no capítulo XXX em *Legislationis Monasticae Aquisgranensis Collectio Sancti Martialis de Lemovicensis* ("ut nullus episcoporum monachis uolatilia comedere praecipiat"). Cf. HALLINGER, 1963, v. I, p. 425-561.

33   "Beatus pater noster instituit duo cocta pulmentaria in cotidiana refectione fratribus praeparari et tertium de leguminibus crudis in aqua infusis" (HALLINGER, 1963, v. I, p. 163).

de condimentos. As especificações acerca do consumo de carne constituem outro exemplo. Nos costumes referentes à reforma monástica de Bento de Aniane, levada a cabo por iniciativa do imperador carolíngio Luís, o Piedoso, com intuito de unificar a diversidade de usos e costumes monásticos sob a bandeira comum da *Regra* de São Bento, carnes de qualquer tipo (aves inclusive) são banidas da dieta dos monges, a não ser doentes e oblatos. Trata-se de uma rigidez que definitivamente não se encontra na *Regra* de São Bento.[34]

A recomendação sobre cozimentos somente em água, ou seja, sem o uso de condimentos, e a proibição radical do consumo de carnes soam como medidas de contenção do desejo pelos prazeres sensoriais que as preparações culinárias poderiam despertar. Condimentos e carne constituem elementos potencializadores desses prazeres, pois têm capacidade de interferir ou modificar compleições e influenciar, como se viu através das recorrentes proibições desses itens na *Regra* e nos costumes, ações desencadeadoras de vícios temerários. Além disso, no caso específico dos condimentos, sua utilização pressupõe certo conhecimento para a manipulação adequada das proporções. Tal saber culinário poria em destaque uma intencionalidade da ação humana, via de regra, problemática no entender dos pensadores eclesiásticos da Idade Média. É ela que pode levar o homem a agir em prol da vanglória, colocando-o em situação de pecado. Nesse sentido, o controle dos prazeres da comida poderia ser lido não apenas como a repressão de um vício carnal (gula), mas também de um espiritual (soberba ou vanglória).

Alguns elementos podem ser somados a essa reflexão no sentido de esclarecer um pouco mais no que consistiria o temor do desejo pelo

---

34   É interessante observar que em um dos costumes que antecede o primeiro Sínodo de Aix-la-Chapelle, os Estatutos de Murbach (816), a carne de aves ainda era permitida para doentes: "Ut a uolatilibus omni tempore ab omnibus abstineantur excepta causa infirmitatis" (HALLINGER, 1963, v. I, p. 437-450).

prazer da comida e das comidas prazerosas naqueles séculos. É bastante esclarecedor o tratado sobre vícios e virtudes (*De virtutibus et vitiis*) de Alcuíno (c. 735-804), importante pensador do cenário político-cultural carolíngio e personagem ativo em um dos ambientes religiosos ligados à confecção de Apício, o mosteiro de Tours, do qual foi abade a partir de 796 até sua morte. Para ele, a gula é o primeiro pecado corporal e significa o desejo destemperado pela comida e pela bebida. Alcuíno é partidário da tese, apresentada no início deste capítulo, que posiciona a gula como veículo por meio do qual Adão e Eva pecaram no Paraíso, destinando toda a humanidade a viver em situação de miséria espiritual.

> Sobre a gula: a gula é o primeiro pecado corporal, quer dizer, é o desejo destemperado pela comida ou bebida, por meio do qual os primeiros pais do gênero humano perderam a felicidade no Paraíso, e suas vidas foram lançadas em desgraçada miséria; na qual todos nascem do pecado, vivem do trabalho, morrem pela dor. De três modos, [a gula] vive no homem: quando, por causa da gula, deseja antecipar as horas canônicas estabelecidas; ou quando pede que prepare para si as comidas mais refinadas, mais do que exige a necessidade do corpo ou sua qualidade de pessoa; ou se consome, comendo ou bebendo, mais por causa do desejo da sua destemperança do que para atingir a sua saúde.[35]

---

35 "De gula: primum est corporale peccatum gula, id est, intemperans cibi vel potus voluptas, per quam primi parentes humani generis paradisi felicitatem perdiderunt, et in hanc aerumnosam hujus vitae [miseriam] dejecti sunt; ubi omnis homo per peccatum nascitur, per laborem vivit, per dolorem moritur. Quae tribus modis regnare videtur in homine; id est, dum homo horam canonicam et statutam gulae causa anticipare cupit, aut exquisitiores cibos sibi praeparare jubet, quam necessitas corporis, vel suae qualitas personae exigat, vel si plus accipiet in edendo vel bibendo propter desiderium intemperantiae suae, quam suae proficiat saluti" (ALCUÍNO, *De virtutibus et vitiis*, col. 633).

Enquanto a presença gregoriana no discurso de Alcuíno sobre a gula pode ser identificada no grande enquadramento (a condenação da desobediência, do excesso alimentar em termos qualitativo e quantitativo e, mais amplamente, do desejo pela comida), um aspecto mais específico revela uma nuance que convém examinar. Em sua formulação acerca das modalidades do vício, parece ecoar algo do discurso médico antigo que circulava no período. Chama a atenção a argumentação em favor do não consumo de pratos extremamente cuidados, fazendo uso, de maneira mais objetiva, do problema da adequação entre qualidade do alimento e qualidade da pessoa, tendo em vista a manutenção da temperança. Sem dúvida, a palavra-chave no discurso de Alcuíno é intemperança (*intemperantia*), e por extensão o seu contrário (*temperantia*). A ação de temperar (*tempero*) constitui, portanto, um campo semântico importante – do qual comida e cura fazem parte – e a que recorrerei no quinto capítulo na tentativa de interpretar a equação composta por pratos cuidados, qualidade e temperança/intemperança, sobre a qual estão montados os textos apicianos no período.

Vale a pena mencionar ainda um dado contextual identificado na obra de Alcuíno: a existência de comensais pouco fiéis às regras alimentares em ambientes monásticos próximos a ele e que, curiosamente, são também próximos a Apício. Em uma de suas epístolas,[36] datada entre os anos 789-796, Alcuíno dirige-se a seu pupilo Dodo, exortando-o à perseguição de costumes mais ortodoxos. O universo alimentar é aí descrito com contornos sombrios. Alcuíno praticamente aniquila qualquer

---

36 As epístolas de Alcuíno foram editadas por Ernst Dümmler em *Epistolae Karolini aevi II*, MGH Epp. IV, Berlim, 1895. Nelas a temática do desejo alimentar compreende não apenas o excesso de comida, mas também de bebida. Especificamente sobre o problema da embriaguez, cf. GAUTIER, 2004, p. 431-441. Das 311 epístolas atribuídas a Alcuíno, o autor contabilizou, na edição da MGH, 27 com admoestações acerca do excesso da bebida. Dessas algumas se aplicam também à comida, caso das de número 8, 19, 65 e 250.

potencialidade positiva da comida, apresentando-a, juntamente com o desejo e o corpo, como sinônimo de esterco e podridão: "aquilo que ontem comeste e bebeste, hoje é esterco; aquilo que te horroriza, não digo de tocar, mas de ver. Tais são nossos desejos: esterco e podridão. Tais são os corpos nos quais perecemos, tudo da mais sórdida podridão e imundícia, até que jazam no sepulcro".[37] Pode-se dizer que tom semelhante está por trás da recomendação feita por Alcuíno à comunidade beneditina de Fulda por meio de seu abade Bangulfo (779-802), em epístola datada entre 801 e 802. Ao que tudo indica, os monges pareciam facilmente resvalar em comportamentos bastante distantes daqueles previstos pela *Regra*: "não sejam luxuriosos, não sirvam à embriaguez".[38]

Cronologicamente mais próximo dos textos apicianos, está Rábano Mauro (c. 780-856), pupilo de Alcuíno e abade de Fulda entre 822 e 842. Seu pensamento sobre a gula encontra-se sintetizado em cinco capítulos do tratado *De vitiis et virtutibus* que, essencialmente, retomam noções já lançadas por Cassiano, Gregório e seu mestre, Alcuíno. No entanto, é de se ressaltar um capítulo dedicado especialmente ao *gastrimargus*, este monge particularmente inclinado ao pecado da gula. Na realidade, Cassiano já havia feito menções a essa figura,[39] mas enquanto este talvez considerasse que não houvesse nada mais a ser dito a respeito, Rábano Mauro, mais de 400 anos depois, ofereceu uma descrição bastante vívida desse tipo que parecia assombrar os mosteiros de seu tempo.

---

37 "Quod commedisti et bibisti hesterno, hodie stercus est, quod non dico tangere, sed etiam horrescis videre. Tales sunt nostrae voluptates: stercus et putredo. Talia sunt corpora, in quae deperimus, omne putredine et immunditia sordidiora, dum in sepulchro iacent" (ALCUÍNO, *Ep. 65*, p. 108).

38 "non sint luxoriosi, non ebrietati servientes" (ALCUÍNO, *Ep. 250*, p. 405).

39 JOÃO CASSIANO, 2001, p. 458.

> Cap. XLI – Que por tais indícios possa ser conhecido o *gastrimargus*, isto é, o devotado à gula. A besta que pode ser discernida nestas evidências dilacera aqueles miseráveis. Pois é sempre luxurioso e insaciável, além disso, pede comidas as mais luxuosas e preciosas. A travessa de comida, tão grande possa ser, verá ser colocada diante de si, puxa para si, para que possa comer de todas as coisas. Ansioso, investiga tempo e hora atenciosamente pelo quadrante solar, e do sol ao ocaso, frequentemente, entra e sai da cela, vagaroso, olhando repetidamente. Se, porém, ouvir discussões sobre abstinência e jejum, desvia o ouvido, aceita histórias de outras pessoas, para que possa rapidamente fugir daquele lugar e por tais truques voar dali, e sondando onde preparam comidas e bebidas diversas para si, para que sozinho consuma-as em outra hora.[40]

O principal ponto a ser destacado na passagem de Rábano Mauro é o fortíssimo componente de atratividade que essas comidas bem preparadas poderiam exercer dentre um número de monges que não deveria ser pequeno. Mesmo que seja impossível conhecer qualquer detalhe mais específico acerca do modo de preparação ou ingredientes desses pratos (aliás, fato comum a toda a documentação altomedieval

---

[40] "CAP. XLI – Quibus possit indiciis cognosci gastrimargus, id est, gulae deditus. Quem haec miserabilis lacerat bestia, his potest dignosci indiciis. Nam deliciosus semper et avidus est, cibos enim lautiores et pretiosos requirit. Quantacunque ciborum fercula ante se posita viderit, ut de omnibus sumere possit, pertractat, tempus et horam edendi sollicite per horologia anxius investigat, saepiusque egreditur et ingreditur cellam, ac solem velut ad occasum tardius properantem crebrius intuetur; si autem disputationem aliquam audierit de abstinentia et jejunio aurem avertit, aliunde fabulas sumit, et ut citius potest illo de loco fugit et quibuscunque potest ingeniis huc illucque pervolat, inquirendo unde sibi diversos cibos poculaque conficiat, et ut solus hos percipiat horam exspectat secretam" (RÁBANO MAURO, *De vitiis et virtutibus*, col. 1369).

relacionada à comida que foi aqui examinada), eles certamente estavam muito distantes dos *pulmentaria* prescritos na *Regra* de São Bento.

HÓSTIA: ANTICOMIDA

Como se viu, o prazer da comida e a comida prazerosa são equivalentes que encontram na metáfora do fruto edênico uma significativa possibilidade de interpretação (negativa) da comida que acaba por se espraiar para todo o universo alimentar altomedieval, recobrindo-o de suspeitas. A comida incita e mobiliza os sentidos, fazendo do comensal um verdadeiro refém que, ao se entregar a tal deleite sensorial, abre caminho para a perdição total. Sua expressão mais radical encontra-se na dieta de alimentos crus ou quase nada transformados de alguns Pais do Deserto. O historiador Piero Camporesi chama essa cozinha propositalmente desenhada para destruir qualquer prazer, qualquer odor carnal e qualquer sensação de satisfação sensual de "anticozinha". Para ele, seu único objetivo é a alienação do paladar e a criação de uma repugnância profunda da comida e, em última instância, da própria vida – ainda que a *Regra* de São Bento e os costumes ligados a ela tenham matizado o modelo alimentar do Deserto.[41]

Nesse sentido, a proposta de Camporesi vem reforçar a hipótese apresentada inicialmente neste capítulo de que a única comida que pode receber a "chancela" da Igreja é aquela que nutre o corpo sem a mediação dos prazeres dos sentidos, ou seja, que viabiliza a nutrição do corpo sem passar pelos sentidos carnais. É a anticomida. De certa maneira, é algo semelhante com a operação desempenhada pela hóstia. Na Santa Ceia, pão, vinho, peixe e cordeiro pascal perdem suas características mundanas e se tornam alimentos espirituais que, mais tarde, evocarão o Cristo sacrificado. O banquete celeste, com suas iguarias, se

---

41 CAMPORESI, 1994, p. 64-91, *passim*, especialmente citação p. 64-65.

opõe assim ao banquete terrestre.⁴² Claro que não se buscava uma equivalência estrito senso entre a noção terrena e espiritual de comida, mas pode-se dizer que, idealmente, quanto mais próxima a comida estivesse da nutrição espiritual, mais positivada ela estaria.

Durante certo período da Idade Média, discussões sobre como se daria a nutrição da matéria corporal são frequentes. Philip Reynolds identifica no século XIII um interesse particular na reflexão teológica acerca das relações existentes entre comida, corpo e natureza humana. De alguma forma, o ponto de partida encontra-se no século anterior, quando certa tradição de pensamento foi consolidada na obra de Pedro Lombardo (c. 1100-c. 1164). Este sustentava que a comida, assim como qualquer outra matéria exógena ao corpo humano, em nada intervinha na verdade da natureza humana ("veritas humanae naturae").⁴³ A reflexão necessariamente remetia ao problema da constituição do corpo. Em uma passagem de suas *Sentenças* (II, cap. 14-15), Pedro Lombardo afirma que todos os corpos humanos haviam se desenvolvido a partir do sêmen de Adão, mais precisamente, pelo processo de multiplicação "em si mesmo" de uma das partes de seu corpo. Tratava-se do mesmo tipo de multiplicação que originara Eva de uma das costelas de Adão, bem como aquela observada no milagre da multiplicação dos pães e na ressurreição de adultos que haviam morrido enquanto criança. Em

---

42 Cf. VOISENET, 1996, p. 545-559 (especialmente p. 551-553).

43 O que Reynolds verificou em seu estudo é que, a partir do posicionamento de Pedro Lombardo, surgiram, ao longo do século XIII, importantes questionamentos decorrentes de uma dúvida inicial: (1) participaria a comida da verdade da natureza humana? Inquietação que levava a outras perguntas: (2) pode um corpo crescer sem receber matéria nova? e (3) cada corpo humano contém de fato algo da matéria do corpo de Adão? Os teólogos que responderam "sim" para a segunda questão supuseram que a matéria poderia realmente se multiplicar "em si mesma" e foram obrigados a explicar como isso acontecia (caso de Boaventura). Já aqueles que negaram essa possibilidade tiveram que provar sua invalidade, explicando como cresciam os corpos a partir de uma análise de sua matéria, forma, mudança e identidade (Thomas de Aquino e Alberto Magno são exemplos analisados). Cf. REYNOLDS, 1999.

todos esses casos, o modo de crescimento da matéria era o mesmo e acontecia sem que houvesse participação alguma de matérias exógenas. De acordo com essa posição, a comida, embora imprescindível à sobrevivência do homem, apenas fomentava a carne, não operando qualitativamente em sua constituição. Assumir qualquer tipo de possibilidade de transformação nesse sentido, equivaleria a admitir que a matéria corrompida herdada de Adão poderia ser modificada, para melhor ou para pior. A essa interpretação "miraculosa" do crescimento do corpo humano, irá se seguir, a partir do século XIII, com Alberto Magno e Tomás de Aquino, outra, a um só tempo, mais "naturalista" e "médica".[44]

Ao olhar para a Alta Idade Média em busca de elementos que teriam favorecido o encaminhamento e a consolidação do pensamento de Pedro Lombardo sobre a comida, o que se revela, como sempre, é um campo de tensas oposições no qual a identificação do favorecimento ou da ressonância de uma ou outra via interpretativa é de difícil apreensão. De qualquer maneira, tomando inicialmente como exemplo autores e obras signifgicativos na estruturação do pensamento eclesiástico altomedieval, parece ser possível posicionar, de um lado, Beda (aparentemente alinhado a Pedro Lombardo) e, de outro, Agostinho.[45]

No caso de Agostinho, inicio com seus comentários à passagem dos Filipenses (2, 7), escritos entre 388 e 396, em que Paulo trata do exemplo de Cristo que se fez homem e se sacrificou pela humanidade.

---

44   Cf. REYNOLDS, 1999, p. 16-17, *passim*.

45   Pedro Lombardo é reconhecidamente um agostiniano. Ao longo dos quatro livros de suas *Sentenças*, o uso de Agostinho como autoridade é recorrente, sobrepondo, inclusive, outros padres da Igreja como Ambrósio, Jerônimo e Gregório Magno (Cf. REYNAL, 1998, p. 363-365; STRAYER, 1982-1989, v. 9, p. 516-517.). Portanto, o distanciamento proposto por Reynolds entre Lombardo e Agostinho, especificamente no que diz respeito à discussão acerca da comida e do corpo, soa curioso. Para a discussão que me interessa neste capítulo, não me aterei a essa problemática, sendo a menção a Pedro Lombardo e a interpretação que dele faz Reynolds apenas um ponto de partida para refletir sobre a questão na Alta Idade Média.

Das quatro maneiras pelas quais um ser humano pode assumir uma nova condição, uma delas se assemelha ao que acontece com a comida dentro do corpo humano: "certas coisas acontecem a nós de tal forma que ambos mudam e são modificados, como no caso da comida que, de um lado, perde sua própria forma/natureza para converter-se em nosso corpo; nós, por outro lado, tendo sido restaurados pela comida, somos convertidos por ela da anemia e da fraqueza para força e vigor/saúde".[46] A noção de que matérias são passíveis de transformação aparecerá novamente em *De vera religione* (390/391) quando Agostinho, ao tratar do homem interior e exterior, apresenta o que acaba sendo uma descrição do processo de nutrição do corpo humano.

> É belo [o homem exterior], contudo, no seu gênero, gozando da harmonia própria do corpo. Tem capacidade de assimilar aquilo que transforma em seu benefício, isto é, os alimentos corporais. De tal modo o faz que, pela sua desintegração, eles perdem a própria forma, incorporam-se à estrutura do organismo e reparam as forças deste. Passando a outra forma conveniente, esses alimentos são de certo modo selecionados pela ação vital do organismo. Os elementos aptos são assumidos para a formação daquela beleza visível. Os não aptos são eliminados nas vias congruentes. O mais fétido volve ao seio da terra para tomar nova forma. Outra parte esvai-se pelo corpo todo. Outra é assimilada pelos números secretos que todo ser animal possui. E inicia-se o germe da prole.[47]

---

46 "Quaedam uero sic accidunt, ut et mutent et mutentur, sicuti cibus et ipse amittens speciem suam in corpus nostrum uertitur, et nos refecti cibo ab exilitate atque languore in robur atque ualentiam commutantur" (AGOSTINHO, 1975, LXIII, p. 210).

47 "Sed interior exteriorem respicit et in sua comparatione foedum uidet, in próprio tamen genere pulchrum et corporum conuenientia laetantem et corrumpentem, quod in

Agostinho, certamente, estava familiarizado com o discurso médico antigo e, pela maneira como se expressa no texto citado, com aspectos peculiares à digestão e nutrição humanas pregados pela tradição hipocrática-galênica.[48] Sua descrição do processo de transformação da comida no corpo é vívida e denota, muito possivelmente, intimidade com o assunto: aqueles alimentos com capacidade de nutrir perdem sua forma original e são assimilados pelos tecidos conferindo força e vigor; já aqueles que não servem à nutrição assumem formas distintas, uma parte deles retorna ao solo como fezes, outra escapa como suor e, finalmente, uma terceira se torna sêmen. Essa familiaridade com a medicina aparecerá séculos mais tarde nos comentários ao Evangelho de Marcos feitos por Beda (c. 672-735). Apoiado na parábola apresentada por Jesus aos fariseus em suas pregações na Galileia (Mc 7, 18-19), com objetivo de ensinar a diferença entre o puro e o impuro, Beda toca no tema alimentar da seguinte maneira:

> "Não percebes que tudo que entra no homem vindo de fora não pode a ele se juntar, e não entra em seu coração, mas no ventre, e todas as comidas que purgam são expelidas para a fossa?" [Citação Mc, 7, 18-19] Todas as passagens dos Evangelhos, para os heréticos e perversos, estão cheias de tentações. E sobre esta breve sentença (falsamente acusada de calúnia, pois o Senhor desconhece discussões

---

bonum suum conuertit, alimenta scilicet carnis, quae tamen corrupta, id est amittentia formam suam, in membrorum istorum fabricam migrant et corrupta reficiunt in aliam formam per conuenientiam transeuntia et per uitalem motum diiudicantur quodam modo, ut ex eis in structuram huius uisibilis pulchri, quae apta sunt, assumantur, non apta uero per congruos meatus eiciantur, quorum aliud foeculentissimum redditur terrae ad alias formas assumendas, per totum corpus exhalat, aliud totius animalis latentes números accipit et incohatur in prolem [...]" (AGOSTINHO, 1962, p. 235-236; *idem*, 2002, p. 100-101).

48 Cf. capítulo 5, item "Um livro de molhos".

da física): apodrecem no ventre todas as comidas, digeridas no intestino, imediatamente, são espalhadas pelos membros do corpo, veias, medulas e nervos. Vemos também muitos que, no vício do estômago, vivem segurando o vômito, e após ceias e almoços vão imediatamente vomitar o que ingeriram, mas são corpulentos, porque a comida e a bebida liquefeitas são absorvidas pelos membros no primeiro contato. Mas, dessa forma, enquanto os homens querem repreender a ignorância uns dos outros, revelam a sua. O humor finíssimo e a comida liquefeita, que foram cozidos nas veias e nos membros e digeridos por passagens ocultas do corpo que os gregos chamam de poros, descem às partes baixas e vão para a fossa.[49]

Para Beda, é fruto da ignorância dos heréticos a crença em um processo digestivo que promovia a interferência na matéria humana por meio da ingestão de matérias exógenas, ou seja, pelo contato da comida com o corpo. Para ele o que acontece ao se colocar alimentos na boca é apenas a transformação destes em um humor finíssimo que, após atravessar o corpo, é eliminado sem provocar nenhuma alteração. Beda, como outros eclesiásticos do período, estava familiarizado com

---

49 "'Non intelligitis quia omne extrinsecus introiens in hominem non potest eum communicare, quia non intrat in cor ejus, sed in ventrem et in secessum emittitur purgans omnes escas?' Omnium Evangeliorum loca *apud* haereticos et perversos plena sunt scandalis. Et ex hac sententiola quidam calumniantur, quod Dominus, physicae disputationis ignarus, putet omnes cibos in ventrem ire, et in secessu digeri, cum statim infusae escae per artus et venas ac medullas nervosque fundantur. Unde et multos videmus qui vitio stomachi perpetem sustinent vomitum, post coenas et prandia statim evomere quod ingesserint, et tamen corpulentos esse, quia ad primum tactum liquidior cibus et potus per membra funditur. Sed istiusmodi homines dum volunt alterius imperitiam reprehendere, ostendunt suam. Quamvis enim tenuissimus humor et liquens esca, cum in venis et artubus concocta fuerit et digesta, per occultos meatus corporis, quos Graeci πόρους vocant, ad inferiora delabitur, et in secessum vadit" (BEDA, *In Evangelium S. Marci*, col. 201).

a medicina antiga e, certamente, manipulou textos da coleção hipocrática. Além disso, é provável que não estivesse imune à força do pensamento agostiniano que influenciou fortemente a Alta Idade Média. No entanto, pelo menos no exemplo citado, todo o dinamismo presente na descrição dos componentes da digestão é posto na boca dos hereges. Beda opta assim por não compartilhar da ideia presente em Agostinho de que a comida é matéria envolvida em um duplo processo de transformações: a de si mesma e a do corpo que a consome.

Posições contrárias a Agostinho, ou seja, alinhadas a Beda e Pedro Lombardo, não puderam ser rastreadas nas obras de outros pensadores eclesiásticos do período altomedieval, mais especificamente dos séculos VIII e IX. A já citada passagem da epístola de Alcuíno dirigida a Dodo,[50] contudo, pode ser um exemplo naquela direção. Ao afirmar que a comida de ontem é o esterco de hoje, Alcuíno parece destacar a crença de que os alimentos passam pelo corpo, invadem suas veias e membros, mas não provocam nenhuma ação evidente. Não se pode saber, pelo estado atual das pesquisas, se Alcuíno está só ou é voz em meio a um grupo de pensadores afins. De qualquer forma, juntamente com Agostinho e Beda, tem-se com esses três representantes, cujas ideias são basilares na formação intelectual do período, um cenário que evidencia a inexistência de formas unívocas de se pensar a comida na Alta Idade Média.

Além disso, a investigação é incipiente e não permite pensar se essas formas se encadeariam progressivamente de maneira a resultar em um pensamento mais acabado e cristalizado na obra de Pedro Lombardo, para ser, logo depois, "superado" pelo pensamento mais "científico" da escolástica do século XIII. Se é possível encontrar em Alcuíno afinidades teológicas com Beda e Pedro Lombardo, o mesmo não se pode dizer em relação a algumas ideias de Agostinho que, em certo sentido,

---

50   Cf. nota 38 deste capítulo.

serão retomadas por Alberto Magno e Tomás de Aquino. Embora deva concordar com Reynolds que a posição que prevalece é aquela que será consolidada nas letras de Lombardo, não me parece evidente que a questão deva ser posta em termos de oposição entre uma Alta Idade Média "mágica", na qual a literatura e a prática médica não possuem nenhuma representatividade, contra uma Baixa Idade Média supostamente mais "naturalista" e aí sim propriamente "médica". Talvez seja mais acertado observar que das duas tradições de pensamento sobre a comida que convivem no período altomedieval (1. aquela com forte acento monástico e que coloca sobre denominador comum Cassiano, Beda, Gregório Magno e Alcuíno; 2. aquela que abarca de forma mais ampla a comunidade de cristãos e que me parece melhor representada pelo pensamento de Agostinho), uma delas acabou por perder espaço no século XII.

Nos séculos VIII e IX, contudo, considero prematuro – até porque não há estudos nesse sentido – precisar qual delas prevaleceria no ambiente monástico, meio social que, certamente, não pode ser descrito como homogêneo. Se no pensamento eclesiástico altomedieval a hóstia representa a comida ideal porque estabelece outras vias para a nutrição do corpo que não aquela que provoca os sentidos; isso não significa que em alguns dos círculos nos quais aquele mesmo pensamento constitui referência, outras leituras acerca do papel da comida não possam ser cultivadas. As ideias de Agostinho aqui mencionadas, bem como uma leitura particular do saber dietético proposto pela medicina antiga disponível no período, abrem espaço para um posicionamento mais "ventilado" em relação à comida que penso existir nos locais ligados à confecção de Apício (ainda que a abordagem da comida pela tradição de Alcuíno e Rábano Mauro possa indicar o contrário). Em outras palavras, a convergência de posicionamentos acerca da comida identificada no pensamento eclesiástico altomedieval parece revelar que, longe dos polos representados pelo fruto edênico e pela hóstia, há áreas de contornos pouco defináveis a serem investigadas com mais cautela.

APÍCIO EXCEDE

Considerando que Apício pertença a um desses ambientes mais arejados, ainda é preciso resolver uma importante questão: o "extra ordinário" e o "extra necessário" que rondam sua existência. Com efeito, à primeira vista, e mesmo pela herança legada à Idade Média pelo personagem por detrás do texto, as receitas apicianas parecem ter nascido para apaziguar desejos culinários ávidos de tudo, menos da "anticozinha" proposta por Camporesi. Além disso, ao que tudo indica, essa cozinha insossa não carece de registro escrito que incite o temido cuidado com as preparações, afinal, a existência de um veículo exclusivo de prescrição e divulgação, acabaria por lhe conferir valor ou chamar atenção de maneira inapropriada. O essencial já está dito na *Regra* e nos costumes. Por meio desse raciocínio, é certamente difícil explicar a existência de Apício mesmo em ambientes supostamente mais abertos. Até mesmo na visão positiva de Agostinho acerca da comida não há concessões a esses elementos provocadores do prazer e da gula.

Contudo é no próprio texto agostiniano que a resposta começa a se delinear. No livro X das *Confissões* (397-401), dedicado à reflexão acerca dos sentidos e suas tentações, encontra-se a ideia de que uma possível estratégia para apaziguar o prazer pela comida é encará-la como medicamento. Porém a tarefa incita dúvidas, uma vez que não é nada fácil distinguir se a sensação manifestada pelo corpo se dá exclusivamente por necessidade de nutrição (saúde) ou por prazer (pecado). Ao final da passagem, o próprio santo padre confessa sua inquietação sobre o tema e reluta em oferecer uma resposta definitiva para a questão (que, sem dúvida, permanecerá aberta até o final da Idade Média).

Tu me ensinaste isto: que me aproxime dos alimentos como se fossem medicamentos. Mas, quando transito da moléstia da fome ao descanso da saciedade, no mesmo trânsito me incendeia o laço da concupiscência. Pois este trânsito é o desejo, e não há outro por onde passar a não ser aquele por onde nos obriga a passar a necessidade. E sendo a saúde a causa do comer e do beber, junta-se a isso, como companheiro, perigoso deleite [...]. Nem é o mesmo modo de ser de ambas as coisas, porque o que é bastante para a saúde do corpo é pouco para o deleite, e muitas vezes não se sabe se o necessário cuidado com o corpo é o que pede o dito socorro, ou se é o engano deleitoso do apetite que solicita que o sirva. Diante dessa incerteza, alegra-se a alma infeliz e com ela prepara a defesa de sua escusa, gozando de que não pareça que é o que basta para conservação da boa saúde, a fim de encobrir com pretexto a satisfação do deleite. A tais tentações procuro resistir todos os dias e invoco tua mão e te confesso minhas perplexidades porque meu parecer sobre este assunto não é ainda suficientemente sólido.[51]

---

51 "Hoc me docuisti, ut quemadmodum medicamenta sic alimenta sumpturus accedam. Sed dum ad quietem satietatis ex indigentiae molestia transeo, in ipso transitu mihi insidiatur laqueus concupiscentiae. Ipse enim transitus uoluptas est, et non est alius, qua transeatur, quo transire cogit necessitas. Et cum salus sit causa edendi ac bibendi, adiungit se tamquam pedisequa periculosa iucunditas. [...]. Nec *idem* modus utriusque est: nam quod salutati satis est, delectationi parum est, et saepe incertum fit, utrum adhuc necessaria corporis cura subsidium petat na uoluptaria cupiditatis fallacia ministerium suppetat. Ad hoc incertum hilarescit infelix anima et in eo praeparat excusationis patrocinium gaudens non apparere, quid satis sit moderationi ualetudinis, ut obtentu salutis obumbret negotium uoluptatis. His temptationibus cotidie conor resistere et inuoco dexteram tuam et ad te refero aestus meos, quia consilium mihi de hac re nondum stat" (AGOSTINHO, 1983, p. 178; *idem*, 2005, p. 427-426).

De qualquer modo, a orientação agostiniana permanecerá válida. No final do século VIII, o monge Ambrósio Autpert (c. 730-784) reforça a utilização do recurso de se aproximar da comida como o doente faz com o remédio: "porque cada um deve se aproximar da comida consumida no banquete assim como o doente do remédio; de maneira alguma, evidentemente, existe nele o prazer que cobiça, mas a necessidade que se apresenta".[52] Casagrande e Vecchio (2003, p. 206), analisando a metáfora da comida como medicamento do ponto de vista teológico-religioso, enxergam aí o encontro de dois aspectos muito bem amalgamados: o caráter nutriente que supre a necessidade inelutável de se alimentar e a natureza medicamentosa que age na corrupção provocada pelo pecado e pela ausência total do prazer que deve acompanhar sua absorção.

Como se verá a partir dos capítulos seguintes, a sobreposição comida-medicamento é igualmente cabível da perspectiva médica como encontrada em textos médicos que circulam no período. Nesse momento, está-se falando de uma medicina essencialmente dietética cuja farmacopeia apoia-se principalmente em produtos vegetais (ervas e especiarias). Pode-se dizer, portanto, que cozinha e farmacopeia recorrem a matérias-primas comuns estreitando assim a fronteira que as separa. Neste livro, especificamente, o problema reside em conhecer se há um ponto de inflexão (e, nesse caso, onde ele se dá) entre comida e medicamento em Apício. Ao que tudo indica, a chave está na manipulação dos ingredientes.

---

52 "Quapropter sicut aeger ad medicinam, sic ad sumendas dapes debet quisque accedere, nequaquam scilicet uoluptatem in illis appetens, sed necessitati succurens" (AMBRÓSIO AUTPERT, 1979, p. 924).

CAPÍTULO 3
Ingredientes do horto

A ideia genérica de que o excesso e o prazer da comida conduzem à destruição do corpo e da alma e que sua negação constitui o comportamento alimentar ideal não encontra propriamente fundamento nos textos médicos antigos que circulam na Alta Idade Média, ainda que neles se possa identificar alguns pontos importantes de contato. O que se observa é que a leitura que o cristianismo altomedieval faz daqueles textos é, como qualquer outra em qualquer tempo, seletiva e põe acento de maneira bastante particular nos efeitos negativos do excesso ou de certas escolhas de alimentos, isolando-os de um aparato conceitual muito mais amplo do qual dependem intrinsecamente para serem compreendidos. O pensamento eclesiástico cristão sobre a comida apresentado no capítulo anterior parece se organizar, como apontou Michel Foucault (1984, p. 106), "segundo a forma binária do permitido e do proibido", enquanto nos regimes médicos antigos existem gradações possíveis e legítimas entre "o mais e o menos" que não significam, necessariamente, o bom e o mau. Tais gradações evidenciam, portanto, o não estabelecimento de condutas alimentares universais e se concentram, em vez disso, em propostas direcionadas a homens com diferentes compleições, idades, sexos e condições de vida.

Este e o próximo capítulo dedicam-se a investigar um aspecto específico e intimamente relacionado aos regimes médicos antigos conhecidos no período altomedieval, o universo das matérias-primas a partir das quais comida e medicamento podem ser pensados e articulados. A noção de farmacopeia, pois é disso que se trata, é sem dúvida um dos pontos fundamentais para a compreensão da possível agência dos ingredientes apicianos na cozinha da Alta Idade Média. De todas as matérias-primas apicianas passíveis de investigação, optou-se por aquelas que constituem itens mais recorrentes, ou seja, ingredientes provenientes do *hortus* (frutas, hortaliças e especiarias) abundantes nas receitas apicianas por conta da quase onipresença de molhos nos quais essas espécies vegetais constituem elementos centrais juntamente com óleos e vinhos.

Um pouco sobre a tradição médica altomedieval

Na Alta Idade Média, a medicina lida e praticada estava amplamente fundamentada em teorias que se consolidaram lentamente em território grego, ou sob influência grega, a partir do século v a.C. O percurso de construção da tradição médica antiga é bastante complexo e, em certo sentido, apresenta similaridades com o movimento de Apício e de outros textos clássicos na sua travessia da Antiguidade à Idade Média. Tendo passado pelo crivo de pais da Igreja como Tertuliano, Cipriano, Ambrósio e Jerônimo, textos médicos adentram a Europa pela Itália para se constituírem referências por meio das recomendações de Cassiodoro e se consolidarem nas obras enciclopédicas de Isidoro de Sevilha e Rábano Mauro. De maneira geral, há muitas lacunas, e a dificuldade de se atribuir uma ou outra ideia a certos personagens do cenário médico dos períodos envolvidos é uma realidade enfrentada por qualquer pesquisador que se posicione criticamente diante do gigantesco *corpus* de textos.

Sobre Hipócrates de Cós (460-377 a.C.) e Galeno de Pérgamo (c. 131 – c. 200), especificamente, é possível dizer que atualmente há certo consenso acerca de ideias desenvolvidas antes de Hipócrates, por Hipócrates e, posteriormente, por seu grande sistematizador, Galeno. O chamado *corpus hippocraticum*, ou coleção hipocrática, constitui um conjunto de 66 tratados escritos em grego (jônico) ao longo de 420-350 a.C que versam sobre diferentes tópicos relacionados ao corpo humano; apresenta ainda um Juramento e um pequeno livro de Leis (*Nómos*) (CAIRUS, 2005, p. 25). A coleção recebeu o primeiro tratamento filológico moderno no século XIX quando o médico, filósofo e lexicógrafo francês Émile Littré renovou os estudos hipocráticos ao propor uma nova classificação dos textos com auxílio, pela primeira vez, dos procedimentos da filologia moderna.[1] No Ocidente medieval, a difusão da literatura hipocrática está relacionada à necessidade de aplicação de seus conteúdos por pessoas ligadas à prática médica. Como o conhecimento do grego entrara em declínio, foi preciso empreender traduções latinas que, para alguns especialistas, aconteceram no período compreendido entre os séculos V e VI, provavelmente em Ravena.[2] Ao que se sabe, nessa época foram traduzidos sete tratados

---

[1] A edição de Littré é ainda hoje a grande referência para qualquer estudo sobre o *corpus* hipocrático (LITTRÉ, 1839-1861).

[2] Nesse período, é possível encontrar em regiões da Itália ostrogoda e da Espanha visigótica, além de cidades como Roma, Bordeaux, Arles, Lyon e Marselha, médicos laicos que continuavam a ensinar e a praticar medicina. Mantendo a tradição da Antiguidade tardia, atestam-se, inclusive, algumas iniciativas de educação formal ligadas a escolas ou a palestras públicas realizadas por médicos e dirigidas a pequenos círculos de estudantes. Em Ravena, particularmente, a vitalidade dessas atividades pode ser perseguida. Um estudo recente do códice *G108 inf.* (Biblioteca Ambrosiana, Milão), datado do século IX, mas cópia de outro exemplar mais antigo datado do século VII originário de Ravena, e que contém a tradução latina de três textos hipocráticos e comentários sobre quatro tratados galênicos, sugere a continuidade no estudo e na prática dos

hipocráticos: *Dos Ares, águas e lugares*; *Aforismos*; *Doenças de mulher*; *A natureza do homem*; *Prognósticos*; *Regime* e *Setes*.[3]

Por outro lado, a coleção galênica é tradicionalmente reconhecida pelos especialistas[4] como tendo adquirido sua forma mais consistente no Ocidente medieval somente após o século XI (mas principalmente depois do século XII nas escolas médicas do sul da Itália e França), impulsionada pelas atividades de tradução de textos filosóficos e médicos de origem grega e árabe, bem como pela estruturação de uma rede de médicos laicos atuantes fora dos ambientes eclesiásticos aos quais se encontravam mais comumente ligados. Grande parte dos textos que comporá a edição moderna do *corpus* que até hoje é referência para estudo de Galeno e do galenismo estrutura-se em torno dos manuscritos originários do período baixomedieval.[5] Tem sido considerado que uma maior familiaridade com o aristotelismo – que só acontecerá, com efeito, naqueles mesmos séculos – foi necessária para que a medicina galênica, aristotélica em sua essência, pudesse ser compreendida, pensada e praticada. Os poucos textos reconhecidamente galênicos copiados na Alta Idade Média platônica (*De sectis ad introducendos*, *Ars medica*, *De pusibus ad tirones*, *Ad glauconem de methodo medendi*, além de *Comentários aos Aforismos* de Hipócrates e provavelmente aos *Prognósticos* deste mesmo), não poderiam assim atingir qualquer

---

ensinamentos daqueles textos médicos entre os séculos VI/VII e X, a partir de quando florescerá a Escola de Salerno. Cf. SIGERIST, 1958, p. 127-150; MUSITELLI *et al*, 1994, p. 317-319.

3   JOUANNA, 1999, p. 361. Para uma síntese da cronologia e conteúdo de todos os tratados da coleção hipocrática, consultar nessa mesma obra o Apêndice 3 (p. 373-416).

4   Dentre os especialistas em Galeno, dois nomes devem ser destacados: o norte-americano Owsei Temkin e o espanhol Luis García-Ballester. Da vasta bibliografia desses pesquisadores, destaco como ponto de partida para a compreensão de Galeno na Idade Média: TEMKIN, 1973 e GARCÍA-BALLESTER, 2002.

5   *Claudii Galenii Opera Omnia*. Ed. Carolus Gottlob Kuhn. Leipzig: Cnobloch, 1821-1833. 22 v.

ressonância na sociedade do período. De alguns anos para cá, ainda timidamente, esse aspecto vem sendo questionado à luz de uma investigação mais atenta dos textos explicitamente atribuídos a Galeno que foram copiados pela Cristandade latina altomedieval, assim como da verificação do uso de conceitos galênicos em textos anônimos ou atribuídos a outros autores.[6] Dada à dificuldade de se operar uma distinção precisa entre a contribuição do pensamento de Hipócrates e o de Galeno, a erudição moderna parece preferir trabalhar com as noções de tradição hipocrática ou hipocrática-galênica, dependendo do recorte documental e objeto de pesquisa adotado, a insistir na determinação de autorias individualizadas.

Já no que diz respeito ao conhecimento e acesso às obras de outros autores importantes da medicina antiga, deve-se destacar o papel de pesquisadores pioneiros como Charles Daremberg, Valentin Rose, Karl Sudhoff e Henry Sigerist.[7] Durante o final do século XIX e início do século XX, esses historiadores da medicina dedicaram suas vidas a procurar, descrever e, em alguns casos, editar manuscritos médicos do início do período medieval encontrados em várias bibliotecas europeias. É devido a esse trabalho de vidas inteiras que catálogos e repertórios de manuscritos puderam ser publicados mais recentemente por pesquisadores como Augusto Beccaria (1956), Ernst Wickersheimer (1966) e Loren MacKinney (1979). O material reunido revela uma

---

6 Cf. BECCARIA, 1959; MUSITELLI *et al*, 1994.

7 Dentre os primeiros trabalhos desses pesquisadores destacam-se: DAREMBERG, Charles. *Notices et extraits des manuscrits médicaux grecs, latins, et français des principales bibliothèques de l'Europe*. Paris: Imprimerie Imperiale, 1853; ROSE, Valentin. *Verzeichnis der lateinischen Handschriften der Kgl. Bibliothek zu Berlin*. Berlim: [s.n.], 1893-1903. 2 v.; *Idem, Anedocta Graeca et Graeco-latina*. Berlim:[s.n.], 1864-1870. 2 v.; SUDHOFF, Karl. Bibliographic der medizingeschichtlichen Arbeiten von Karl Sudhoff. In: SINGER, Charles; SIGERIST, Henry. *Essays on the history of medicine*. Londres: [s.n.], 1924, p. 396; *Idem, Kyklos*, 1929, 2, 278-9; SIGERIST, Henry. *Studien und Texte zur fruhmittelalterlichen Rezeptliteratur*. Leipzig: [s.n.], 1923.

imensa massa de textos médicos, muitos ainda sem edição moderna e, principalmente, sem estudo histórico adequado.

Para compreensão de Apício à luz da Alta Idade Média, é importante saber com que ideias ou teorias de autoridades médicas como Hipócrates, Galeno, e outros nomes, os homens do período poderiam fazê-lo dialogar. A constatação de que existem poucos estudos centrados em textos médicos copiados na Alta Idade Média e compreendidos a partir da óptica daquele mesmo período, levou-me à investigação direta de catálogos e repertórios de manuscritos altomedievais.[8] A pesquisa revelou que as indicações de leitura feitas por Cassiodoro (c. 485-585) a seus monges entre o final do século V e início do VI, permanecem sendo referência nos séculos VIII e IX. Para conhecimento das propriedades das ervas e da manipulação das drogas, o herbário de Dioscórides; para terapêutica, a obra latina de Hipócrates e de Galeno, especialmente o livro sobre ervas e métodos de cura do primeiro e a obra intitulada *Terapêutica* do segundo, além de uma variedade de outros tratados sobre a arte da cura trazidos por ele para a biblioteca de Vivarium; finalmente, para o conhecimento médico de maneira geral, a leitura da obra de Célio Aureliano.[9] Com efeito, embora não existam muitos manuscritos remanescentes, é possível verificar que estiveram em circulação em várias partes do Ocidente: 1) traduções latinas de obras médicas de origem grega como Hipócrates, Galeno, Dioscórides,

---

8   Para acesso a este levantamento, cf. ASFORA, 2010.

9   "Quod si vobis non fuerit Graecarum litterarum nota facundia, imprimis habetis herbarium Dioscoridis, qui herbas agrorum mirabili proprietate disseruit atque depinxit. Post haec, legite Hippocratem atque Galenum Latina lingua conversos, id est Therapeutica Galeni ad philosophum Glauconem destinata, et anonymum quemdam, qui ex diversis auctoribus probatur esse collectus. Deinde Aurelii Coelii de Medicina, et Hippocratis de Herbis et curis, diversosque alios medendi arte compositos, quos vobis in bibliothecae nostrae sinibus recónditos, Deo auxiliante, dereliqui" (CASSIODORO, *De Intitutione divinarum litterarum*, col. 1146-47).

Oribásio e Alexandre de Tralles; 2) compilações de fontes clássicas por escritores romanos como Vindiciano, Teodoro Prisciano, Cássio Felix, Célio Aureliano e Antimo; 3) composições miscelâneas sob a forma de epítomes, cartas e coleções de prescrições.

Não obstante a significância de tal *corpus* textual, a medicina altomedieval ainda é objeto de pouca atenção por parte de medievalistas e historiadores da medicina em geral.[10] Para muitos especialistas, as atividades e a produção literária ligada à chamada escola médica de Salerno (a partir do século X) constituiriam o primeiro momento de "retomada" significativa dos estudos médicos no ocidente após o final da Antiguidade. Até então, localizada nos mosteiros, ter-se-ia uma medicina empírica, pouco erudita, inclinada a mesclar crenças em poderes sobrenaturais com a leitura superficial de alguns textos de tradição hipocrática-galênica.[11] Entretanto, ao observar os poucos estudos realizados por pesquisadores que se debruçaram (e se debruçam) especificamente sobre dados do período, o panorama que se descortina é um pouco distinto. O grande mérito, sem dúvida, cabe a Loren

---

10   Certamente, isto vale para a medicina de todo o período medieval. O recente levantamento realizado pela historiadora Monica Green (2009, p. 1218-1245) revela que, ainda no início do século XXI, temas relacionados à saúde e à doença, e as tradições culturais que definem esses conceitos, ainda ocupam um espaço periférico (quando ocupam) nos projetos de investigação da sociedade medieval como um todo. A autora não ignora que doenças infecciosas como a lepra e os vários tipos de peste têm recebido, nesse cenário, um tratamento especial, particularmente pelo impacto demográfico e econômico que podem causar em uma sociedade; no entanto, lembra que "havia muito mais na paisagem medieval da saúde, doença e infraestrutura intelectual e social para atendê-las do que apenas aquelas duas entidades [lepra e peste]. Assim como as especiarias pertencem à história da medicina e à história da alimentação (e, de acordo com um relato recente, da conquista do globo), hospitais e leprosários pertencem à história da doença, noções de nutrição e cuidado tanto quanto à caridade religiosa, economia e pobreza".

11   Via de regra, é esta a visão encontrada nos manuais de história da medicina ou das ciências do período medieval. Dentre alguns exemplos, cf. CASTIGLIONI, 1947; GUERRA, 1989; VERGER, 2001.

MacKinney,[12] historiador da medicina norte-americano que contribuiu para evidenciar as especificidades dos primeiros séculos do medievo, notadamente a relevância da convergência critativa das esferas sobrenatural e humana para a realização da cura. MacKinney (1979, p. 23-28) aponta que, nos primeiros séculos da Alta Idade Média, a cura religiosa por meio de relíquias e encantamentos revelava-se o aspecto proeminente da medicina; porém gradativamente, e nos registros do período carolíngio esse aspecto se evidencia, a participação da parcela humana assume igual importância.

É parte significativa da análise de MacKinney compreender o papel efetivo dos textos médicos que foram copiados e que circularam no período. Para o historiador, a existência de prescrições para medicamentos é um indicativo de prática médica. Ele dialoga com aqueles que negam que tais prescrições constituam evidências dessa prática, lembrando que, embora exista razão em compreender a tarefa de transcrever as prescrições de textos médicos antigos como parte dos exercícios de cópia comuns aos escribas monásticos, a maneira como tais prescrições foram escrevinhadas nas margens ou nos espaços em branco dos manuscritos sugere que tenham sido registradas deliberadamente. É nesse enquadramento que o historiador compreende, por exemplo, as recomendações para leitura de Hipócrates e Galeno feitas por Cassiodoro, as leituras públicas desses mesmos autores atestadas em Ravena no século VIII, bem como a tradução, no mesmo século, nas ilhas britânicas, de conteúdos

---

12 MacKinney (1979) foi um dos poucos historiadores que se propôs estudar a medicina da Alta Idade Média a partir de suas especificidades (ainda que com evidentes dificuldades), diferentemente de seus predecessores que costumavam resumir o período a um tempo de obscuridade e crendices. Influências da abordagem de MacKinney podem ser encontradas de alguma forma nos trabalhos de VAN ARSDALL, 2005, p. 9-30; TALBOT, 1967; RUBIN, 1974; SIRAISI, 1990; STANNARD, 1999; RIDDLE, 1974, p. 157-184.

médicos oriundos da tradição clássica e local em língua vernácula destinada ao público laico.

Outra evidência apontada por MacKinney (1979, p. 35-36) é a ocorrência de autores medievais que compilaram suas próprias coleções. Assim, além dos textos de tradição hipocrática-galênica, da grande quantidade de antidotários e de receituários anônimos, há ainda dois compêndios compostos por Bertário de Monte Cassino e o célebre poema *Hortulus* de Walafrido Estrabão (c. 809-849), ambos exemplos de obras que combinaram conteúdos de textos clássicos com informações adquiridas por meio da experiência prática cotidiana. Compilações semelhantes aos compêndios de Bertário foram encontradas em manuscritos de St. Gall, mosteiro que conferia grande importância à medicina, atestada não só pela quantidade de manuscritos médicos integrantes do acervo de sua biblioteca, mas também pela quantidade de espaços destinados à prática médica[13] existentes na planta de reconstrução do mosteiro.[14]

É possível verificar que muito do conhecimento dietético da Antiguidade, assim como o aparato teórico de base – as teorias humorais – permanecia disponível aos homens letrados do período. Ao contrário do que se possa pensar, não houve uma única teoria humoral, partilhada por todos os médicos hipocráticos, mas sim uma diversidade de proposições teóricas acerca do número e da natureza dos humores que constituíam a natureza humana (JOUANNA, 1999, p. 316).

---

13   Cf. a descrição desses espaços no capítulo 5.
14   MACKINNEY, 1979, p. 35-55. O historiador está familiarizado com o debate que põe em questão a existência do plano de St. Gall visando sua real implantação e se posiciona contra essa perspectiva. Ele argumenta lembrando que estruturas para o cuidado de doentes, hospitais e enfermarias, existiam desde a Espanha visigótica. Além disso, aponta que a estrutura prevista em St. Gall vai ao encontro das práticas conhecidas e descritas nas obras médicas que circulavam no período carolíngio.

A mais conhecida versão da teoria humoral é, sem sombra de dúvidas, a teoria dos quatro humores que tem sua origem na coleção hipocrática, mais especificamente em *De natura hominis*, obra escrita por Políbio, genro e discípulo de Hipócrates, e que ganha sua forma definitiva – isto é, acolhendo em seu interior a teoria correspondente dos quatro temperamentos –, muito tardiamente no final da Antiguidade e início da Idade Média.[15] Por essa razão, a tarefa de sua sistematização é complexa, passando necessariamente pela investigação de outros textos do *corpus* hipocrático e externos a ele.

De maneira geral, a teoria é organizada a partir da premissa de que existem quatro humores que constituem os corpos e definem seu temperamento (sangue, fleuma, bile negra e bile amarela). A cada um desses humores está associado respectivamente um par de qualidades (quente e úmido; fria e úmida; fria e seca; quente e seca) que por sua vez têm correspondência com outros elementos (coração-primavera-infância; cabeça-inverno-velhice; baço-outono-fase adulta; fígado-verão-adolescência). A saúde do corpo humano depende de um estado de *crasis*, ou seja, da mistura em justa proporção (*métrios*) entre os quatro humores; consequentemente, qualquer forma de desequilíbrio humoral é vista como causadora de doenças (*De natura hominis*, cap. 4). Os temperamentos são definidos a partir da predominância de um determinado humor na *crasis*, embora este não seja o único fator a ser considerado (influem também sexo, idade e a história de vida da pessoa).

É cada vez mais evidente que tal versão da teoria humoral tenha adentrado o Ocidente medieval sob a forma dada a ela não apenas por Galeno – que combinou elementos filosóficos encontrados em Platão, Aristóteles e na escola pneumática com o pensamento da coleção hipocrática –, mas também por autores anônimos da Antiguidade tardia,

---

15 Cf. JOUANNA, 2005.

muitas vezes escondidos por detrás de nomes de autoridades como Sorano e Vindiciano. A produção compreendida entre o século IV e VIII/IX, apesar de pouco conhecida, dá sinais, por meio do resultado dos poucos estudos realizados até agora, da existência de contribuições genuínas do período às reflexões envolvendo a concepção de saúde.

Mais do que um estado, a saúde é um movimento constante de interação do organismo com seu meio, ou seja, não depende apenas do cuidado para que proporções equitativas de humores predominem internamente no corpo humano, mas de buscar o equilíbrio também em aspectos externos a ele. Ao longo da coleção hipocrática, há mais de setecentos usos de termos gregos que designam uma noção de saúde que não corresponde inteiramente ao que a modernidade compreende como tal. A partir da concepção expressa por um dos termos que a denotam (ηυγιεια, *hygieia*), saúde é bem-estar, algo equivalente ao que hoje se denominaria por "boa saúde" (JOUANNA, 1999, p. 323). Dieta (δίαιτα, *diaita*) – que em sua amplitude semântica "abarca os hábitos relacionados com um estar no mundo; algo, portanto, que se localiza no limiar entre a natureza e a cultura" e que se tratava, "em parte, da 'condução da vida', de certo 'cuidar de si'" (CAIRUS, 2007) – em sua acepção mais estreita fixa o conjunto de regras e medidas ocupadas em melhor administrar aqueles aspectos ligados ao mundo exterior, também designados por "seis coisas não naturais": ar/ambiente; exercício/descanso; comida/bebida; dormir/acordar; evacuação/intumescência; paixões.[16] Exterior e interior são interdependentes e igualmente importantes.

---

16 O debate acerca da origem dessa teoria aparentemente foi superado. Ao que tudo indica, seus princípios básicos podem ser encontrados em algumas das obras de Galeno. No entanto, a relação de tais princípios com o termo "sex res non naturales" aparece pela primeira vez no século IX na tradução latina de *Questões de medicina* (Introdução a Galeno ou Isagoge) feita pelo árabe Hunais B. Ishaq al-Ibadis (Johannitius). Uma breve síntese desse debate pode ser acompanhada em ADAMSON, 1995, p. 18-21.

O convívio com a teoria dos quatro humores existiu ao longo de toda a Idade Média, e não apenas após o advento da escola médica de Salerno. Afora os textos próprios à tradição hipocrática-galênica, outros tipos de produção medieval atestam um contato frutífero e inventivo com noções pertencentes àquela teoria.[17] No que tange à Alta Idade Média, especialmente, é preciso lembrar que seus principais enciclopedistas trataram do assunto à luz das autoridades gregas (nas *Etimologias*, Isidoro de Sevilha dedica um livro à medicina, no qual sintetiza, em um capítulo, os quatro humores do corpo;[18] Rábano Mauro, por sua vez, de maneira mais extensa, faz o mesmo em *De Universo*[19]), mas não ficaram apenas por aí. Contribuições medievais foram dadas à teoria dos quatro humores indicando uma relação ativa com os saberes herdados dos antigos. É o caso do nome dos quatro temperamentos (sanguíneo, fleumático, colérico e melancólico) que não foram encontrados em nenhum dos textos do *corpus* hipocrático, embora a noção estivesse ali presente, principalmente por influência de Sorano de Éfeso – importante médico representante da escola médica metódica praticada em Roma nos tempos de Trajano e Adriano –, que parece ter sido o primeiro a oferecer detalhes acerca dos traços de caráter dos quatro temperamentos (SCHÖNFELDT *apud* ADAMSON, 1995, p. 13).

Dietética: comida e medicamento

Na dietética antiga que circula na Alta Idade Média vigora, em tese, uma distinção entre os dois papéis que a comida podia desempenhar no corpo: funcionar como nutriente necessário à vida (crescimento, ganho

---

17 KIBRE, 1945, p. 371-412; BECCARIA, 1959, p. 1-56; *idem*, 1961, p. 1-23.
18 ISIDORO DE SEVILHA, PL, v. 82, col. 184-185, especialmente cap. IV ("De quatuor humoris corporis").
19 RÁBANO MAURO, *De universo*, col. 500 et seq.

de força ou de massa corporal e reprodução) ou como droga (*pharmakon*) agindo, bem ou mal, nos processos fisiológicos do corpo. Assim, compreender a comida atrelada ao processo de nutrição requeria entender o que o corpo fazia à comida com finalidade de assimilá-la nos tecidos; já compreender a comida como parte da farmacologia significava verificar o que a comida produzia no corpo. No entanto, tal diferenciação entre as categorias comida (comida-nutriente) e medicamento (comida-droga), embora perseguida, não é de fácil operação. Ao examinar a tipologia das drogas proposta por Galeno (*Sobre misturas*), evidenciam-se sobreposições. Para o médico de Pérgamo, há quatro grupos de drogas:

> o primeiro [ao ser ingerido] permanece inalterado, mas modifica e destroça o corpo da maneira que o corpo faz às comidas: essas drogas são "absolutamente deletérias e destrutivas da natureza animal [...]"; isto é, são venenos. Também são venenos aquelas do segundo grupo que "mudam por causa do próprio corpo, depois se putrefazem e se corrompem e então, ao mesmo tempo, como consequência, putrefazem e corrompem o corpo [...]". O terceiro e quarto grupos não são venenosos. O terceiro aquece o corpo, mas não lhe causa mal algum, e o quarto, depois de agir no corpo, é finalmente assimilado, e é tanto droga quanto comida.[20]

---

20 "The first remain unaltered, but change and overcome the body, in the way that the body does foods; these drugs are 'absolutely deleterious and destructive of the animal's nature...'; that is, they are poisons. Also poisons are those of the second group, which 'take the cause of change from the body itself, then are putrefied and corrupted and in consequence then at the same time putrefy and corrupt the body...'. The third and fourth group are non-poisonous. The third warms the body but does it no harm, and the fourth, after acting upon de the body, is eventually assimilated, and is both drug and food" (GALENO *apud* GALENO, 2003, p. 3, tradução nossa).

Dito de outra maneira, uma substância poderia ser classificada como comida se não tivesse um efeito pronunciado no corpo (diurético, laxativo, catártico, entre outros), enquanto uma droga forçosamente agiria como purgante, vermífugo, vomitório ou purificante. Dado que frequentemente a matéria-prima das duas categorias é a mesma, o processo de transmutar comida em medicamento ou medicamento em comida encontra-se, em muitos casos, em procedimentos culinários como temperar e cozinhar (GALENO, 2000, p. 6-7). Segundo Galeno, uma planta do gênero Artemísia, por exemplo, deveria ser cozida duas ou três vezes para que suas propriedades medicinais fossem removidas (GALENO, 2000, p. 149). A ideia de sobreposição, mais do que de distinção, das categorias comida e medicamento fica ainda mais evidente quando se volta atenção a uma outra noção tipológica que classifica as drogas na tradição hipocrática-galênica: simples é a própria substância, composto é a poção confeccionada a partir da manipulação de mais de uma substância, fazendo uso dos mesmos procedimentos culinários anteriormente mencionados.

A princípio, poder-se-ia tentar um exercício de discriminação entre receitas de medicamentos e receitas culinárias em Apício. As primeiras seriam aquelas com recomendações médicas explicitadas nos enunciados, recaindo as demais na segunda categoria de tratamento da matéria alimentar. Entretanto, como se viu, tal delimitação impede a compreensão mais ampla do sentido e prática das receitas apicianas, podendo levar, inclusive, a interpretações errôneas – como aquelas contestadas no primeiro capítulo – de que o receituário melhor se enquadraria na categoria culinária, uma vez que há apenas uma pequena porcentagem de receitas que carregam prescrições claramente médicas.

Do total de 490 receitas (considerados textos longo e curto), apenas 13, ou seja, 2,7% contêm recomendações médicas enunciadas. A grande preocupação, nesses casos, gira em torno de indisposições do ventre (má digestão, gases, inchaço etc.). As duas primeiras receitas desse conjunto (1.27 e 1.34) são compostos, espécies de sais, que podem ser consumidos sozinhos ou utilizados como condimentos ao serem adicionados a outras preparações:[21]

> 1.27. Sais condimentados para fins diversos: sais condimentados para digestão, para ventre irritado, e também para evitar doenças, pestilência e todos os tipos de resfriamentos. E, no entanto, são suavíssimos, mais do que possas esperar: 1 libra de sal comum moído; 2 libras de sal amoníaco moído, 3 onças de pimenta branca; 2 onças de gengibre; 1 onça e meia de cominho etíope; 1 onça e meia de tomilho; 1 onça de semente de aipo (se não quiseres colocar semente de aipo, uses 3 onças de salsinha); 3 onças de orégano; 1 onça e meia de semente de eruca; 3 onças de pimenta negra; 1 onça de açafrão; 2 onças de hyssopo de Creta; 2 onças de *folium*;[22] 2 onças de salsinha; 2 onças de dill.[23]

---

21   As traduções das receitas apicianas para o português foram feitas diretamente por mim a partir da edição de base utilizada neste livro (GROCOCK; GRAINGER, 2006). No entanto, a tradução de Inês de Ornellas de Castro, realizada a partir da edição latina de Jacques André (*Apicius*, 1987), foi consultada sempre que necessário (CASTRO, 1997).

22   O termo *folium* (folha, em latim) é usado frequentemente em Apicio e outros livros de cozinha da Antiguidade. Para Grainger e Grocock, é uma referência a um tipo específico, porém obscuro, de tempero cuja tradução é impossível propor. Dessa forma, posicionam-se claramente contra soluções de outros especialistas que costumam traduzi-lo por folha de louro ou folha de nardo (GROCOCK; GRAINGER, 2006, p. 346-347).

23   "XXVII. SALES CONDITOS AD MULTA: Sales conditos ad digestionem ad uentrem mouendum; et et omnia frigora prohibent generari. sunt autem et suauissimi ultra quam speras: sales communes frictos libra I; sales ammonicos frictos libras II; piperis alui uncias III; gengiber uncias II; ammeos uncias I semis; timis uncias I semis; apii seminis uncias I (si apii semen mittere nolueris, petrosileni mittis uncias III); origani uncias III; erucae semen uncias I semis; piperis nigri uncias III; cheochi unciam I; ysopi cretici uncias II; folium uncias II; petrosilenum uncias II; aneti uncias II" (GROCOCK; GRAINGER, 2006, p. 140).

1.34. *Oxygarum* para digestão: ½ onça de pimenta, 3 escrópulos de séseli da Gália, 6 escrópulos de cardamomo, 6 escrópulos de cominho, 1 escrópulo de *folium*, 6 escrópulos de hortelã seca. Tudo pilado e peneirado, dá a liga com mel. Adiciones *liquamen*[24] e vinagre quando necessário. Alternativa: 1 onça de pimenta, 1 onça de salsinha e 1 de levístico misturados com mel. Adicionarás *liquamen* e vinagre quando necessário.[25]

As demais dizem respeito a pratos específicos de base vegetal e animal. As receitas 3.2.1, 3.2.2, 3.2.3 e 3.2.4 são variações de *pulmentarium* que, em sendo confeccionadas com os ingredientes listados e da maneira recomendada, atendem à finalidade terapêutica mencionada:

3.2.1. *Pulmentarium* para digestão. Ferverás acelgas cortadas em pedaços e alhos-porós em conserva; arrumarás em uma caçarola. Pilarás pimenta, cominho, umedecerás com *liquamen*, vinho de uva passa, até que fique com certo dulçor. Faças com que ferva; quando tiver fervido, servirás. De maneira semelhante, colocorás polipódio[26] em água quente. Quando tiver amolecido, tirarás a

---

24 Para o significado do termo, ver capítulo 4.

25 "XXXIIII. OXYGARUM DIGESTIBILEM: piperis simiunciam; silfi Gallici [os tradutores interpretam como improvável e sugerem silis Gallici, gergelim da Gália] inscripulos III; cardamomo iscripulos VI; cumini iscripulos VI; folii iscripulum uno; menta sicca iscripulos VI. tunsa cribataque melle colligis. cum opus fuerit liquamen et acetum addis. aliter: piperis unciam I, petroseleni carei ligustici uncias singulas melle colliguntur. cum opus fuerit liquamen et acetum addes" (GROCOCK; GRAINGER, 2006, p. 142).

26 Segundo Jacques André (*Apicius*, 1989, p. 151) trata-se do *Polypodium vulgare L.*, um tipo de samambaia da família das polipodiáceas. A planta parece ser originária das montanhas do Mediterrâneo e também da região eurosiberiana.

pele, cortarás e colocarás em uma caçarola quente com pimenta e cominho triturado, e servirás.²⁷

3.2.2. Variação para o ventre. Farás feixes com tiras de acelgas, limpes, mas não laves; salpicarás bicarbonato de sódio no interior e amarrarás cada feixe. Colocarás em água. Quando estiverem cozidas temperarás a caçarola com um pouco de vinho de passa ou uma redução de vinho, e salpicarás pimenta e um pouco de azeite. Quando tiver fervido, triturarás polipódio e nozes quebradas com *liquamen*. Colocarás em uma caçarola quente, cubras. Tirarás imediatamente e desfrutarás.²⁸

3.2.3. Variação de acelgas à moda de Varrão: acelgas negras sem raízes e cozidas em vinho com mel com um pouco de sal e azeite, ou cozidas em sal, água e azeite; fazer um caldo para beber; é melhor ainda se um frango tiver sido cozido nele.²⁹

3.2.4. Variação para o ventre: lavarás aipo fresco com suas raízes e secarás ao sol. Em seguida, cozinharás com ele a parte branca e a cabeça do alho-porró em uma panela nova até que a água tenha reduzido a 1/3, isto é até que tenham permanecido

---

27 "II [3.2.1] PVLMENTARIVM AD VENTREM. Betas minutas et porros requietos elixabis; in patina conpones. teres piper cuminum, suffundes liquamen passum ut quaedam dulcedo sit. facias ut ferueat; cum ferbuerit, inferes. similiter polipodium in tepidam mittes. ubi mollierit rades et minutum cum pipere et cuminum tritum in patenam feruentem mittes et uteris" (GROCOCK; GRAINGER, 2006, p. 158).

28 "[3.2.2.] aliter ad uentrem. Facies betaciorum fasces; deterge, ne laues; in eorum medium nitrum asparges et alligas singulos fasces. mittes in aquam. cum coxeris condies patinam cum eadem passum uel caroenum, et cuminum et piper asparges et oleo modicum. ubi ferbuerit, polypodium et frustra nucum cum liquamine teres, feruentem patenam fundes, cooperis. statim depones ut uteris" (GROCOCK; GRAINGER, 2006, p. 158).

29 "[3.2.3] aliter betacios Varrones: Varro: betacios sed nigros quorum detersas radices et muslu decoctas cum sale modico et oleo uel sale aqua et oleo in se coctas; iusculum facere et potari; melius etiam si in eo pullus sit decotus" (GROCOCK; GRAINGER, 2006, p. 160).

3 heminas de água. Depois piles pimenta, *liquamen*, e temperarás com um pouco de mel líquido, escorras a água na qual o aipo foi cozido no pilão e coloque o aipo. Quando tudo tiver sido fervido, servirás e, se for do agrado, adicionarás aipos.[30]

O mesmo pode ser observado em relação às preparações à base de pepino, alface e ouriço-do-mar:

3.6.1. Pepinos sem casca: sentirás [os pepinos] mais delicados, sem produzir arroto ou empachamento se os cozinhares em *liquamen* ou em oenogaro.[31]

3.6.2. Variação de pepinos sem casca: cozinharás com miolos fervidos e um pouco de mel, sementes de aipo, *liquamen* e azeite. Engrossarás com ovos. Salpicarás pimenta e servirás.[32]

3.6.3. Variação de pepinos: pimenta, poejo, mel ou vinho de uva passa, *liquamen* e vinagre. Nesse meio tempo, *silphium* é adicionado.[33]

---

30 "[3.2.4] aliter ad uentrem: apios uirides cum suis radicibus lauabis et siccabis ad solem. deinde albamen et capita porrorum simul elixabis in caccabo nouo ita ut aqua ad tertias deferueat, id est ut ex III eminis aquae una remaneat. postea teres piper, liquamen et aliquantum mellis humores temperabis, et aquam apiorum decoctorum colabis in mortario et superfundes apio. cum simul feruuerit appones et si libitum fuerit apios adicies" (GROCOCK; GRAINGER, 2006, p. 160).

31 "[3.6.1] cucumeres rasos: siue ex liquamine siue ex oenogaro sine ructu et grauitudine teneriores senties" (GROCOCK; GRAINGER, 2006, p. 162).

32 "[3.6.2.] aliter cucumeres rasos: elixabis cum cerebellis elixis cumino et melle modico apii semen liquamine et oleo; obis obligabis. piper asparges et inferes" (GROCOCK; GRAINGER, 2006, p. 162).

33 "[3.6.3.] aliter cucumeres: piper puleium mel uel passum liquamen et acetum. Interdum et silfi accedit" (GROCOCK; GRAINGER, 2006, p. 162).

3.18.2. Alfaces: com *oxyporium*,[34] com vinagre e um pouco de *liquamen* para digestão e empachamento e para evitar que as alfaces façam mal: 2 onças de cominho, 1 onça de gengibre, 1 onça de arruda fresca; 12 escrópulos da polpa de tâmaras; 1 onça de pimenta; 9 onças de mel. Cominho etíope ou sírio ou líbio. Pilarás o cominho e depois o mergulharás no vinagre, quando estiver seco misturarás tudo com mel. Quando for necessário, misturarás ½ colher com vinagre e um pouco de *liquamen* ou tomarás 1/2 colher após o jantar.[35]

9.10.12. Variação para peixe salgado: cominho tanto quanto possas pegar com cinco dedos, metade dessa quantidade de pimenta e uma cabeça de alho pelada; pilarás, jogarás *liquamen*, e salpicarás um pouco de azeite. Isto refaz estômago doente e faz a digestão.[36]

Há ainda que se mencionar as receitas 3.17 e 9.8.5 que se destacam por motivos distintos do conjunto que acaba de ser elencado. A primeira por ser a única cuja recomendação se destina a doenças de maneira genérica, sem fazer menção alguma aos males do ventre e do estômago;

---

34 *Oxyporium* é um preparado cuja receita é oferecida no livro I, 1.32 (GROCOCK; GRAINGER, 2006, p. 142).

35 "[3.18.2.] lactucas: cum oxyporio et aceto et modico liquamine ad digestionem et inflationem et ne lactucae ledant: cumini uncias II; gengiber unciam I, rutae uiridis unciam I; dactilorum pinguium scripulos XII; piperis unciam I; mellis uncias VIIII. cuminum aut Aethiopicum aut Siriacum aut Libicum. tundes cuminum et postea infundes in aceto, cum siccauerit postea melle omnia conprehendes; cum necesse fuerit dimidum coclearum <cum> aceto et liquamine modico misces aut post cenam dimidum coclearum accipies" (GROCOCK; GRAINGER, 2006, p. 168-169).

36 "[9.10.12] aliter salsum: in salso: cuminum tantum quantum quinque digitis tollis, piperis ad dimidum eius et unam spicam alei purgatam; teres, liquamen superfundes, oleum modice superstillabis. hoc egrum stomachum ualde reficit et digestionem facit" (GROCOCK; GRAINGER, 2006, p. 296).

e a segunda por associar o benefício medicinal da receita a outro elemento terapêutico, os banhos:

> 3.17. Urtigas: contra doenças, se quiseres, consumas urtigas grandes quando o sol estiver em Áries.[37]
> 9.8.5. Variação: misturarás *liquamen* de ótima qualidade com ouriços-do-mar e eles parecerão como se fossem frescos, para que assim possam ser consumidos após os banhos.[38]

Diferentemente do exemplo galênico apresentado anteriormente, as propriedades medicinais não figuram manifestadamente correlacionadas ao tempo ou modo de cozimento das preparações, mas parecem estar relacionadas à seleção de ingredientes nelas utilizados e, como mostram os dois casos citados, à interação desses ingredientes com o cosmos (receita 3.17) ou com algum outro elemento terapêutico integrante da dieta (receita 9.8.5).

Diante do exposto neste item, parece-me ser mais efetivo prosseguir à investigação das receitas apicianas a partir da leitura de seus ingredientes como matérias-primas de certa farmacopeia, não fazendo distinção rígida entre comida e medicamento.

Farmacopeia apiciana

Os ingredientes apicianos, em sua grande maioria, coincidem com as matérias-primas de drogas mencionadas na literatura médica clássica disponível na Alta Idade Média. Além disso, figuram igualmente em

---

37 "XVII. VRTICAE. Urticam feminam sole in ariete posito aduersus aegritudinem summes si uoles" (GROCOCK; GRAINGER, 2006, p. 168).

38 "[9.8.5] aliter: echinis salsis liquamen optimum admisces, et quasi recentes, apparebunt ita ut a balneo sumi possint" (GROCOCK; GRAINGER, 2006, p. 292).

textos altomedievais de outra natureza. Especialistas que estudaram e publicaram receitas médicas datadas dos séculos IX a XII, provenientes de regiões como a Escócia, Suíça e Itália, concluíram que no Ocidente europeu, ao longo daquele período, se não de toda a Idade Média, um corpo comum de medicamentos baseados na farmacopeia antiga permaneceu sendo utilizado (SIGERIST *apud* MACKINNEY, 1979, p. 13-14). Como era de se esperar, Apício não figurava dentre os textos pesquisados por aqueles especialistas. Propus-me, então, alargar o escopo daquela pesquisa inserindo-o ali e promovendo novos diálogos intertextuais a fim de verificar a extensão das possibilidades farmacológicas dos ingredientes apicianos. Nesse sentido, o primeiro passo foi verificar a disponibilidade geográfica e temporal de textos da *materia medica* – expressão clássica que designa o corpo de conhecimento acerca das propriedades terapêuticas de qualquer substância de origem vegetal, animal ou mineral, e que na literatura médica moderna é frequentemente substituído por farmacologia – cuja grande *auctoritas* ainda na Idade Média (e possivelmente até o início do século XVII) é o médico grego Pedanio Dioscórides de Anazarba (c. 50-70).

A versão latina da obra de Dioscórides, intitulada *De materia medica* e datada do século VI, é um extenso compêndio que apresenta a descrição de um pouco mais de oitocentos fármacos vegetais, animais e minerais, além de azeites, vinhos e condimentos (dos quais cerca de 130 apenas aparecem também nos textos do *corpus* hipocrático). Nela se encontram ainda dados etimológicos (origem dos nomes, sinônimos gregos e de origem estrangeira), informações sobre proveniência, uso medicinal, orientações de preparo e doses de consumo.[39] Grande parte

---

39 Tradicionalmente são identificados dois conjuntos de textos latinos originários do grego: *Dioscorides Lombardus* (ilustrado, preserva a numeração dos capítulos com letras gregas, mas abandona a lista de sinônimos) e *Dioscorides vulgaris* (também ilustrado; é o mais comum dentre os manuscritos conhecidos). Ao que tudo indica, é este último

da contribuição de Dioscórides reside na proposta de ordenação sistemática da farmacologia de seu tempo, fundamentada em uma metodologia, inventada por ele, de estudo dos fármacos pela afinidade existente entre eles e não por suas propriedades humorais. No original grego, a obra não continha ilustrações, mas a partir dos séculos III e IV são atestados manuscritos, tanto no Oriente quanto no Ocidente, com figuras de plantas cujas fontes remetem ao primeiro herbário grego ilustrado que se conhece, de autoria de Cratevas (c. 75 a.C), e outras fontes.[40] Dos manuscritos produzidos durante a Alta Idade Média, tem-se conhecimento de quatro; o mais antigo deles foi datado entre o final do século VIII e início do IX, e os demais pertencentem ao século IX.[41] Entretanto, esse número pode aumentar ao se levar em consideração os manuscritos de *Liber Dioscoridis de herbis feminis* (KÄSTNER, 1896, p. 578-636, 1897, p. 160), texto construído a partir de Dioscórides e de outras fontes, que compila 71 ervas medicinais e suas propriedades

---

aquele recomendado por Cassiodoro aos monges de *Vivarium* (SINGER, 1927, p. 34-35). A única edição encontra-se em MIHUESCU, H. *Dioscoride Latino. Materia Medica Libro Primo*. Iași: [s.n.], 1938. Como não foi possível consultar esta obra, a pesquisa foi realizada por meio de DIOSCÓRIDES, 1998.

40 De todos os manuscritos ilustrados, o *Codex Vindobonensis med. gr. 1* é, sem dúvida, o mais célebre. Esse manuscrito bizantino do século IV, que atualmente integra o acervo da Biblioteca Nacional de Viena, possui quase 400 fólios com ilustrações das espécies botânicas tratadas na obra. Aparentemente, o manuscrito foi presente do imperador romano do Ocidente, Flavius Anicius Olybrius a sua filha Juliana Anicia em 512 (Cf. DIOSCÓRIDES, 1998, p. 27-33). Dentre outros aspectos, revela especial interesse pela ilustração que representa pictoricamente uma conversa entre médicos da Antiguidade, dentre eles Galeno e o próprio Dioscórides. Essa representação simbólica do diálogo permanente entre figuras e tempos diferentes da medicina antiga se perpetua nos séculos posteriores à Antiguidade e constitui, sem dúvida, referência fundamental para a compreensão do pensamento e da prática médicos da Alta Idade Média.

41 Berna, Stadt-und Hochschulbibliothek cod. A.91 (século VIII-IX); Paris, BN lat. 9332 (início do século IX); Paris, BN lat. 12995 (primeira metade do século IX) e Berna, Stadt-und Hochschulbibliothek cod. 263 (segunda metade do século IX).

terapêuticas. Dele se conhecem quatro manuscritos do século IX,[42] embora seja possível que a obra tenha sido composta bem antes, no mais tardar no século VI, uma vez que Isidoro de Sevilha, no século seguinte, já a conhecia (SINGER, 1927, p. 47).

Liber Dioscoridis de herbis feminis e *Dioscorides vulgaris*, aparecem comumente associados nos códices altomedievais ao herbário atribuído a certo Apuleio Platônico (*Herbarium Apulei*), ou Bárbaro, codinome supostamente usado para distingui-lo do poeta do século II Lúcio Apuleio (os editores modernos referem-se a ele como Pseudo-Apuleio) (STEARN, 1979, p. LXI).[43] No total, são conhecidos nove manuscritos datados do século IX, dois deles em excertos ou fragmentos.[44] O herbário da Antiguidade tardia parece ter sido originalmente compilado entre os séculos II e IV, mas nada muito preciso se sabe sobre sua datação e autoria. De maneira geral, seu conteúdo, à semelhança de Dioscórides, introduz espécies vegetais, apresentando sua denominação, alguns sinônimos, doenças para as quais podiam ser utilizadas, bem como uma breve indicação de seu método de aplicação. É comum encontrar o herbário associado também a outros textos de conteúdo farmacológico. Em primeiro lugar,

---

42 Florença, Bibl. Medicea Laurenziana pl. LXXIII cod. 41 (início do século IX); Breslávia, Bibl. de Estado e da Universidade cod. III F.19 (fragmentos; início do século IX); Paris, BN lat. 6862 (segundo quartel do século IX); Herten, Bibl. Des Grafen Nesselrode-Reichenstein cod. 192 (final do século IX).

43 HOWARD, E.; SIGERIST, H. E. (ed.). *Pseudo-Apulei Herbarius*. Leipzig: [s.n.], 1927 (Corpus Medicorum Latinorum, 4); HUNGER, F. W. T (ed.). *The Herbal of Pseudo-Apuleius*. Leyden: E. J. Brill, 1935.

44 Florença, Bibl. Medicea Laurenziana pl. LXXIII cod. 41 (início do século IX); Bibl. de Estado e da Universidade de Breslávia cod. III F.19 (fragmentos; início do século IX); Kassel, Landesbibliothek, 2° cod. phys. et hist. Nat. 10 (primeira metade do século IX); Upsala, K. Universitetsbiblioteket, cod. C664 (primeira metade do século IX) ; Paris, BN lat. 6862 (segundo quartel do século IX); St Gall, Stiftsbibliothek cod. 44 (excertos; segunda metade do século IX); St. Gall, Stiftsbibliothek cod. 751 (segunda metade do século IX); Lucca, Bibl. Governativa cod. 296, B.196 (final do século IX); Zurich, Zentralbibliothek cod. 79b (fragmentos; século IX).

De herba vettonica liber,⁴⁵ obra atribuída a Antônio Musa, médico romano que serviu ao imperador Augusto, que cobre espécies vegetais e suas propriedades medicinais (está em seis manuscritos do século IX);⁴⁶ logo em seguida, *Liber medicinalis ex animalibus* de Sesto Plácido, compêndio de medicamentos preparados a partir das propriedades de diversos animais (figura em quatro manuscritos do século IX).⁴⁷

Embora não se trate especificamente de um texto farmacológico, a *História Natural* de Plínio, o Velho, deve ser considerada como outra importante fonte de informações acerca do mundo vegetal e animal que integra o universo médico.⁴⁸ De caráter enciclopédico e bastante difundida na Alta Idade Média (o manuscrito mais antigo que se conhece data do século VIII ou IX), a obra de Plínio não só reapresenta as fontes citadas (ou a fonte das fontes) como disponibiliza outras não conhecidas diretamente no período.

É preciso considerar ainda a participação de textos farmacológicos de origem bizatina. O conjunto mais significativo parece ser aquele atribuído a Oribásio, do qual a Alta Idade Média latina conheceu, pelo menos, três obras (*Synopsis, Ad Eunapium de paralibus medicamentis* e *Conspectus ad Eusthatium filium*) por meio de quatorze manuscritos

---

45 HOWALD, E.; SIGERIST, E. (ed.). *Antonii Musae de Herba Vettonica*. Leipzig: Teubner, 1927 (Corpus Medicorum Latinorum, 4).

46 Florença, Bibl. Medicea Laurenziana pl. LXXIII cod. 41 (início do século IX); Breslávia, Bibl. de Estado e da Universidade cod. III F.19 (início do século IX); Kassel, Landesbibliothek, 2° cod. phys. et hist. Nat. 10 (primeira metade do século IX); Paris, BN lat. 6862 (segundo quartel do século IX); Paris, BN lat. 13955 (terceiro quartel do século IX); Lucca Bibl. Governativa cod. 296, B. 196 (final do século IX).

47 Florença, Bibl. Medicea Laurenziana pl. LXXIII cod. 41 (início do século IX); Breslávia, Bibl. de Estado e da Universidade cod. III F.19 (início do século IX); St. Gall, Stiftsbibliothek cod. 44 (excertos, segunda metade do século IX); Lucca, Bibl. Governativa cod. 296, B. 196 (final do século IX).

48 PLÍNIO, 1963 (particularmente os livros XX-XXVII e XXXII-XXXV).

identificados.⁴⁹ O médico da corte do imperador Juliano (361-363) compilou textos galênicos e de outras autoridades da tradição greco-romana, além da *Materia Medica* de Dioscórides; no entanto, o grande componente de inovação em suas obras advém do conhecimento farmacológico pessoal adquirido por meio de suas observações em campo.⁵⁰

Para finalizar, um sem número de textos anônimos denominados *hermeneumata* e *dynamidia* são de extrema importância e denunciam um uso próprio que a Alta Idade Média fazia das informações recolhidas nas produções textuais referentes às autoridades greco-romanas. O primeiro deles, por exemplo, tem sua nomenclatura ligada aos manuais de conversação bilíngues designados *hermeneumata pseudodositheana*, identificados no sistema educacional romano a partir do século III. No entanto, embora no contexto da Antiguidade romana esses manuais pudessem versar sobre temas distintos, nos manuscritos altomedievais seu uso é especificamente voltado para a apresentação de espécies vegetais com sua nomenclatura grega e latina.⁵¹ O segundo, *dynamidia*, aparece relacionado a obras pertencentes a um ramo específico do conhecimento médico dedicado à descrição e ao estudo das propriedades de todos os medicamentos; ou seja, significado e uso técnico distinto e muito mais amplo do que aqueles ligados originalmente ao termo

---

49 *Synopsis*: Paris, BN Nouv. Acq. Lat. 1619 (século VIII); Paris, BN Lat. 9332 (início do século IX); Laon 424 (segundo quartel do século IX). *Ad Eunapium de paralibus medicamentis*: Sttutgart, Württembergische Landesbibliothek cod. HB XI 8 (primeira metade do século IX); Leipzig, Stadtbibliothek, Rep. I, 2º cod. 24 (segunda metade do século IX); Laon 424 (segundo quartel d século IX); Basileia, Universitätsbibliothek cod. N. I.3 (início do século IX); Bruxelas, Bibl. Royale de Belgique cod. 3701-15 (século IX). *Conspectus ad Eusthatium filium*: Leipzig, Stadtbibliothek, Rep. I, 2º cod. 24 (segunda metade do século IX); St. Gall, Stiftsbibliothek cod. 44 (segunda metade do século IX); St. Gall, Stiftsbibliothek cod. 761 (século IX); St. Gall, Stiftsbibliothek cod. 762 (primeira metade do século IX); Stuttgart, Württembergische Landesbibliothek cod. HB XI 8 (primeira metade do século IX); Bruxelas, Bibl. Royale de Belgique Cod. 3701-15 (século IX).

50 Cf. SCARBOROUGH, 1984, p. 213-232.

51 Cf. MARROU, 1971, p. 408, 416, 419, 422.

no contexto da tradição hipocrática-galênica de onde deriva (o grego δυναμιζ, *dynamis*, designa propriedade, potência e poderia se aplicar, por exemplo, a comidas, bebidas, lugares, ventos e várias formas de exercício).[52]

Essa intervenção criativa da Alta Idade Média no patrimônio médico clássico, bastante evidente em outros domínios do conhecimento, caso das artes, é ainda mais pronunciada quando se observa os receituários destinados à confecção de medicamentos (*medicamenta, medicinalia, electuaria, receptaria* e *antidotaria*).[53] Nos manuscritos carolíngios estudados por Sigerist não foi possível identificar uma só coleção dessas prescrições que fosse igual a outra. Isso porque, embora muitas vezes oriundas de fontes antigas comuns, eram montadas a partir de processos de seleção que se ligavam às necessidades específicas do meio para o qual estavam destinadas.[54]

A investigação dos conteúdos dos textos citados mostrou (exceto nas edições não localizadas) que todos os ingredientes vegetais apicianos podem ser aí encontrados, o que significa que, havendo necessidade de melhor conhecer os alimentos presentes em uma determinada receita, o usuário de Apício tinha a sua disposição um grande número de informações sobre eles: proveniência, nomenclatura greco-latina, propriedades farmacológicas, prescrições e indicações sobre a melhor forma de manipulação. Esse aparato teórico ainda poderia ser ampliado quando se considera a acessibilidade a textos com orientações dietéticas

---

52 Cf. MacKINNEY, 1936, p. 400-414.

53 O estudo desses receituários constitui um enorme campo de pesquisa em aberto. Muitos deles permanecem sem edições modernas, sendo conhecidos apenas por seu *incipit* ou *explicit* mencionados nos repertórios de manuscritos. Dentre as raras edições existentes pertencentes ao início do século XX pode-se citar: SIGERIST, 1923; JÖRIMANN, 1925.

54 Cf. SIGERIST, 1939, p. 417-423.

mais explicitadas. Como segundo passo, então, buscou-se verificar as possibilidades de entrecruzamentos entre matéria médica e dietética a partir de três textos importantes para o período.

Primeiramente, aquele que se encontrava encadernado com Apício no ms. E (Cod. Bodmer 84): a versão latina de *Regimen II* (como já dito antes, também intitulada *De observantia ciborum, De diaeta, De victu, Peri diaites* ou *Peri enypnion*).[55] O texto pertence à coleção hipocrática e foi escrito, aparentemente, por volta de 400 a.C. Para os especialistas, *Regimen II* é o segundo de um conjunto de livros cujos temas abordados versam sobre a natureza humana (livro I), propriedades dos elementos do regime – comida, bebida, banho, sexo, sono, trabalho e exercício (livro II), relações entre alimentação e exercício (livro III) e prognósticos por meio dos sonhos (livro IV). Aparentemente, esses quatro textos foram concebidos para formar um todo com *De natura hominis*. Apenas duas outras cópias altomedievais foram localizadas, além daquela encadernada com Apício; todas elas estreitamente próximas ao texto grego.[56] Para Pearl Kibre,[57] esse texto é similar em conteúdo à *Epistola Antiocho rege de tuenda valetudine* (KIBRE, 1978), um dos textos da tradição hipocrática mais copiados no período (15 cópias apenas no século IX).[58]

---

55   Não confundir com outro texto de nome semelhante (*Diaeta* ou *De cibis*), que é um calendário dietético também associado a Hipócrates, embora frequentemente anônimo nos manuscritos. Para edição do texto grego de *Regimen*, cf. LITTRÉ, 1839-1861, v. 6, p. 462-663 ou HIPÓCRATES, 1931, p. 224-447. Até onde se pôde verificar, o texto latino não foi editado na íntegra (KIBRE, 1978, p. 193-226).

56   Cf. JOLY, 1975, p. 3-23.

57   Paris, BN Lat. 7027 (metade ou segundo quartel do século IX); Paris, BN Lat. 4883 (século IX ou X).

58   Karlsruhe, Badische Landesbibliothek, Cod. Reichenau CLXXII (primeira metade do século IX); Upsala, K. Universitetsbiblioteket, cod. C664 (primeira metade do século IX) ; St Gall, Stiftsbibliothek cod. 878 (primeira metade do século IX); Paris, BN lat. 11219 (metade do século IX); Leiden, Bibl. der Rijks-Universiteit, cod. Vossiano greco Q7 (segunda metade do século IX); St Gall, Stiftsbibliothek cod. 44 (segunda metade do século IX); St Gall, Stiftsbibliothek cod. 265 (segunda metade do século

Em segundo lugar, *Diaeta Theodori*,[59] texto que fornece um quadro acerca dos saberes dietéticos disponíveis do período. Foram identificados dois manuscritos que interessam ao período tratado neste livro: o primeiro contém uma versão fragmentada, datada da primeira metade do século IX e o segundo, completo, data do final desse mesmo século. O texto elenca as propriedades medicinais de alguns cereais (cevada e trigo), leite, legumes, quadrúpedes, aves, peixes, ervas, ovos, queijos, vinho, vinagre, azeite, águas, frutas e doces. Ao final, apresenta ainda informações sobre banhos, vômitos e exercícios.

Finalmente, *De observatione ciborum*,[60] tratado atribuído ao grego Antimo, médico do rei Teodorico, o Ostrogodo, entre 493 e 526. Por volta de 511, Antimo, na condição de embaixador daquele rei, é enviado à corte do monarca franco também chamado Teodorico e lá redige em latim, sob a forma de epístola, uma série de recomendações dietéticas fundamentadas em saberes herdados das autoridades médicas do mundo latino cujo objetivo último era promover a educação alimentar do rei germânico. Do século IX, são conhecidas três cópias,

---

IX); Montecassino, Archivo della Badia cod. v. 69 (final do século IX); Groningen, Bibl. Der Rijks-Universiteit, cod. Vossiano lat O.92 (final do século IX); St Gall, Stiftsbibliothek cod. 752 (final do século IX); Paris, BN lat. 11218 (século IX); Bruxelas, Bibl. Royale de Belgique Cod. 3701-15 (século IX); Zurich, Zentralbibliothek cod. 79b (fragmentos; século IX); Bibl. Apostolica Vaticana, Cod. Reginense lat. 1143 (século IX); Bibl. Apostolica Vaticana, Cod. Reginense lat. 598.

59 SUDHOFF, 1915, p. 377-403. Uma sistematização das matérias-primas que aí aparecem foi feita por ADAMSON, *Medieval dietetics*, 1995, p. 28. É importante frisar que a edição de Sudhoff, única até o momento, baseou-se em dois manuscritos do século XI e um do XII. A não consideração dos manuscritos do século IX mencionados na edição utilizada e a impossibilidade da sua verificação *in loco* pode constituir, sem dúvida, um problema. No entanto a comparação do "incipit" e de partes dos textos, possibilitada pelo catálogo no qual os manuscritos do século IX estão listados (BECCARIA, 1956, p. 296 e p. 349), permitiu uma verificação genérica de que esse conjunto de manuscritos se assemelha ao conjunto editado por Sudhoff.

60 ANTIMO, 1996.

uma de origem ignorada e as demais oriundas do mosteiro de St. Gall.[61] Diferentemente de *Regimen II* e *Diaeta Theodori*, o texto de Antimo deixa de lado recomendações acerca de banhos, exercícios, vômitos, sono e trabalho e organiza-se exclusivamente em torno dos benefícios e malefícios de cereais, carnes de quadrúpedes e de aves (domésticas e selvagens), gordura animal, peixes, vegetais, cerveja, laticínios e frutas. As propriedades desses alimentos são apresentadas não apenas para os gêneros *in natura*, mas também para certos tipos de preparações culinárias nas quais aqueles figuram como elemento principal.

A investigação desses textos permitiu verificar que praticamente todos os ingredientes utilizados em Apício encontram-se aí mencionados. Dado que indica ser perfeitamente possível que aquele mesmo usuário que havia buscado informações sobre as propriedades dos ingredientes apicianos nos textos farmacológicos pudesse avançar na sua adequação (isolada ou combinada com outros ingredientes em uma preparação) aos comensais em questão. Fica evidente que o corpo de conhecimentos que guia esse processo de adequação é a teoria dos humores, uma vez que os alimentos em qualquer um dos três textos dietéticos são sempre apresentados de acordo com suas qualidades humorais. Dessa forma, mesmo que a receita apiciana não explicitasse uma função medicamentosa, seria possível pensar seu consumo dentro de um enquadramento que visasse à manutenção da saúde.

Há que se considerar ainda que esse processo era guiado por uma interpretação propriamente altomedieval das orientações dietéticas antigas. Essa afirmação é possível, pois já se comprovou que a Alta Idade Média incorporou mudanças significativas em textos diversos encadernados lado a lado com os textos dietéticos mencionados acima. É o caso

---

61 Bamberg, Staatliche Bibliothek cod. med. 1 (primeira metade do século IX); St. Gall, Stiftsbibliothek cod. 878 (primeira metade do século IX); St. Gall, Stiftsbibliothek cod. 762 (primeira metade do século IX).

dos calendários que tiveram a escansão das prescrições com base nas estações do ano (modelo antigo) modificadas para orientações segundo a divisão dos meses do ano.[62] A possibilidade de interpretação e adequação entre calendário e texto dietéticos com a finalidade de torná-los mais significativos para o meio no qual seriam utilizados desobstrui a visão mais estática e livresca acerca dos manuscritos antigos copiados no período. O diálogo entre Apício e esses textos era possivelmente muito mais vivo e dinâmico do que se costuma imaginar.

Em resumo, parece-me que a utilização farmaco-dietética de Apício encontrava-se perfeitamente amparada pelo aparato textual disponível no período. Contudo, daí decorre um importante questionamento: seriam todos aqueles ingredientes, ou parte deles pelo menos, escolhidos e manipuláveis do ponto de vista cultural e ambiental pelo segmento social envolvido com Apício na Alta Idade Média? Antes de partir para qualquer tentativa de resposta nessa direção existe ainda outro problema a ser considerado: onde e como proceder a essa investigação? Há nos textos mencionados um extenso arrolamento de espécies vegetais inviáveis de serem perseguidas no tempo em que a pesquisa que originou este livro foi realizada. E, mesmo que tal tarefa fosse possível, restaria a dificuldade de mapear as fontes mais adequadas para fazê-lo. O ideal nesse caso seria promover o cruzamento das informações fornecidas por aqueles textos médicos antigos com documentos que tangenciassem a esfera do cotidiano e da economia altomedieval, bem como com dados provenientes da arqueologia.

Levando em conta essa problemática, optou-se por um recorte com objetivo de estabelecer a comparação entre os ingredientes provenientes do *hortus* presentes em Apício e uma amostra documental do século IX que

---

[62] Uma síntese dessas investigações pode ser encontrada no artigo de Francesca Pucci Donati (2004, p. 209-219), pesquisadora que recentemente defendeu tese sobre o tema.

tentar cobrir, na medida do possível, uma tipologia variada: um decreto (Capitular *De villis*); inventários de terras e bens (Inventário de *Asnapium* e Inventário de *Treola*); um poema cujo tema central é o horto (*Hortulus* de Walafrido Estrabão, já citado); e, finalmente, a planta arquitetônica para possível reconstrução do mosteiro de St. Gall. Dados arqueológicos foram parcialmente utilizados, uma vez que o estado atual das pesquisas nem sempre permite ao historiador encontrar um quadro de síntese sobre a produção e o consumo animal e/ou vegetal na Alta Idade Média.[63]

A fruticultura e a horticultura altomedieval estão essencialmente vinculadas ao *hortus*, termo latino que poderia ser genericamente traduzido por jardim ou horto. Entretanto, a despeito de sua importância como espaço produtivo, o horto não é objeto de grande atenção literária no período, que antes prefere dedicar-se à cultura dos campos. Uma investigação mais acurada da economia altomedieval mostra que esta, diferentemente do que se observará na Baixa Idade Média essencialmente cerealífera, estava assentada, de um lado, na oferta de gêneros das terras incultas (bosques e charcos) e de outro, em tudo aquilo que provém dos hortos, pomares e vinhedos dos domínios rurais.[64] Os produtos do *hortus* têm um papel central na subsistência das populações do período, furtá-lo – pertença ele à casa senhorial, camponesa, monástica ou episcopal – era motivo de fortes sanções legais.[65]

Especialistas no estudo de jardins medievais conseguem identificar no termo *hortus* certa tipologia funcional que discriminaria jardins

---

63 Sínteses sobre pesquisas paleobotânicas cobrindo o período medieval podem ser encontradas em: VOGELLEHNER, 1989; RUAS, 1992.
64 Cf. ANDREOLLI, 1990, p. 175-219.
65 A esse respeito é possível encontrar referências nas leis visigodas e francas (*Liber Iudiciorum sive Lex Visigothorum*, MGH, *Legum Sectio I, Leges Visigothorum*, VIII, VII, p. 324; *Pactus legis salicae. Lex salica*, MGH, *Legum Sectio I, Legum Germanicarum*, 7, 11; 7, 12; 27, 7; 27, 12, p. 42, p. 100-101; *Lex Bajuvariorum*, MGH, *Legum Sectio I, Legum Germanicarum*, 9, 12, 13; 22, 1; 22, 5, p. 377, p. 470-471.).

medicinais, jardins de apoio à cozinha, jardins claustrais, jardins laicos (pertencentes a um grupo socialmente próspero) e jardins de divertimento.[66] É quase certo, contudo, que tal tipologia diga respeito apenas ao final do período medieval, pois nas fontes da Alta Idade Média investigadas essa especificidade raramente aparece (a planta de St. Gall é uma exceção, como se verá logo adiante). O mais usual parece ser um horto menos pautado por essa racionalidade funcional e mais orgânico, no sentido de atender necessidades, usos e sentidos vários, no qual flores, frutos e ervas partilham o mesmo espaço.

O primeiro texto escolhido é a Capitular *De villis*.[67] Documento composto provavelmente entre 792 e 800, ainda durante o reinado de Carlos Magno, mas que se tornará importante norteador da gestão das terras reais nos anos seguintes. Trata-se, mais especificamente, de um texto normativo que dispõe em setenta capítulos sobre a administração dos domínios fundiários tendo em vista a manutenção do exército e da corte (VERHULST, 2002, p. 127). Apresenta, por exemplo, determinações acerca do modo de cultivo e fabricação de diversos produtos agrícolas e manufaturados, da manutenção e abastecimento dos palácios, bem como da obrigatoriedade de prestação de contas por parte dos domínios para com o rei. O último capítulo é dedicado às espécies que deveriam ser cultivadas nos hortos distribuídos ao longo do território carolíngio.[68]

---

66 Cf. HARVEY, 1981; STANNARD, 1986; LANDSBERG, 1996; TAYLOR, 2006.

67 CAPITULARE..., p. 181-187. Há apenas um exemplar da Capitular *De villis* que se encontra no manuscrito *Cod. Guelf. 254 Helmst* conservado na biblioteca de Wolfenbüttel, Alemanha. Datado de c. 800, o manuscrito está digitalizado e disponível em <http://diglib.hab.de/wdb.php?dir=mss/254-helmst&imgtyp.=1&size=>. Acesso em: 20 nov. 2009.

68 As traduções que se seguem não ocultam problemas encontrados no trabalho de identificação das plantas antigas e medievais, bem como de sua correspondência adequada para a língua portuguesa. Muitas vezes não é possível reconhecer as espécies particulares a cada gênero, ficando assim uma lacuna aberta entre o que se conhece no presente por determinada denominação e o que de fato era cultivado e consumido no período (é o que ocorre,

Desejamos que no horto haja de todas as ervas, isto é, lírio, rosas, *feno-grego, costo, sálvia, arruda,* abrótano, *pepinos, melões, abóboras, feijão,*[69] cominho, alecrim, *alcarávia, grão-de-bico,* cebola-do-mar, íris, *dragantea,*[70] anis, *coloquentidas,*[71] *solsequiam,*[72] *ameum,*[73] *silum,*[74] *alfaces,* cominho negro, *rúcula,* agrião, bardana, *poejo, olisatum,*[75] salsinha, *aipo, levístico,* sabina, *dill, funcho, almeirão, orégano,*[76] mostarda, *segurelha,* hortelã aquática, hortelã-verde,

---

por exemplo, com pepinos, melões, abóboras, alfaces e agrião). Em outras ocorrências, o rastreamento do próprio gênero é dificultado pela não concordância entre especialistas. Nesses casos, optou-se pela manutenção do termo latino seguido de nota explicativa com base nas seguintes obras: SÖRRENSEN, 1962, p. 193-278; MacKINNEY, 1979, p. 168-169 (nota 99); HARVEY, 1981; JUGNOT; DESCOMBRES; JUGNOT, 1987, p. 135-144; OPSOMER-HALLEAUX, 1986, p. 93-113; VOGELLEHNER, 1989, p. 11-40; BARBAUD, 1988, p. 65-73; RUAS, 1992, p. 9-35; STRANK; MEURERS-BALKE, 2008; INSTITUTO ANTÔNIO HOUAISS, *Dicionário eletrônico Houaiss da língua portuguesa*). Tenho ciência, contudo, que mesmo com todo este cuidado equívocos ou incongruências possam ser identificados por especialistas. Qualquer contribuição neste sentido, será mais do que bem-vinda.

69 Embora se trate, sem dúvida, de uma fabácea, o termo latino *fasiolus* pode designar espécies diferentes: *Dolicos lablab* L. (labe-labe) ou *Vigna unguilata* L. Walp (feijão-fradinho).

70 Aqui são várias as possibilidades de espécies: o termo pode designar a serpentária (*Arum dracunculus* L.), família Arácea, o estragão (*Artemísia dracunculus* L.) da família Asterácea ou a bistorta (*Polygonum bistorta* L) da família Poligonácea.

71 *Coloquentidas*, espécie que integra a família das Cucurbitáceas, pode indicar *Citrullus colocythis* L., coloquíntida, ou *Bryonia alba* L., briônia-branca.

72 O termo *solsequiam* levanta problemas, pois pode designar espécies de famílias distintas: heliotrópio (*Heliotropium europaeum* L.), da família Boraginácea, ou calêndula (*Calendula officinalis* L.), da família Asterácea.

73 *Ameum* pode referir-se a duas espécies da família das Apiáceas: cominho-etíope (*Ammi copticum* L.) ou funcho-dos-Alpes (*Meum athamanticum* Jacq.)

74 Em português, *silum* talvez corresponda a uma das duas espécies da família das umbelíferas: séseli (*Seseli tortuosam* L.) ou *Laserpitium siler* L., cujo equivalente em português não foi encontrado.

75 Planta da família das umbelíferas (*Smyrnium olusatrum* L.), semelhante ao aipo, cuja tradução para o português não foi possível identificar com precisão.

76 O *diptamnum*, que em português aparece por vezes designado como dictamo-branco, é uma variedade do gênero orégano (*Origanum vulgare* L.), do qual fazem parte espécies como manjerona, hortelã, alecrim e sálvia. Uma vez que o termo aparece apenas na

mentastro, atanásia, *nepeta,*[77] *febregugiam,*[78] *papoula, acelgas,* ásaro, alteia, *malva, cenoura, pastinaca,* armoles, bredro, couve-rábano, *couve, cebolinhas-verde,* cebolinhas-fracesa, *alhos-poró, rabanetes,* chalotas, *cebolas,* alhos, rúbia, cardo-santo, favas, *ervilha, coentro, cerefólio,* eufórbia, sálvia-esclareia. E que aquele hortelão tenha sempre-viva próxima de sua casa. De árvores, desejamos que haja: *macieiras* de diversas variedades; *pereiras* de diversas variedades; *ameixeiras* de diversas variedades; *sorverias,* nespereiras, *castanheiros, pessegueiros* de variedades diversas; *marmeleiros, aveleiras, amendoeiras, amoreiras, louros,* pinheiros, *figueiras, cerejeiras* de variedades diversas.[79]

O trecho citado permite pensar que muitas das espécies mencionadas em Apício (grafadas em itálico) estavam disponíveis nas

---

Capitular *De Villis,* não é possível precisar se o *oreganum* presente em Apício designava o mesmo que *diptamnum.*

77 *Nepeta* indica uma das espécies pertencentes à família das Lamiáceas: erva-dos-gatos (*Nepeta cataria* L.) ou calaminta (*Calamintha nepeta savi*).

78 O termo é de difícil rastreamento. Talvez indique uma espécie da família das Asteráceas, o tanaceto (*Tanacetum parthenium* L.). É possível também que seja uma das espécies da família das Gencianáceas como o fel-da-terra (*Centaurium erythraea* Rafn.).

79 "Volumus quod in horto omnes herbas habeant, id est lilium, rosas, fenigrecum, costum, salviam, rutam, abrotanum, cucumeres, pepones, cucurbitas, fasiolum, ciminum, ros marinum, careium, cicerum Italicum, squillam, gladiolum, dragantea, anesum, coloquentidas, solsequiam, ameum, silum, lactucas, git, eruca alba, nasturtium, parduna, puledium, olisatum, petresilinum, apium, leuisticum, savinam, anetum, fenicolum, intubas, diptamnum, sinape, satureiam, sisimbrium, mentam, mentastrum, tanazitam, neptam, febregugiam, papaver, betas, vulgigina, mismalvas, [ibischa, id est althaea], malvas, carvitas, pastenacas, adripias, blidas, ravacaulos, caulos, uniones, britlas, porros, radices, ascalonicas, cepas, alia, warentiam, cardones, fabas maiores, pisos Mauriscos, coriandrum, cerfolium, lacteridas, sclareiam. Et ille hortulanus habeat super domum suam Iovis barbam. De arboribus volumus quod habeant pomarios diversi generis; pirarios diversi generis; prunarios diversi generis; sorbarios, mespilarios, castanearios, persicarios, diversi generis; cotoniarios, avellanarios, amandalarios, morarios, lauros, pinos, ficus, nucarios, ceresarios, diversi generis" (CAPITULARE..., p. 186-187).

propriedades rurais do Império. Em que lugar exatamente é impossível precisar, uma vez que o documento tem por função apenas enumerá-las e não as inventariar por domínio, ficando essa tarefa a cargo dos agentes reais no exercício de seu trabalho de inspeção posterior. Algumas interpretações acerca da escolha das espécies elencadas na Capitular *De Villis* sugerem que a lista tenha sido retirada de obras enciclopédicas como a *História Natural* de Plínio ou as *Etimologias* de Isidoro de Sevilha. Outras, ainda, supõem que o horto descrito no documento inspirava-se no modelo do jardim ideal, o Éden, devendo, por essa razão, compor uma seleção de plantas escolhidas estritamente por sua valoração simbólica (FAVIER, 2004, p. 341-342).

Parece-me que tais interpretações fazem sentido e não são excludentes. O uso de autoridades – que poderiam ser, inclusive, ampliadas para além de Plínio e Isidoro para incluir também alguns dos textos dietéticos e farmacológicos já mencionados aqui – bem como a relação com o modelo edênico (sobre o qual voltarei no capítulo 5) estabelecem elementos importantes na definição do estoque de espécies a ser cultivado. Entretanto, a explicação não se esgota nesses que são aspectos culturais significativos; é preciso levar igualmente em consideração como essa escolha cultural se equaciona com a geografia (no caso do Império Carolíngio desse momento, o centro-norte e o centro-leste da Europa). E o que se observará a seguir é que, com esperadas variações, as espécies mencionadas na Capitular *De villis* eram de fato cultivadas em domínios do período.

Em dois célebres inventários de domínios carolíngios[80] encontram-se, dentre outras coisas, a listagem de espécies que compunham

---

80 Os dois inventários encontram-se reunidos em um só texto que, aparentemente, ganhou a forma aí verificada nos últimos quatorze anos do reinado de Carlos Magno, ou no início do governo de seu filho, Luís, o Pio. Foi modernamente intitulado *Brevium exempla ad describendas res ecclesiasticas et fiscales*. O manuscrito que o contém

seus hortos. Em *Asnapium* (Annapes, localidade a leste da atual cidade francesa de Lille): lírio, *costo, hortelã, salsa, arruda, aipo, levístico, sálvia, segurelha,* zimbro, *alho-poró,* alho, atanásia, hortelã-de-água, *coentro,* chalota, *cebola, couve,* couve-rábano e betônica. Dentre as árvores: *pereiras, macieiras,* nespereiras, *pessegueiros, aveleiras, nogueiras, amoreiras* e *marmeleiros*.[81] Em *Treola* (atual Triel-sur-Seine, próxima a Versalhes): *costo, hortelã, levístico, aipo, acelga,* lírio, abrótano, atanásia, *sálvia, segurelha, erva-dos-gatos,* sabina, salvia-esclareia, chicória-amarga, hortelã-de-água, betônica, agrimônia, *malva,* alteia, *couve, cerefólio, coentro, alho-porró, cebola,* chalota, cebolinha-francesa,[82] *alho.* Dentre as árvores: *pereiras* de diversas variedades, *macieiras* de diversas variedades, nespereiras, *pessegueiros, nogueiras, ameixeiras, aveleiras, amoreiras, marmeleiros* e *cerejeiras*.[83]

Aproximadamente um século depois, o ex-monge de Fulda e abade de Reichenau, Walafrido Estrabão oferece, sob a forma de poema, uma descrição do horto do mosteiro de Fulda apresentando não só o nome das 29 espécies ali cultivadas, mas também suas propriedades

---

é único, e precede a Capitular *De villis* no códice onde foram encadernados (Cod. Guelf. 254 Helmst. Disponível em: <http://diglib.hab.de/wdb.php?dir=mss/254--helmst&imgtyp.=1&size=>. Acesso em: 20 nov. 2009).

81 "De herbis hortulanis quas repperimus, id est lilium, costum, mentam, petresilum, rutam, apium, libesticum, salviam, satureiam, savinam, porrum, alia, tanazitam, mentastram, coliandrum, scalonias, cepas, caules, ravacaules, vittonicam. De arboribus: pirarios, pomarios, mispilarios, persicarios, avelanarios, nucarios, morarios, cotoniarios" (BENEFICIOURUM..., p. 178-179).

82 O termo original latino (*brittolas*) aparece unicamente neste texto. Segundo Carmélia Opsomer-Halleaux (1986, p. 107), designa o mesmo que *britla,* termo utilizado pela Capitular *De villis,* que em português significa cebolinha-francesa.

83 "De herbis hortulanis. Id est costum, mentam, livesticum, apium, betas, lilium, abrotanum, tanezatum, salviam, satureiam, neptam, savinam, sclareiam, solsequia, mentastram, vittonicam, acrimonia, malvas, mismalvas, caulas, cerfolium, coriandrum, porrum, cepas, scalonias, brittolos, alia. De arboribus, pirarios diversi generis, pomarios diversi generis, mispilarios, persicarios, nucarios, prunarios, avelanarios, morarios, cotoniarios, cerisarios" (BENEFICIOURUM..., p. 180).

terapêuticas. São elas: *sálvia, arruda*, abrótano, *abóbora, melões, absinto*, marroio-branco, *funcho*, íris, *levístico, cerefólio*, lírio, *papoula*, sálvia-esclareia, *hortelã, poejo, aipo*, betônica, agrimônia, atanásia, *erva-dos-gatos, rabanete* e rosa.[84] *De cultura hortorum*, também conhecido como *Hortulus*, inspira-se, claramente, em textos antigos como as *Geórgicas* de Virgílio, mas como adverte o próprio Walafrido não se trata de um pastiche do poema clássico, ao contrário, é um manual bastante realista e cuidadoso feito por um homem que possuía seu próprio jardim e o cultivava.[85] A obra foi escrita em aproximadamente 840, mas não se conhece o manuscrito redigido pelo próprio Walafrido. Um dos manuscritos quase contemporâneos (*Codex Vaticanus Latinus biblioteca reginae 469*),[86] copiado em 849, pertence ao mosteiro de St. Gall. Esse dado é de grande interesse, uma vez que existe uma explícita correlação entre as espécies cantadas pelo monge de Fulda e as aquelas previstas para integrar o jardim de St. Gall e escrevinhadas na planta concebida para sua renovação (datada de 820 ou 830).

Dois hortos foram projetados para St. Gall. Um primeiro introduzido pela inscrição "aqui florescem lindamente os vegetais plantados" apresenta dezoito espécies posicionadas lado a lado em um espaço retangular: *cebolas, alhos-porró, aipo, coentro, dill, papoula, rabanetes*, papoula (?), *beterrabas, alhos, chalotas, salsinha, cerefólio, alface, segurelha*,

---

84 "salvia, ruta, abrotanum, cucurbita, pepones, absinthium, marrubium, feniculum, gladiola, lybisticum, cerefolium, lilium, papaver, sclarega, menta, pulegium, apium, vettonica, agrimonia, ambrosia, nepeta, rafanum, rosa" (WALAFRIDO ESTRABÃO, 1966, p. 24-64).

85 "Haec non sola mihi patefecit opinion famae/Vulgaris: quaesita libris nec lectio priscis:/Sed labor et stadium, quibus ocia longa dierum/Postposui:expertum rebus docuere probatis" (*idem*, p. 24).

86 No total são conhecidos três manuscritos medievais de *Hortulus*: dois do século IX (*Codex Vaticanus Latinus bibliotec reginae* 469; *Codex Romanus Palatinus* 1519, ambos integrantes do acervo da Biblioteca Vaticana) e um do século XI (Stadtbibliothek Leipzig I 4° 53).

pastinaca, couve, cominho negro.[87] O segundo, indicado pela inscrição *"herbularius"*, dispõe oito espécies em cada lado da planta quadrangular e outras oito distribuídas em canteiros no centro do jardim: lírio, rosas, *feijão, segurelha, costo, feno-grego,* alecrim, *hortelã, sálvia, arruda,* íris, *poejo,* hortelã-da-água, *cominho, levístico, funcho*.[88] Há ainda a indicação de um pomar com quinze espécies frutíferas que compartilha o mesmo local do cemitério dos monges: *macieira, pereira, ameixeira,* pinheiro, *sorveira, nespereira, louro, castanheira, figueira, marmeleiro, pessegueiro, avelaneira, amendoeira, amoreira, nogueira*.[89]

Correspondências entre as espécies presentes em *Hortulus,* St. Gall e na Capitular *De villis* vêm sendo observadas por alguns especialistas há algum tempo.[90] Ao alargar esse quadro comparativo para aí incluir os ingredientes apicianos, como se viu pelas espécies grafadas em negrito, foi possível concluir que os ingredientes vegetais presentes nas receitas de Apício, *na sua grande maioria,* estavam disponíveis nos hortos do período carolíngio. Considerando que pesquisas históricas e arqueológicas recentes têm mostrado a pouca sustentação de teses que explicam a existência dessas listagens de vegetais contidas nos documentos estudados como resultado de um interesse puramente livresco por nome de plantas e que, contrariamente, se tratava de espécies que de fato eram cultivadas nos domínios da Alta Idade Média (não por

---

87 "Cepas, porros, apium, coliandrum, anetum, papaver, radices, magones, betas, alias, ascolonias, petrosilium, cerefolium, lactuca, sataregia, pastinachus, caulas, gitto" (*magones,* ao que tudo indica, aponta para uma variedade de papoula distinta daquela designada por *papaver,* mas para a qual não consegui encontrar tradução adequada para o português). Cf. <http://www.stgallplan.org/StGallDB/plan_components_sub_components.html>. Acesso em: 20 nov. 2009. Ou BORN; HORN, 1979, apêndice 3.

88 "Lilium, rosas, fasiolo, sata regia, costo, fena graeca, rosmarino, menta, salvia, ruta, gladiola, pulegium, sisimbria, cumino, lubestico, feniculum" (*ibidem*).

89 "Malus, perarius, prunarius, pinus, sorbarius, mispolarius, laurus, castenarius, ficus, guduniarius, persicus, avellenarius, amendelarius, murarius, nugarius" (*ibidem*).

90 Ver obras listadas na nota 68 deste capítulo.

todos, mas pela maior parte das pessoas), é acertado afirmar que havia matéria-prima disponível para aqueles que desejassem executar as preparações contidas em Apício. Até mesmo o fato da grande presença de espécies de origem mediterrânea – que inicialmente poderia servir para reforçar a tese do interesse livresco, já que a adaptação dessas plantas de clima quente poderia ser pouco provável nas terras da Europa central e setentrional –, faz com que a hipótese do interesse livresco não possa ser aceita sem ressalvas. De fato, especialistas mostram que, à parte o clima da Europa altomedieval ser mais quente do que aquele dos dias atuais e assim favorecer seu cultivo (LAMB *apud* VOIGTS, 1979, p. 260), houve uma opção intencional, culturalmente orientada, por espécies provenientes do Mediterrâneo oriental e dos territórios-limite do Oriente Próximo (VOGELLEHNER, 1989, p. 24).

Nesse sentido, a solicitação encontrada em uma carta do século IX (talvez escrita por Walafrido Estrabão) de sementes de cebolinha-francesa que, segundo seu autor, não se podia encontrar na França (WALAFRIDO ESTRABÃO, 1966, p. 12) revela-se emblemática de uma opção cultural que, sem dúvida, contribuiu para a transformação da paisagem autóctone europeia. O contato entre o mundo latino e os mundos celta e germânico no final da Antiguidade, ou nos primeiros tempos da Idade Média, resultou em negociações e concessões entre dois modelos alimentares em prática. Trata-se aqui, mais especificamente, do processo de aproximação observado a partir dos séculos V e VI entre os chamados modelos alimentares latino e bárbaro e estudado por Massimo Montantari. O primeiro fortemente calcado em alimentos provenientes de espaços cultivados (agricultura e arboricultura), como grãos, uvas e oliva; e o segundo baseado em alimentos adquiridos na natureza virgem e espaços incultos, por meio de caça, pesca, colheita de frutos silvestres, criação selvagem nos bosques de cavalos, bois e porcos, principalmente. Por extensão, representações idealizadas e polarizadas foram coladas a um e a outro modelo: de um lado a alimentação civilizada com carga fortemente vegetariana, de outro a comida dos selvagens, carnívoros por excelência.[91]

Pode-se supor que a negociação entre esses dois modelos tenha início pela seleção e produção das espécies comestíveis. O especialista em história botânica Jerry Stannard identificou uma continuidade surpreendente da experiência botânica nos antigos territórios romanos ao longo do período altomedieval e um pouco mais além. Cerca de 350 espécies conhecidas na Antiguidade tardia, e então utilizadas com finalidade alimentar e/ou medicinal, eram conhecidas e estavam disponíveis pelos mesmos nomes durante a Alta Idade Média e até, pelo menos, o século XII. Evidentemente, o uso doméstico dessas plantas poderia ser atribuído à descoberta por tentativa e erro, comum a tantas experiências culinárias da história da humanidade, e depois transmitidas oralmente de geração em geração; no entanto, Stannard reforça que, em muitos casos, a razão para a escolha e utilização daquelas plantas poderia estar atrelada a sua participação no legado cultural da Antiguidade transmitido pelos textos copiados durante a Idade Média (STANNARD, 1986, p. 71-74).

Essas observações corroboram investigações arqueológicas pontuais e interpretações históricas mais amplas. Embora do ponto de vista arqueológico não exista um estudo de síntese acerca da alimentação altomedieval, investigações restritas a alguns sítios europeus[92] têm mostrado a pertinência do modelo histórico proposto por Massimo Montanari. O medievalista trabalha com a noção de que o movimento para a elaboração de uma "linguagem comum" do ponto de vista ali-

---

91   Cf. MONTANARI, 2003, p. 17-25.
92   Cf. GIOVANNINI, 2005.

mentar é dinâmico e não se dá de maneira homogênea. Mesmo a fome sendo o horizonte comum a todos os homens da Alta Idade Média, existe uma clivagem cultural no seio da sociedade do período que faz com que a utilização dos recursos das terras cultiváveis organizadas dentro do modelo latino e dos campos incultos se oriente por critérios distintos.[93] Assim, para o grupo social envolvido com Apício na Alta Idade Média, a comida é o alimento culturalmente processado sob o qual incide o peso do saber dietético dos antigos e a virtuosidade cristã. Mas antes de seguir nessa direção, é necessário examinar ainda outro grupo de ingredientes apicianos.

---

93 Cf. MONTANARI, 2008, 1988.

CAPÍTULO 4

Armarium pigmentorum: condimentos à base de peixe[1]

Armarium pigmentorum é o nome atribuído ao armário ou cômodo existente em algumas residências medievais com a função de armazenar especiarias exóticas ou selvagens utilizadas em conjunto com as plantas do horto para fabricação de remédios (OPSOMER-HALLEAUX, 1986, p. 104). Na planta de St. Gall, por exemplo, aparece sob a designação *armariolum* e está localizado no interior da casa dos médicos.[2] A hipótese central deste capítulo é de que provinha de um desses armários um dos ingredientes fundamentais para a execução das receitas apicianas: os condimentos à base de peixe (garo/*liquamen*). Contudo, a simples menção a esses condimentos na Alta Idade Média levanta por si só tantos questionamentos que, antes mesmo de me

---

1   Este capítulo tem origem na pesquisa realizada para minha participação na mesa-redonda "Abastecimento militar e consumo de gêneros alimentícios na Roma Antiga e Idade Média", parte do colóquio internacional "Consumo e Abastecimento na História", realizado pela Unesp-Franca entre os dias 12 e 14 de maio de 2008. As reflexões apresentadas naquela ocasião, e posteriormente publicadas (Cf. ASFORA, 2011), foram amadurecidas para integrarem o texto deste capítulo.

2   Cf. <http://www.stgallplan.org/StGallDB/plan_components_sub_components.html>. Acesso em: 20 nov. 2009. Ou BORN; HORN, 1979, apêndice 3.

debruçar sobre o uso específico que se fazia deles no período altomedieval, é preciso dedicar algumas linhas a desanuviá-los.

Começo pelo episódio emblemático e mais comumente citado para demonstrar como o consumo de condimentos à base de peixe havia deixado de ser uma prática no Ocidente altomedieval. Como quer nos fazer crer Liutprando de Cremona, embaixador do imperador do Ocidente Oto II em Bizâncio, o distanciamento entre Ocidente e Oriente no século X chegara a termos irrecuperáveis. No ano de 969, em sua segunda passagem pela corte bizantina, sentado à mesa do primeiro banquete que lhe fora oferecido pelo basileu Nicéforo Focas, Liutprando se vê frente a frente com a materialização mais pungente de que aqueles dois mundos haviam se constituído universos completamente distintos: a comida era odiosa. Pratos encharcados de óleo e de um péssimo condimento à base de peixe[3] evidenciavam o fosso que se abrira entre Oriente e Ocidente.

Aparentemente, e seguindo Liutprando, aquela seleção de sabores tinha sido abandonada no Ocidente havia muito tempo; dado com o qual Andrew Dalby, pesquisador da história da alimentação grega, parece concordar: "este molho de peixe fermentado, nesse momento [século X] morto no Mediterrâneo Ocidental, ainda era muito usado em Bizâncio".[4] Entretanto, quase nada se sabe sobre o que teria substituído os condimentos à base de peixe no Ocidente, pois, como já dito anteriormente, poucas luzes há sobre a alimentação e a culinária medieval anterior ao século XIII. Ao que tudo indica, houve uma lenta e gradativa migração do antigo gosto romano para algo "propriamente medieval", o que equivaleria a dizer que, grosso modo, a partir de um

---

3 "[...] *oleo diluta, alioque quodam deterrimo piscium liquore aspersa* [...]" (LIUTPRANDO DE CREMONA, *Relatio de legatione constantinopolitana*, c. 914).

4 "this fermented fish sauce, by now just about dead in western Mediterranean, was still much used in Byzantium" (DALBY, 1996, p. 199, tradução nossa).

dado momento deixou-se progressivamente de valorizar condimentos à base de peixe (garo, *liquamen*, *muria* etc.), azeite e um estoque de especiarias composto essencialmente por pimenta-do-reino, cominho, costo, levístico e erva-dos-gatos, por exemplo; e passou-se a apreciar molhos mais leves, ácidos e temperados com especiarias distintas como cravo-da-índia, noz-moscada, galanga, pimenta-malagueta e macis (LAURIOUX, 1992, p. 33-38, 1998, p. 452). No entanto, precisar onde estaria o ponto de inflexão desse processo é um exercício ao qual nenhum especialista, até onde foi possível verificar, aventurou-se. Seria o relato de Liutprando de Cremona um indicador?

Essas considerações iniciais levantam elementos importantes para compreensão de Apício na Alta Idade Média. Se, de fato, o século X é o momento no qual o distanciamento entre o gosto antigo e medieval aparece mais declaradamente, é possível pensar que tenha havido espaço até então para o consumo de garo e, por extensão, das preparações apicianas, uma vez que em mais de 90% delas os condimentos à base de peixe estão presentes sob o nome de *liquamen* (o termo "garo" aparece somente em palavras compostas como oxigaro, condimento à base de peixe e vinagre; oenogaro, condimento à base peixe e vinho; e hidrogaro, condimento à base de peixe e água). Caso contrário, seria preciso considerar o receituário de outra maneira. É inevitável, portanto, investigar esses condimentos que foram por muito tempo itens significativos de produção e consumo no Império Romano, mas cujo destino medieval parece ser ignorado ou, no mínimo, mal explicado. A afirmação acerca de seu abandono, gradativo ou não, merece um melhor enquadramento, principalmente à luz da antiga documentação. É certo que os registros sobre o garo são escassos durante a Alta Idade Média, principalmente se comparados com períodos anteriores. Contudo, se não são inexistentes, saber olhar melhor para eles na tentativa de compreender como teria se dado tal processo revela-se imperativo. Afinal, no Ocidente, entre a Antiguidade tardia e o século X (momento do relato de Liutprando de Cremona), há um intervalo de tempo considerável que não seria prudente ignorar.

Garo e outros condimentos à base de peixe[5]

Cabe ainda fazer uma breve digressão acerca do que vem a ser propriamente o garo e demais condimentos à base de peixe com o propósito de circunscrever um quadro mínimo para esses condimentos em Apício e outras fontes medievais contemporâneas. Uma tentativa de definição do que vem a ser o garo não constitui tarefa fácil, uma vez que fontes escritas e arqueológicas que permitiriam traçá-la são esparsas e lacunares. O ponto de partida é, sem dúvida, o contexto greco-romano antigo; contudo, ainda assim, a historiografia que busca interpretar tais fontes se vê muito mais frequentemente imersa em dúvidas e especulações do que propriamente na condição de oferecer respostas.

Especialistas costumam afirmar que o garo é um dos vários condimentos fermentados à base de peixe e de aspecto liquórico (daí que seja usualmente qualificado como molho), consumido largamente por gregos e romanos antigos. Embora se diferenciasse do *salsamentum*, termo genérico que designava qualquer peixe (e possivelmente outros tipos de carne) preservado por meio de diferentes métodos de salga (CURTIS, 1991, p. 6), o procedimento para seu preparo é ainda hoje objeto de debate.[6] Com efeito, o estabelecimento de distinções dentre os

---

5   Agradeço ao Prof. Pedro Paulo Funari por grande parte das referências arqueológicas sobre o garo utilizadas neste item.
6   O estudo que mais recentemente apresenta um balanço da questão intitula-se "Excursus on garum and liquamen" e foi publicado ao final da edição de Apício utilizada neste livro (Cf. GROCOCK; GRAINGER, 2006, p. 373-387).

diversos tipos de condimentos à base de peixe é um exercício engenhoso. Para avançar nesse sentido, parte-se usualmente de textos romanos do primeiro século da Era Cristã, principalmente a *História Natural* de Plínio e as *Epigramas* de Marcial (38/41-104). A obra *Sábios à mesa* (*Deipnosofistas*) escrita pelo grego Ateneu de Náucrates entre o final do século II e o início do III, é também referência importante, principalmente para argumentar a favor de uma influência grega na difusão das *salsamentae* e dos condimentos à base de peixe dentre as preferências alimentares romanas. A julgar pelos cenários e hábitos culinários gregos apresentados na obra – que embora escrita no século II afirma utilizar autores de séculos precedentes como Mnesíteo de Atenas, Diócles de Caristo (século IV a.C.), Dílfilo de Sifno (século III a.C.), Eutidemo de Atenas (século II a.C.), Hicésio de Esmirna (c. 100 a.C.) e Dórion (século I) – aqueles itens culinários, de fato, constituíam uma preferência havia muito enraizada no cotidiano grego.[7]

É comum encontrar nessas e em outras obras termos supostamente aparentados. Nomes como *muria*, *liquamen*, *allex* (ou *allec*), *cybium*, *melandryum*, *trigonum*, *horaeum* e o próprio garo revelam um universo amplo e repleto de particularidades que textos escritos não conseguem elucidar com precisão. Todavia, parece possível afirmar que diferenças no processo de confecção dos condimentos, como por exemplo, a quantidade maior ou menor de sal ou o tipo de peixe utilizado, davam origem a produtos finais distintos. Talvez essas especificidades tenham se perdido quando da translação de alguns termos do contexto grego para o latino. No que diz respeito ao garo, parece mesmo ter existido, pelo menos em certo momento mais antigo da história grega, uma relação entre o condimento e o tipo de peixe usado em seu preparo. Uma das passagens mais citadas para corroborar essa ideia encontra-se na *História Natural*

---

7   Cf. ARQUÉSTRATO, 994.

de Plínio. Segundo o autor, o garo receberia este nome por se tratar de um condimento elaborado com vísceras e sobras do peixe chamado pelos gregos de *garos* (γαροσ) ou *garon* (γαρον); entretanto, no tempo em que escreve Plínio, o produto passara a ser confeccionado com outros peixes, caso do garo dos aliados (*garum sociorum*), o mais célebre dentre os garos, que era preparado na região de Cartago Spartaria a partir de um tipo especial de escombrídeo (família de peixes da qual fazem parte espécies como a cavala, o bonito e o atum). Plínio menciona Pompeia, *Leptis* (atual Líbia) e Clazomenas (cidade litorânea do mar Egeu) como outros dos locais famosos pela produção do condimento. Já Antipolis (Antibes), *Thurium* (sul da atual Itália) e Dalmácia eram mais conhecidos pela produção de *muria*.[8]

A *muria*, muito provavelmente, era semelhante ao garo em sua preparação (peixes da mesma família temperados com condimentos semelhantes), porém manufaturada com peixe considerado de menor qualidade e, portanto, destinada a extratos sociais menos privilegiados. Pelo menos é o que se pode inferir da epigrama de Marcial intitulada *Amphora Muriae*: "sou filha do atum de Antipolis; se fosse feita de escombrídeo, não teria sido enviada a você".[9] Portanto, a ideia de que garo dos aliados e *muria* eram coisas socialmente diferentes é bastante plausível. O que não se pode saber é se existiria ainda um terceiro

---

[8] "aliud etiamnum liquoris exquisiti genus, quod garum vocavere, intestinis piscium ceterisque, quae abicienda essent, sale maceratis, ut sit illa putrescentium sanies. hoc olim conficiebatur ex pisce, quem Graeci garon vocabant, capite eius usto suffito estrahi secundas monstrantes. nunc e scombro pisce laudatissimum in Carthaginis Spartariae cetariis – sociorum id appellatur – singulis milibus nummum permutantibus congios fere binos. nec liquor ullus paene praeter unguenta maiore in pretio esse coepit, nibilitatis etiam gentibus. Scombros quidem et Mauretania Baeticaeque Carteia ex oceano intrantes capiunt ad nihil aliud utiles. Laudantur et Clazomenae garo Pompeique et Leptis, sicut muria Antipolis ac Thuri, iam vero et Delmatia" (PLÍNIO, 1963, livro 31. 93-94, p. 434-435).

[9] "Antipolitani, fateor, sum filia thynni: essem si scombri, non tibi missa forem" (MARCIAL, 1978, 13.103, p. 215).

condimento denominado tão somente por garo, e que poderia ser confeccionado com outro tipo de peixe.

Enquanto alguns pesquisadores se limitam a considerar garo, *muria*, *liquamen* e outros termos assemelhados apenas como condimentos (ou molhos) à base de peixe, outros, contudo, se inquietam e são instigados a adentrar nas filigranas da questão. Corroborando Plínio e Marcial com outras fontes antigas (a *Astronomica* de Manílio, *De re rustica* de Columella) e medievais (*Etimologias* de Isidoro de Sevilha e a anônima *Geopônica*), Grocock e Grainger sugerem que a diferença entre o garo e demais condimentos à base de peixe reside no uso imprescindível de sangue na preparação do primeiro (GROCOCK; GRAINGER, 2006, *passim*). Na realidade, ao buscar definir o garo, os autores pretendem compreender principalmente o que vem a ser *liquamen*, termo praticamente soberano no texto apiciano. Para eles, o emprego de *liquamen* em Apício (praticamente inexistente em outras fontes que remetem ao século I, exceção feita a Columella) constitui um verdadeiro quebra-cabeça, principalmente quando se coteja as fontes antigas com aquelas mais relacionadas a contextos medievais. Se por um lado, nas *Etimologias* existe uma distinção entre garo e *liquamen*, na *Geopônica*, os dois termos se sobrepõem.

No vigésimo livro do capítulo dedicado aos alimentos das *Etimologias*, o garo é apresentado como um "líquido salgado de peixes que outrora fora confeccionado a partir do peixe que os gregos chamavam de *garon* e, ainda que em seu tempo fosse feito de infinitas espécies de peixe, mantinha o nome antigo que levava desde o início". Em seguida afirma: "o dito *liquamen*, mais especificamente, peixinhos que dissolvidos em salmoura liberam um fluído (*humor*) cujo líquido é chamado *salsugo* ou *muria*; por outro lado, é dito que a *muria* propriamente é feita a partir da água misturada com sal semelhante à água do mar".[10] Pelo que se vê, a obra pouco revela acerca do modo de fabricação do garo; pode-se supor apenas que aquele líquido salgado de peixes não fosse feito da mesma maneira que o *liquamen* – aliás, tampouco seriam a mesma coisa. Além disso, a utilização do peixe grego *garon* ou algo parecido com ele já não era mesmo uma prática (a dúvida existente em Plínio estaria aqui solucionada?). Nota-se também que a alusão à *muria* em nada se assemelha ao que diz Marcial. A obrigatoriedade do uso do atum desaparece para dar lugar a duas possibilidades: ao fluído resultante da liquefação dos peixes em sal ou simplesmente à mistura de água com sal à semelhança da água do mar (neste último caso, sinônimo de *salsugo*).

Na Geopônica, texto bizantino do século X, o garo figura no livro que discorre sobre peixes. Detalhes acerca do modo de fabricação são finalmente encontrados, embora a sobreposição entre os termos *liquamen* e garo não permita um claro entendimento. O item 46 do livro 20 é intitulado "Composição do garo", entretanto, o texto se inicia com instruções de como se fazer *liquamen*: as vísceras de peixes ou peixes pequenos inteiros são jogados em um recipiente, salgados e depois deixados ao sol; o preparado, mexido com certa frequência, deve permanecer ali por um período de um a três meses; terminado esse tempo, um pequeno cesto de tessitura fechada deve ser colocado no recipiente para filtragem. O líquido claro que se formou em cima dever ser drenado (*liquamen*); os resíduos de peixe que permanecem no recipiente são *allec*. A Geopônica apresenta ainda, de maneira detalhada, o que chama de processo de confecção do garo à maneira dos povos da Bitínia, além de oferecer uma alternativa

---

[10] "garum est liquor piscium salsus, qui olim conficiebatur ex pisce quem Graeci garon vocabant, et quamvis nunc ex infinito genere piscium fiat, nomen tamen pristinum retinet, a quo initium sumpsit" e "liquamen dictum, eo quod soluti in salsamento pisciculi eumdem humorem liquant, cujus liquor appellatur salsugo, vel muria. Proprie autem muria dicitur aqua sale commista, effectaqe gustu in modum maris" (ISIDORO DE SEVILHA, *Etymologiae*, col. 714).

para aqueles que desejam usar o condimento imediatamente (em vez de repousar no sol, o preparado deve ser fervido).[11]

Acredito que recorrer a essas duas fontes provenientes de contextos tão diferentes seja pouco efetivo para reflexão acerca do garo e *liquamen* na Antiguidade romana. Pelos exemplos dados acima, a tendência é pensar que quanto mais tardia a fonte, a distinção entre os dois condimentos parece apagar-se. Nesse sentido, o *Edito do Máximo* do imperador Diocleciano (301), escrito em latim e grego e que apresenta *liquamen* como tradução latina para *garon* poderia ser apresentado como elemento de desmonte de tal hipótese. Porém, Grainger e Grocock contornam a questão lembrando que essa referência não é propriamente uma evidência de que os condimentos fossem a mesma coisa; ao contrário, segundo os especialistas, nesse momento, a distinção permanecia válida, porém, compartilhada apenas por integrantes de certos círculos especializados, como o dos cozinheiros (GROCOCK; GRAINGER, 2006, p. 380-381). Quando e por que os dois condimentos passaram a ser algo indistinto não é objeto de seu interesse. Ao que tudo indica, Grainger parece crer que no século VI, quando Isidoro escreve as Etimologias, garo ainda não é o mesmo que *liquamen* (o fato de Isidoro apoiar-se largamente em Plínio e outros autores antigos não é problematizado, nem levado em consideração). Isso porque, segundo Grainger, o atributo que define o garo é o sangue do peixe e não suas vísceras ou carne (nesse sentido, o paradigma é o garo dos aliados, *garum sociorum*, elaborado com o sangue do escombrídeo); enquanto para a confecção do *liquamen* é o peixe inteiro que deve ser utilizado. Entretanto, essa questão, que tanto ocupou Grainger e Grocock, é resolvida rapidamente por um dos grandes especialistas em condimentos à base de peixe da Antiguidade romana. Robert Curtis (1984, p. 434),

---

11   Cf. GEOPONIKA, 1805-1806, p. 229-230.

em uma nota de rodapé, afirma que, no século V, garo e *liquamen* são certamente sinônimos.

A longa digressão que acaba de ser feita sinaliza a complexidade do tema. As distinções buscadas por Grainger e Grocock e outros especialistas talvez nunca possam ser efetivamente demarcadas, tampouco o momento em que deixaram de existir. Se o *Edito do Máximo* contradiz ou não Isidoro, se a *Geopônica* é ou não fonte "habilitada" para lançar luz sobre o problema, é impossível saber, pelo menos no estado atual da questão. Registros arqueológicos, por outro lado, também não auxiliam muito em relação ao método de preparo desses condimentos aparentados.[12] Em síntese, o que se percebe é que o discurso sobre o garo e similares está construído majoritariamente a partir de uma colagem de informações provenientes de fontes de temporalidades distintas e que não dá conta do dinamismo social e cultural por detrás do nome do condimento. Para ficar em apenas um dos exemplos citados anteriormente, a Grécia do século IV a.C., suposto momento mais antigo de seu aparecimento, é acessada pelas lentes do século II de Ateneu. Em outras palavras, o historiador que se ativer firmemente à tradição textual de cada uma das fontes disponíveis e que mencionam o garo, ver-se-á em meio a tantos obstáculos que não ousaria arriscar uma definição para tão distinto bem de consumo, muito menos desenhar uma trajetória cronológica para sua existência. Digo isso não para invalidar as propostas levantadas até agora sobre o assunto, mas para lembrar das armadilhas que podem capturar os historiadores pelo meio do caminho.

---

12 Até o momento, a arqueologia tem oferecido contribuições maiores acerca de locais produtores e possíveis rotas comerciais envolvendo os produtos. No apêndice de sua obra, Robert Curtis (1991, p. 195-196) reuniu inscrições de ânforas que portavam condimentos à base de peixe encontradas em diferentes sítios arqueológicos da Antiguidade clássica. Em sua lista, há 169 recipientes que levam o nome *garum*; 69 *liquamen*; 40 *muria*; e, ainda, 11 com a denominação *hallex* (CURTIS, 1991, p. 195-196).

Portanto, seguir o curso das transformações incorporadas ao método de preparo do garo da Antiguidade à Alta Idade Média nem sempre é possível. Pensando o problema a partir da perspectiva da história medieval, as fontes escritas cristalizam referências que parecem, por vezes, obsoletas, por vezes, acessórias. No primeiro caso, porque estão ancoradas em saberes e eventos do passado que, para não cair no esquecimento, convém às vezes registrar – caso da informação recorrente de que o garo era feito antigamente a partir do peixe grego chamado *garon*. No segundo caso, porque parecem considerar que o essencial sobre o assunto já é conhecido e compartilhado por todos na sociedade de onde e para onde se escreve, prescindindo-se assim de maiores explicações (o que vem a ser garo ou *liquamen* é quase como se fosse, por assim dizer, de "domínio público"), convém apenas, em algumas circunstâncias e por distintas razões, oferecer detalhes complementares.

Diante de tantas limitações, a proposta mais viável para o estudo do garo em contextos mais tardios, como a Alta Idade Média, é trabalhar *a priori* com a possível sobreposição de sentido entre os termos garo e *liquamen* que aparecem na documentação medieval. Por conseguinte, o usuário de Apício nos séculos VIII e IX compreenderia garo e *liquamen* como sinônimos, termos designadores de um grupo específico de condimento cujos denominadores comuns eram peixe e sal submetidos a um processo de autólise – destruição do tecido, vivo ou morto, por enzimas e células do próprio organismo – que os fazia fermentar.[13]

Produto exótico ou regional?

Voltando à questão que desencadeou toda essa reflexão, cabe agora questionar se, a despeito do entendimento do que viesse a ser garo

---

13   PONISCH, 1988, p. 51; INSTITUTO ANTÔNIO HOUAISS, *Dicionário eletrônico Houaiss da língua portuguesa.*

ou *liquamen*, estes constituiriam artigos ainda acessíveis na Alta Idade Média como o foram na Roma Antiga. Investigando primeiramente a documentação escrita altomedieval foi possível encontrar referências àqueles condimentos em textos que cronologicamente se estendem entre os séculos VI e IX e, espacialmente, provenientes de territórios integrantes dos reinos franco e lombardo e, posteriormente, carolíngio.

A primeira delas aparece no livro IV da obra de Gregório de Tours (c.538-c.594) sobre a história dos francos. No tempo do rei Sigiberto, a substituição do governador da Provença havia gerado uma série de animosidades entre as partes envolvidas na contenda, dentre elas o roubo de setenta *orcas* (recipientes para armazenar vinho) cheias de azeite e garo que estavam em navios vindos de além-mar aportados em Marselha. Nota-se que, no caso de Gregório, o termo preferido é *liquamen* e não garo.[14] Do século seguinte, há uma referência em um trecho de um formulário merovíngio compilado na abadia de Saint-Denis por volta dos anos 650 e 700, as *Formulae Marculfi*. Como demais formulários anteriores ao século XI, as *Formulae* reúnem modelos de composição a serem empregados na redação de atos e outros documentos régios, eclesiásticos ou privados (GIRY, 1894, p. 479-480). A menção ao garo encontra-se na primeira parte da obra, dedicada a orientar atos régios, em item denominado *Tractoria ligatoriorum vel minima facienda istius instar*. Na Alta Idade Média, *tractoria* designava o documento outorgado pelo rei autorizando seu portador – geralmente legados enviados em missões oficiais, como, por exemplo, o recebimento de impostos – a requisitar provisões para seu sustento durante viagens, bem como para diminuir gastos despendidos com transporte (NIERMEYER, 1997, p. 1035; DOEHARD, 1984, p. 181). Pela leitura das *Formulae*, é possível

---

14 "Igitur advenientibus ad cataplum Massiliensim navibus transmaris, Virigili archidiaconi homines septuaginta vas quas vulgo orcas vocant olei liquaminisque furati sunt, nesciente domino [...]" (GREGÓRIO DE TOURS, *Libri historiarum X*, IV.43, p. 177).

Apício | 161

cogitar que se tratasse de uma prática a solicitação, por parte de representantes do rei, de azeite, mel, especiarias e garo, dentre outras coisas.[15]

Ainda no contexto merovíngio, mas já adentrando o século VIII, o garo é encontrado em um dos diplomas do rei Chilperico II datado de 716. Neste, o monarca, a pedido do abade Sebastião, confirma um antigo diploma de seu antepassado Clotário III e, por meio dessa confirmação, concede à abadia de Corbie o direito de receber, pelas mãos de agentes que a representam, o pagamento *in natura* referente ao imposto sobre transporte e transação de mercadorias (*teloneum*)[16] no mercado da cidade de Fos (atual Provença), além da concessão de uma *tractoria* que exonerava a abadia da alimentação e hospedagem de seus enviados, e da *evectio*.[17] O documento menciona uma movimentação de 30 módios[18] de garo, nos tempos do antepassado do rei,[19] e de 1 libra[20] do mesmo condimento,

---

15 "[...] olei libras tantas, gari libras tantas, mellis tantas, aceti tantas, cumini libras tantas, piperis tantas, costi tantas [...]" (FORMULAE Marculfi, p. 49).

16 Herdado do sistema fiscal romano, o *teloneum* é um direito reservado ao rei que incide sob a forma de taxas sobre o transporte de mercadorias, por terra ou água, adquiridas ou destinadas à venda, ou ainda sobre a própria transação comercial. Sua cobrança e recebimento ficavam a cargo de agentes do poder real. Era uma prática frequente, a concessão da administração do *teloneum* a outros senhores laicos ou eclesiásticos como forma de benefício, caso de Corbie, como mostra o documento acima mencionado (GANSHOF, 1949, p. 485-494).

17 Cf. LEVILLAIN, 1902, p. 68-72.

18 A Idade Média herdou o sistema romano de medidas de capacidade. Embora este permaneça sendo referência, na maior parte das vezes, problemas e variações são bastante comuns quando do tratamento da documentação medieval que faz uso daquelas medidas. Um estudo importante nesse sentido é o de Devroey (1987). Pelo sistema romano, 1 *modius* equivale a 6,54 litros (*ibidem*, p. 71).

19 "[...] de teloneo de fossas annis singulis ad ipso monastério concesserunt: hoc est, oleo lib.X millia, garo modios XXX, pipere lib. XXX, cumino lib.CL [...]" (DIPLOMA XXXII, col. 1123).

20 Provavelmente, tratava-se ainda da libra romana que oscilava entre 321 e 327 gramas. Somente um pouco antes de 779, Carlos Magno instituirá a libra equivalente a 408 gramas, que passará a ser utilizada como uma das unidades de peso vigentes nos territórios do Império Carolíngio (DEVROEY, 1993, p. 71; LONGNON, 1978, v. I, p. 29).

já no tempo de Chilperico.[21] De maneira semelhante o garo aparece na Lombardia associado ao pagamento de tributos estabelecido por antigos costumes. O decreto do rei lombardo Liutprando, datado de 715 ou 730, portanto contemporâneo ao diploma merovíngio, dispõe, dentre outras coisas, sobre o *ripaticus*, taxa que autoriza a ancoragem de embarcações (GANSHOF, 1949, p. 485-494), a ser pago *in natura* pelos mercadores da bizantina Comacchio (norte de Ravena) que transportavam e negociavam sal por portos do delta do Pó. Dentre os itens que deveriam ser entregues no porto de Brescia, estava 1 libra de garo.[22]

No século IX, os territórios envolvidos nos documentos referidos haviam sido reunidos sob o comando de Carlos Magno, governante único e, a partir de 800, imperador. A abadia de San Colombano di Bobbio, ao norte da Itália, era um dos grandes centros monásticos de relevante atividade cultural, política e econômica no Império Carolíngio. O alcance de seu poderio econômico pode ser atestado pelo estudo dos inventários de domínios da abadia – também chamados polípticos (ADBREVIATIO..., 1979, p. 121-144). Redigidos em duas etapas entre os anos 862 e 883, pretendiam recensear todas as concessões, terras, trabalhadores e bens por eles produzidos ou deles advindos. A menção ao garo aparece na parte dedicada aos entrepostos de provisão de bens localizados fora da abadia. Assim, lê-se que, em Gênova, 2 côngios[23] de garo deveriam ser recebidos anualmente para uso dos monges.[24]

---

21 "[...] annis singulis dare praecipimus: hoc est [...], oleo lib. II, garo lib.I, piper uncia I, cimino uncias II [...]" (DIPLOMA XXXII, col. 1123).

22 "Ripatico vero et palo solitura simul munus dare providimus solido uno, oleo vero libra una, garo libra uma, piper onzias duas, [...]" (LIUTPRANDI Langobardorum regis decretum, col. 1353).

23 O *congius* é uma unidade de medida para líquidos, equivalente a 3,27 litros. Cf. supra nota 18.

24 "[...] emuntur inde per annum ad opus fratrum reste ficarum C, cedri CC, sal modia IIII, garo congii II, pice librae C, habet massarios VI, qui faciunt vineant et iam dictum

O sexto documento é a já mencionada Capitular *De villis*. Quando trata das determinações acerca da obrigatoriedade de se inventariar os bens e rendimentos dos domínios imperiais, inclui aí também os trabalhadores manuais que ali atuam. Diferentemente das *Formulae*, dos documentos régios merovíngio e lombardo ou do políptico de Bobbio, a capitular não apresenta o garo como bem integrante de operações econômicas. Na verdade, aprende-se sobre sua existência por conta das menções àqueles que o confeccionam. O trabalho do fabricante de garo, assim como os de vinho, vinagre, vinho reduzido, mostarda, queijo e outros itens, deve ser cuidado e gerido, ao que tudo indica, para a manutenção do bom funcionamento do Império.[25]

Acostumados que estão os historiadores a dar como certo o desaparecimento da preferência por condimentos à base de peixe no Ocidente medieval, as menções ao garo e ao *liquamen* na documentação citada é, no mínimo, incômoda e conduz, inevitavelmente, a questionamentos acerca da proveniência e circulação desses produtos em terras do antigo Império Romano do Ocidente. A esse respeito algumas hipóteses podem ser levantadas. A primeira estaria ligada à possibilidade de importação do produto do Mediterrâneo Oriental e a sua circulação pelo interior da Europa por rotas de comércio de longa distância. Em uma segunda hipótese, o garo não seria um produto importado, mas sim produzido em algumas das antigas usinas (locais de fabricação do condimento) do mundo romano ocidental ainda em atividade no período altomedieval e transportado por aquelas mesmas rotas. Imaginando que aquelas usinas não estivessem mais em funcionamento, poder-se-ia

---

censum portant ad monasterium" (ADBREVIATIO..., 1979, p. 131-132 e 152-153).

25 "Omnino praevidendum est cum omni diligentia, ut quicquid manibus laboraverint, aut fecerint, id est lardum, siccamen, sulcia, niusaltus, vinum, acetum, moratum, vinum coctum, garum, sinape, formaticum, butirum, bracios, cervisas, medum, mel, ceram, farinam, omnia cum summo nitore sint facta vel parata" (CAPITULARE..., p. 183).

levantar uma terceira hipótese em que o garo e *liquamen* fossem confeccionados em novos locais de produção estabelecidos para atender demandas de escala local ou regional.

Referências como aquelas fornecidas por Plínio no século I[26] acerca da qualidade de alguns produtos específicos parecem fazer sentido, particularmente, à luz da contribuição fornecida pelo estudo de ânforas encontradas no Mediterrâneo. A listagem já mencionada de Robert Curtis permite rastrear exemplares da Hispânia, Hístria (Romênia), Antipolis (Antibes), Óstia e Herculano,[27] muitos dos quais foram encontrados nos portos de Pompeia e Óstia (PONISCH; TARRADELL, 1965, p. 109-111). Na Gália, três séculos mais tarde, Ausônio ainda recebe como presente azeite de oliva e *muria* de Barcelona.[28] Até quando esses locais permaneceram produzindo o condimento é bastante difícil precisar, mas investigações arqueológicas oferecem algumas possibilidades. Na Espanha, a última referência (Rhode) data do século VI, ou no mais tardar, do século VII (CURTIS, 1991, p. 57-58). Na Gália, a indicação mais tardia provém do sítio de Villepey-le-Reydissard na Armórica, cuja *villa* foi destruída no final do século IV, início do V; contudo, segundo os especialistas é impossível determinar se, nesse momento, os tanques ainda estavam em uso. Para além desse período, só há conjecturas a fazer. Tratando da Gália, Robert Curtis não descarta uma possível continuidade na produção de garo em sítios de origem romana durante o período carolíngio, com a ressalva de que o grau de atividade dessas usinas estivesse bem abaixo daquele atingido entre o final do século III e a metade do século IV (*ibidem*, p. 76-77). Sendo assim, talvez seja mais acertado perseguir a pista de que o garo que entra em terras europeias a partir do século VI ou VII viesse do Mediterrâneo Oriental.

---

26 Cf. nota 8 deste capítulo.

27 Cf. nota 12 deste capítulo.

28 AUSÔNIO, Epistola XX, col. 929.

Desnecessário lembrar que entre o século IV, quando escreve Ausônio, e os séculos VIII e IX, quando são redigidos os últimos documentos medievais levantados inicialmente neste capítulo, a porção ocidental do antigo Império Romano passa por mudanças significativas em sua configuração geopolítica, econômica e cultural. Entretanto, no que diz respeito às atividades comerciais, o intercâmbio de artigos de luxo, ainda que em menor escala, nunca havia deixado de existir. De certa maneira, essa afirmação toca em um dos debates mais acirrados da historiografia medieval: a tese do historiador belga Henri Pirenne. Do ponto de vista econômico, Pirenne interpretou a economia europeia após a conquista islâmica da bacia do Mediterrâneo no século VII como um sistema fechado de base agrícola e pouco, ou quase nada, orientado para o comércio. Para ele, as antigas redes comerciais romanas que vigoraram na Europa teriam desaparecido ao longo dos séculos VII e VIII, uma vez que as principais vias de circulação de mercadorias, aquelas em torno do Mediterrâneo, haviam caído em mãos muçulmanas. É ainda de fundamental importância a ideia mais ampla de que a ruptura decisiva com o mundo romano não estaria ligada às invasões "bárbaras" germânicas, mas sim ao estabelecimento do Islão nas antigas terras do Império Romano.[29]

Mesmo sem a intenção de fazer deste um espaço de discussão das posições de Pirenne, tampouco de apresentar uma síntese do estado da questão,[30] fica claro que para inserir os condimentos à base de peixe em redes de circulação que serviram a grupos sociais da Alta Idade Média é preciso lançar mão de proposições interpretativas mais matizadas

---

29 PIRENNE, 1922, p. 77-86; *idem*, 1923, p. 223-235; *idem*, 1939.
30 O debate é prolífico e remete ao período imediatamente posterior à publicação das obras de Pirenne. Sínteses acerca dos encaminhamentos e posições tomados por diferentes historiadores a partir de então podem ser encontradas em: HODGES; WHITEHOUSE, 1983; DELOGU, 1998, p. 15-40; VERHULST, 2002.

acerca da economia do período, particularmente no que diz respeito ao papel dos artigos de luxo nos circuitos comerciais. Richard Hodges, por exemplo, explica que a circulação daquele tipo de mercadoria teria sido estimulada pela necessidade de afirmação e consolidação do poder político de elites que competiam entre si. Segundo ele, quando nos séculos V e VI desapareceram os mercados competitivos que serviam às regiões do Império Romano tardio, ocupou seu lugar um sistema de rede de trocas bem mais rudimentar voltado a servir pequenos núcleos da aristocracia laica e eclesiástica. Assim sendo, haveria ao longo do século VII um crescimento no comércio de artigos de luxo entre as elites, empregado como maneira efetiva para controlar grupos rivais.[31] Na mesma linha interpretativa e fundamentando-se essencialmente em fontes arqueológicas, particularmente no estudo da distribuição de cerâmicas ao longo da Europa e do Oriente Médio, Chris Wickham afirma que a troca desses produtos mantivera-se ativa entre os anos 400 e 800, embora não se caracterizasse mais como comércio interregional de larga escala. Dentre os itens enumerados por ele, encontra-se o "fish sauce", categoria que, além de outros condimentos à base de peixe, inclui o garo e o *liquamen* (WICKHAM, 2005, p. 699).

Nesse sentido, seria razoável pensar que o garo tenha permanecido na lista de artigos de luxo mediterrâneos que penetraram o território europeu através de portos estratégicos para a atividade comercial entre Oriente e Ocidente, como aqueles do Adriático (Comacchio) e do Mediterrâneo (Fos e Gênova), mencionados na documentação anteriormente analisada. Comacchio, no delta do Pó, foi até o final do século VIII importante porta de entrada de mercadorias orientais, via Bizâncio, para o reino lombardo e de lá para o território franco (*ibidem*, p. 690). Além disso, mesmo quando no final do século VIII Comacchio saiu da cena

---

31 Cf. HODGES; WHITEHOUSE, 1983.

política e econômica em benefício de sua rival Veneza, permaneceu em atividade certa rota leste-oeste de comércio internacional que atravessava a Itália antes de adentrar o *regnum francorum*. No seu caminho, mosteiros importantes funcionavam como estações de paragem e, por que não, de trocas. É o caso de St. Gall na atual Suíça (LOPEZ; RAYMOND, 1961, p. 41). Afora esse eixo Oriente-Ocidente, interpretações históricas e arqueológicas recentes têm demonstrado[32] que antigas vias de circulação interligando o sul e o norte da Europa ainda estavam em funcionamento, a exemplo da rota que integrava Marselha a Trier, e que poderia ter sido a alternativa utilizada pelos emissários do mosteiro de Corbie para chegar a Fos. Dessa rede de caminhos, certamente se beneficiou Bobbio que, como outros grandes mosteiros do período, precisava garantir o aprovisionamento de gêneros alimentícios não adquiridos em seus domínios próximos por meio da utilização e do estabelecimento de redes de produção e circulação que lhe servissem.[33] Se isto parece

---

32 Ao longo do período entre os séculos VI e IX, é possível identificar diferentes sistemas comerciais interligando o sul ao norte da Europa. Em primeiro lugar, as rotas do sistema transalpino que durante c.490-c.600 conectaram o norte da Itália com o norte da Europa seguindo o curso do Reno, pelos Alpes, até o Mar do Norte e de lá para o Báltico. Entre c.600 e c.640, uma nova rede em direção ao norte partia de Marselha no Mediterrâneo, subindo o continente pelo curso do Rhône até Paris, de onde era possível continuar por dois caminhos, o Sena ou o Reno. No período compreendido entre c.690-c.830, o sistema provençal é abandonado em detrimento de dois outros sistemas de rotas comerciais que operaram espasmodica e majoritariamente nas terras do norte europeu: o primeiro concentrado no reino da Nêustria e o segundo centrado na Austrásia. Finalmente, a partir da terceira década do século IX, testemunhou-se a diminuição de atividade em torno desses dois sistemas e a emergência de um vigoroso comércio regional (Cf. HODGES, 1982, p. 28-46).

33 Um dos aspectos da gestão dos grandes domínios consistia em adquirir propriedades ou concessões de exploração em regiões que podiam fornecer produtos diversos. A abadia de St. Denis possuía domínios na Provença que a abasteciam de azeite; da região de Rouen e Ponthieu vinha o peixe; lã e queijo, de Flandres. Os bispos de Trier e Colônia, o capítulo de St-Quentin, a abadia de Nivelles e o convento de Werden repartiam os direitos de caça e pesca da Frísia (Cf. DOEHARD, 1984, p. 147; DEVROEY, 1993, p. 337).

particularmente verdade no que diz respeito a produtos especializados como vinho e azeite (TOUBERT *apud* DEVROEY, 1993, p. 340), por que não o seria para o garo?

É certo que, com a presença muçulmana na Península Ibérica, o maior dinamismo comercial nos séculos VIII e IX concentrou-se nas regiões do entorno da bacia do Mar do Norte e não no Mediterrâneo. Situação atestada pelas descobertas de *emporia*, localidades que funcionavam como entrepostos para o comércio de longa distância de artigos de luxo, bem como centros regionais de produção artesanal, ao longo da costa do Mar do Norte (Rouen, Dorestad, Quentovic, Haithabu e Ribe), no sul e no leste da Inglaterra (Hamwih, Lunderwic, Ispswich, Eoforic e Medemblik).[34] Em Dorestad, localizada na embocadura do Reno, escavações têm trazido à luz a grande envergadura das atividades ali realizadas. Dos artigos comercializados em Dorestad, foram encontrados vestígios de peles e de produtos orientais, porém nada que se referisse ao garo ou *liquamen*.[35] Assim, até o momento, não existem pistas de que o condimento possa ter adentrado a Europa pelos movimentados portos do norte. E, embora o Mar Báltico estivesse regularmente em contato com o Califado Abassida (HODGES, 2000, p. 124), a hipótese mediterrânea permaneceria sendo mais aceitável.

Deve-se considerar ainda que, a partir dos séculos VI ou VII, em paralelo com a possibilidade de circulação de um garo de origem mediterrânea, um outro de fabricação local estivesse igualmente disponível para atender demandas regionais. Talvez seja essa a ideia que permita explicar três receitas de garo encontradas em manuscritos médicos do século IX (BNF Lat. 11219, Cod. Sang. 752 e Cod. Sang. 899). BNF lat. 11219 provém de um extenso códice médico oriundo da abadia de

---

34 Cf. HODGES, 2000.
35 Cf. PRUMMEL, 1983.

Echternach, atual Luxemburgo, e data da metade do século IX. A receita encontra-se em uma seção de *medicamenta* copiada juntamente com textos de Hipócrates, Galeno, Sorano, Isidoro de Sevilha e outros anônimos. Foi publicada pela primeira vez em 1952, com uma pequena divergência em relação ao original.

> Preparação para se fazer garo: duas partes de peixe limpo, uma parte de sal, uma parte de dill e mexas bem diariamente. Para cozinhar, adicione as seguintes ervas secas: duas mãos de dill, quatro mãos de hortelã; erva-dos-gatos, sálvia-esclareia, orégano, segurelha, atanásia, serpilho, feno-grego, de todas elas duas mãos. E também dois maços de cada uma dessas ervas frescas: cássia, sálvia, sabina, iva, arruda, abrótano, raízes de costo, raízes de levístico, raízes de funcho, folhas de louro, grãos de junípero. Dois sextários de marmelo, o mesmo de maçã, o mesmo de nozes gálicas, quatro pães assados, dois sextários de raízes de *cipiro* [?] em pó para cada módio de peixe; dois módios de mosto doce. Misture três e depois dois sextários de mel. Reduzas à metade, tire do fogo, e coloque em um saco e faça clarear [o líquido]. Em seguida, ponha em um vaso bem revestido com breu para que não haja nenhum respiro.[36]

---

36 "Confectio ad garum faciendum pisces mundos partes duos sal partem unam *anetum parte unam* et agitas eum bene de die in diem et de herbas quas *ibidem* mittere debes siccis Ad coquendum haec sunt anetum manipulos duos menta manipulos quattor nepita sclareia origano satureia ambrosia serpullo fenogreco de uniquoque manipulos II et de herbis virides cassia, salvia savina iva ruta abrotano costo ortense radices livestici radices fenuculi radices lauri folia genipere grana de unoquique fasciculos duos citonia sextarios II pomma similiter nuces galicas similiter panes asatos IIII cipiro radices pulvera sextarios II ad unoquoque modio de pisces *musto dulce* modios II, ad conjectandum postea III, et mel sextarius II; et coquis usque ad medium, ex tollis de foco et mittis in saco et clarere facias et postea mittis in vaso bene picatum ut nullum suspirum habeat" (LESTOCQUOY, 1952, p. 185-186. A receita consta também do apêndice de CURTIS, 1991, p. 193). Em relação à transcrição moderna, as seguintes modificações foram realizadas: o primeiro trecho em itálico (*anetum parte unam*), ausente,

Cod. Sang. 752, proveniente da abadia de St. Gall, é igualmente um códice médico datado do final do século IX. Contêm, além de outros textos, uma obra em cinco livros atribuída a Plínio, o velho (*De medicina*) que é uma composição de trechos extraídos da *História Natural* (três primeiros livros), da *Medicina ex oleribus et pomis* de Gargílio Marcial (livro quatro) e de uma obra de Alexandre de Tralles (livro cinco). A receita de garo, o sexagésimo sétimo item do quarto livro (fólio 130-131), foi transcrita em 1874 por Valentine Rose (p. 224-227) e é praticamente idêntica àquela presente no Cod. Sang. 899 (possivelmente do final do século IX ou início do IX).[37] Esse último códice abriga em sua maioria obras poéticas – como os poemas *Mosella* de Ausônio (relato de uma viagem pelos rios Reno e Mosela), *Versus Strabi de beati Blaithmaic vita et fine* de Walafrido Estrabão (sobre a vida do santo irlandês Blaithmaic), os *Versus* de Paulo Diácono e o anônimo *Dicta philosophorum*. À primeira vista, pode parecer curiosa a inserção do condimento à base de peixe em um compêndio dessa natureza, mas a investigação do manuscrito permite verificar que ela faz parte de um conjunto de outras receitas médicas copiadas com mão aparentemente distinta[38] que segue um espaço existente após o término da última das obras poéticas (*Dicta*). Muito possivelmente, o espaço que restava nos fólios finais do códice (138-144) fora aproveitado para registrar receitas

---

foi recuperado; o segundo trecho (*mustodulce*) é uma correção já que a opção por *mustodilce* não parece fazer sentido; finalmente, a pontuação sugerida foi eliminada. Na tradução acima, optei por seguir o mais próximo possível a pontuação do texto manuscrito, inserindo o mínimo necessário com intuito apenas de fazer fluir melhor a leitura em língua portuguesa.

37 Ambos os manuscritos estão digitalizados e disponíveis em: <http://www.e-codices.unifr.ch/en/description/csg/0752> (fólios 130-131) e <http://www.e-codices.unifr.ch/en/description/csg/0899> (fólios 138-140). Acesso em: 20 nov. 2009.

38 Seria certamente necessário uma investigação mais cuidadosa por parte de um paleógrafo especialista em códices do período.

que, por alguma razão, não tiveram outro lugar disponível para serem copiadas, prática bastante comum nos *scriptoria* medievais.[39]

> Preparação do *liquamen* chamado oenogaro. São pegos peixes de natureza gorda, como salmões, enguias, sáveis ou arenques, e com eles, ervas cheirosas e sal é feito o seguinte composto. Um recipiente bem sólido e bem revestido de breu, com capacidade de três a quatro módios é preparado, e são apanhadas ervas secas bem cheirosas tanto do horto quanto do campo, como por exemplo, dill, coentro, funcho, aipo, segurelha, sálvia-esclareia, arruda, hortelã, hortelã-da-água, levístico, poejo, serpilho, orégano, betônica, agrimônia. E essas são deitadas em uma primeira camada no fundo do recipiente. Em seguida, é composta outra camada com peixes – se menores, inteiros, se maiores, cortados em pedaços. Sobre isso é adicionada uma terceira camada de sal da altura de dois dedos, e desse modo as três camadas de ervas, peixe e sal devem ser alternadas no recipiente até chegar ao topo. Então deve ser fechado com uma tampa e deixado assim por sete dias. Tendo passado vinte dias contínuos, a mistura deve ser mexida com uma espátula em formato de remo até o fundo, diariamente ou com muita frequência. O líquido formado a partir do que sai daquela composição é coletado, e desse modo é produzido o *liquamen* ou oenogaro. Dois sextários desse líquido são retirados

---

[39] Esse é um exemplo do alcance limitado dos repertórios de manuscritos médicos existentes e que não conseguem dar conta, compreensivamente, da aparição de receitas avulsas ou do conjunto de receitas em códices de outra natureza. A receita de garo do Cod. Sang. 899 foi notada apenas no início do século XX por pesquisadores interessados na história da abadia de St. Gall e por eles transcrita (*Mitteilungen der Antiquarischen Gesellschaft*, Zurique, 12, VI, p. VI; BIKEL, 1914, p. 99-100). Alguns anos depois, a receita foi traduzida para o inglês no estudo seminal sobre a mesma abadia realizado por Ernst Born e H. Horn (BORN; HORN, 1979, v. II, p. 184, nota 127).

e misturados com metade dessa quantidade de bom vinho. Em seguida, quatro maços de ervas secas são jogados na mistura, dill, sem dúvida, coentro e segurelha; é adicionado também um punhado de sementes de feno-grego e trinta ou quarenta grãos de pimenta aromática, três pesos de denário de costo, o mesmo de canela, o mesmo de cravo. Todos eles picados misturados no líquido; depois a composição deve ser cozinhada em panela de ferro ou de bronze até que reduza à metade de um sextário. Porém, antes de ser reduzida, é necessário adicionar meia libra de mel escumado. Quando estiver terminado o cozimento, deve ser filtrada com um saco à maneira de uma poção até que clareie. Deve estar fervendo ao passar pelo saco, bem clarificada e resfriada; preservada em um recipiente bem vedado com breu para temperar comida.[40]

---

40 A tradução foi feita a partir da verificação do manuscrito original e da transcrição de Valentine Rose (1874, p. 224-227) para *Cod. Sang. 752*. As variações existentes no *Cod. Sang. 899* dizem respeito majoritariamente à grafia de algumas palavras e não aos ingredientes utilizados ou ao modo de preparo perseguido (única exceção à sálvia-esclareia, grafada em itálico, que ali não aparece). "Confectio liquaminis quod omogarum vocant. Capiuntur pisces natura pingues, ut sunt salmones et anguillae et alause et sardine vel aringi, et fit ex eis atque ex herbis odoratis aridis cum sale compositio talis. preparatur vas bene solidum ac bene picantum, capax trior vel quattuor modiorum, sumunturque herbe aride, bene olentes tam de orto quam de agro, utputa anetum, coliandrum, feniculum, apium, satureia, scareleia, ruta, menta, sisimbrium, ligusticum, puleium, serpullum, origanum, vettonica, argimonia, et ex his in fundo vasis primus ordo consternitur. tum ex piscibus, si minores fuerint integris, si maiores in frusta concisis alter ordo componitur. super hunc tertius ordo salis binos digitos altus adicitur. atque in hunc modum his tribus herbarum et piscium salisque ordinibus supra inuicem alternantibus uas est usque ad summitatem implendum, tum addito operculo claudendum atque ita per dies septem dimittendum. quibus transactis per contínuos viginti dies cotidie bis uel ter palo ligneo in modum remi formato compositio ista usque ad fundum est commouenda. quibus expletis liquor qui de hac compositione defluxit colligitur atque in hunc modum ex eo liquamen uel oenogarum conficitur. summuntur huius liquoris sextarii duo et cum dimidio boni uini sextario commiscentur, tum quattuor herbarum aridarum singuli manipuli in hanc mixturam coiciuntur, aneti uidelicet et coliandri et satureiae *atque sclareiae*; feni greci quoque seminis pugillus unus adicitur et de aromatibus piperis grana triginta uel quadraginta, costi pondo denarii tres, cinnami similiter, caryophylli similiter. haec minute contrita eidem liquori permiscentu. tum uel in

A leitura dessas receitas permite, finalmente, formular alguns encaminhamentos à questão que organiza este item. Até o final do século VIII, o garo que predominava no centro-norte e nordeste da Europa viria do Oriente e percorreria as redes comerciais antes mencionadas para chegar a seu destino final. A partir do século IX, aproximadamente, é possível atestar centros de produção de garo em escala local. A Capitular de *De villis* talvez estivesse fazendo referência a alguns desses centros quando elenca e dispõe sobre o trabalho dos artesãos do território imperial. De fato, estudos recentes têm apontado uma revisão da importância e alcance da atividade artesanal no período carolíngio. A atividade das oficinas coletivas produtoras de utensílios domésticos, cerâmica, ânforas para transporte, dentre outros itens de consumo – localizadas em mosteiros como San Vicenzo al Volturno, Saint Denis e St. Gall, e em centros urbanos do norte da Europa – vem sendo reconhecida como elemento dinamizador da organização social carolíngia, principalmente após o século IX.[41] Pensando nisso, talvez fosse possível conjecturar que as três receitas de garo estivessem mesmo destinadas à produção local, ainda que não se possa, por ora, afirmar muita coisa sobre a extensão de seu consumo.

Artigo de prestígio, bem simbólico

Independentemente das possibilidades interpretativas para a seleção de ingredientes utilizados nas receitas de garo do século IX, vale ressaltar que sua existência responderia, antes de tudo, à necessidade do registro do saber fazer de um condimento soberano nas receitas apicianas, mas

---

férreo uel in ereo uase compositio haec tam diu coquenda est quousque ad unius sextarii mensuram perueniat. prius tamen quam percoquatur mellis despumati selibram in eam adici oportet. quae cum percocta fuerit more potionum per sacculum colari debet usque ad claritatem, feruens tamen sacco infundenda est. eliquata uero et refrigerata in uase bene picato servatur ad obsonia condienda."

41 Cf. HODGES, 2000, p. 83-92.

cujo modo de preparo não pode ser encontrado no interior do próprio receituário e nem seria mais do conhecimento comum. Dado que reforçaria, inclusive, a hipótese de que a relação de familiaridade que todos os segmentos sociais da antiga Roma possuíam com o garo, teria assumido na Alta Idade Média um caráter diverso e restrito a ambientes sociais específicos, como se verá mais adiante.

Não se pode afirmar, porém, que o garo produzido fosse destinado exclusivamente às receitas de Apício. Aliás, a partir da documentação até agora examinada, é bastante difícil apreender a trajetória pela qual passava o condimento das usinas/oficinas "ao prato". Talvez a circunscrição de seu consumo estivesse atrelada ao território dietético, seguindo uma das possibilidades de seu uso na Antiguidade, mas como exatamente isso se dava em nenhum momento fica evidente. Jean Lestocquoy (1952), na década de 1950, e Robert Curtis (1991), nos últimos vinte anos, compartilham da mesma opinião acerca do garo na Alta Idade Média: sua permanência no elenco das preferências alimentares galo-romanas, francas e carolíngias, dar-se-ia em função das propriedades terapêuticas que possuía. Curtis, particularmente, apresenta uma sólida argumentação em favor da condição medicamentosa do garo que, desde Hipócrates, é item importante da matéria médica antiga. Para ele, não há razão para se pensar que essa característica tenha se perdido na passagem do mundo antigo para o medieval. E vai ainda mais longe afirmando que o garo teria sido consumido, ainda que em menor escala, durante todo o período medieval e início do período moderno tanto no Ocidente quanto no Oriente, embora não se consiga precisar seu grau de inserção nas práticas alimentares e comerciais (CURTIS, 1991, p. 184).

No entanto, para defender um uso dietético para o garo, seria necessário resolver duas passagens aparentemente contraditórias da já citada epístola de Antimo, *De observatione ciborum*. Na primeira passagem, o garo aparece como item a ser proibido na dieta de Teodorico.[42] Já na segunda, o garo figura na sua forma composta, *hidrogario* (hidrogaro), e é mencionado apenas como um dos ingredientes na preparação de um prato denominado *afrutum* ou *spumentum* (espécie de omelete).[43] Ou seja, se consumido puro o garo não faria bem ao rei, mas como tempero de um determinado tipo de preparação culinária, não afetaria sua saúde. Embora não se possa adiantar nada sobre a fundamentação farmacológica de tais recomendações, o que parece bastante possível de afirmar é que ambas as recomendações apontam para modulações no uso dietético do garo. Sendo assim, a hipótese de Lestocquoy e Curtis não deve ser abandonada; pelo menos por hora.

As questões indicadas acima revelam que a discussão do grau de inserção do garo na Alta Idade Média não se resolverá facilmente. Além disso, ela coloca desafios interpretativos ao historiador. Porém, refletindo sobre o que foi levantado até agora, é possível esboçar o seguinte cenário. No período altomedieval, o garo, de qualquer tipo, é um produto raro e restrito a uma determinada esfera social. Seu caráter de raridade advém do fato de ser um artigo de prestígio destinado ao consumo alimentar de elite. A documentação revelou o garo em círculos de agentes políticos de peso, como reis e abadias, que o utilizavam para pagamentos de tributos de diferentes naturezas juntamente com especiarias e tecidos. Uma mudança de *status* teria, então, incidido sobre o garo, que se transformara de um produto de uso difundido na Antiguidade para algo exclusivo – difícil (mas não impossível) de ser adquirido – na Alta Idade Média.

Nesse sentido, é revelador observar a lógica que parece organizar a listagem de itens em que figura o garo nos textos relacionados ao pagamento de tributos. Nas *Formulae* de Marculfo, bem como no diploma e

---

42 "nam liquamen ex omni parte prohibemus" (ANTIMO, 1996, p. 54).
43 *Ibidem*, p. 62.

no decreto do século VIII, ele é colocado ao lado do costo, da pimenta e do cominho, especiarias tradicionalmente importadas do Oriente ou de regiões mediterrâneas e que, embora bastante apreciadas no período, não são igualmente acessíveis à toda população. Para Jean Lestocquoy, de fato, a seleção de especiarias que aparece na *tractoria* das *Formulae* faz supor o apreço por um consumo real requintado (LESTOCQOY, 1952, p. 181). Consideração que é possível estender, sem dúvida alguma, à segunda *tractoria* mencionada. Bonnie Effros (2002, *passim*) já havia mostrado que as práticas em torno da comida e da bebida no período não são sinônimo de rusticidade ou precariedade, seja no âmbito laico, seja no eclesiástico, como às vezes os mais desavisados são levados a acreditar. Já no políptico de Bobbio, embora a ordem não seja a mesma, o garo aparece juntamente com produtos pouco comuns (figos do Oriente) ou preciosos (sal) que reforçam a condição de exclusividade desses itens.

Em tempos de redes comerciais recrudescidas, a dificuldade de aquisição de certos produtos, garo inclusive, converte-os em itens exclusivos a ambientes sociais que podem bancá-los. Contudo, encerrar a explicação dentro de uma perspectiva estritamente econômica, não oferece possibilidade de compreensão mais ampla para a significação daqueles produtos no interior de uma sociedade que confere uma importância à troca social de presentes que vai, certamente, muito além da noção tradicional de comércio (WHITAKER, 1993, p. 164-165). Na Alta Idade Média, a movimentação de moedas e de artigos de prestígio insere-se em um fenômeno mais complexo, no qual a valoração econômica se dá em íntima e recíproca relação com os atributos simbólicos postos em circulação.

Nesse sentido, são fecundas as reflexões que alguns medievalistas, partindo do conceito antropológico de dom,[44] oferecem acerca do fun-

---

44 Cf. MAUSS, Essai sur le dom. Forme et raison de l'échange dans les societés archaiques, *Annales Sociologique*, 1923-1924 (tradução brasileira: *Ensaio sobre a dádiva. Forma e razão da troca nas sociedades arcaicas*. São Paulo: Cosac Naify, 2003).

cionamento de certas dinâmicas sociais do período. Mauss, no artigo que inaugura o conceito, propõe um esquema interpretativo para as trocas nas sociedades tradicionais. Segundo ele, nessas sociedades não existem "simples trocas de bens, de riquezas e de produtos num mercado estabelecido entre indivíduos". Em primeiro lugar, porque não existem indivíduos e sim coletividades que têm obrigações umas para com as outras; em segundo lugar, porque o que trocam são "amabilidades, banquetes, ritos, serviços militares, mulheres, crianças, danças, festas, feiras, dos quais o mercado é apenas um dos momentos, e nos quais a circulação de riquezas não é senão um dos termos de um contrato bem mais geral e bem mais permanente". Mauss chama a atenção para o fato de esses dons circulantes estarem atrelados ao doador original, e que a ele devem voltar sob a forma de contradom em algum momento. A tudo isso, ele designou "sistema de prestações totais" (MAUSS, 2003, p. 191). O trabalho de Maurice Godelier faz uma releitura de Mauss, e amplia as possibilidades de utilização de seu esquema sobre as trocas. O antropólogo aponta a necessidade de distinção, em certas sociedades, entre bens que não podem ser trocados (bens inalienáveis) – frequentemente aqueles relacionados às coisas que se deve dar a Deus – e aqueles que o podem ser (bens alienáveis). Essas novas ideias permitiram uma compreensão mais aproximada da realidade medieval por dar conta da evidente hierarquia e assimetria existente nas várias instâncias da ordenação social do período: entre o criador e as criaturas, entre o rei e os vários níveis de fiéis súditos.[45]

Ao olhar para a Idade Média por esse prisma interpretativo, percebe-se que o sistema de dom e contradom impregna-se tanto a atos grandiosos como doação de terras ou a fundação de mosteiros, quanto

---

Para uma síntese acerca dos rendimentos da reflexão de Mauss para Idade Média, ver MAGNANI, 2003, p. 169-193.

45 Cf. GODELIER, 2001.

à oferta de presentes comparativamente mais singelos como as joias, os tecidos e as especiarias mencionados. A adjetivação "de prestígio" no período altomedieval, pelo menos, merece ser compreendida, portanto, de maneira mais abrangente. Ao mesmo tempo que remete a um privilégio econômico, este só pode ser assim considerado porque ganha força ao integrar aquele sistema de trocas simbólicas.

Diante disso, a valoração positiva do garo poderia ser assim compreendida: o garo é, dentre outros, um símbolo de romanidade por sua imensa participação nas práticas alimentares da antiga Roma, bem como por ser, em certas variedades, atestado artigo de elite (o garo *sociorum*, por exemplo). Além disso, possui propriedades altamente benéficas que só podem ser reconhecidas por aqueles que compartilham de um saber médico herdado da antiga tradição hipocrática-galênica; saber não mais pulverizado entre diferentes camadas sociais, pelo contrário, pertencente exclusivamente ao mundo das letras, o que no caso altomedieval significa dizer restrito a certa parcela da aristocracia (e dentro dela, principalmente, o grupo eclesiástico). Dessa forma, em um primeiro nível, ter e oferecer garo rememoraria hábitos de grupos tradicionalmente associados ao poder e, conjuntamente, marcaria o anseio, ou o reforço, de pertencimento a esses grupos. Em contrapartida, receber garo proporcionaria a possibilidade de semelhante pertencimento (ainda que com as devidas assimetrias, como lembra Godelier), desde que se cumprisse a obrigatoriedade de retribuí-lo reconhecendo a condição daquele que o presenteou. Assim como com outros artigos ditos de prestígio, com o garo se criariam redes de pertencimento que atuariam na circunscrição de grupos. No caso da Alta Idade Média, redes de clientela e fidelidade em torno das famílias, religiosas e laicas, que concorriam na afirmação de seu poder em um cenário de instabilidade política.[46]

---

46 Cf. LE JAN, 2001.

***

    Esses dois últimos capítulos formam uma espécie de díptico cujas partes desfilam ingredientes apicianos. Elas escancaram sua romanidade, sua "mediterraneidade", se preferirem. Mas esse aspecto, ao contrário do que poderia indicar, não se revelou incompatível com a incorporação daqueles ingredientes pelo Ocidente altomedieval, nem mesmo pelo centro norte europeu, coração do Império Carolíngio. Isto porque, a despeito da comprovada disponibilidade ambiental, fortes razões culturais faziam deles itens cabíveis ou concebíveis no horizonte alimentar dos grupos sociais envolvidos com a cópia e o consumo de Apício na Alta Idade Média. Nos séculos carolíngios, o apelo da cultura dos antigos, cujo contato se estabelece por meio da perspectiva romana, do helenismo romano, melhor dizendo, não se limita assim ao universo da política, da economia e das artes, mas se espraia também para a mesa e seu entorno, para aí configurar formações distintas, medievais. Os elementos acionados nesse processo de configuração e incorporação serão examinados com mais vagar nos capítulos que se seguem.

CAPÍTULO 5

Temperar Apício

Na década de 1990, o historiador da alimentação canadense Terence Scully dedicou-se à investigação de alguns verbos utilizados recorrentemente em receitas culinárias da Baixa Idade Média.¹ A partir de sessenta livros de cozinha provenientes de diferentes lugares da Europa, debruçou-se especificamente sobre o verbo latino *temperare* com seus cognatos em línguas vernáculas – *stemperare* (italiano), *actremprer* (francês), *trempat* (catalão), *temper* (inglês), *temperer* (alemão) – e outros de diferente raiz, mas com sentido aparentado como *deffaire* (francês). Para Scully, as cerca de 1800 ocorrências desses verbos formam um conjunto semântico com significação particular partilhada entre os autores das receitas e seus respectivos leitores. Sua atenção é dirigida ao momento da receita em que ingredientes secos recebem algum tipo de líquido com a finalidade de se obter, por meio desse processo, um molho. Este, independentemente da textura adquirida, funcionaria como um meio de cozimento para o ingrediente principal ou poderia ser usado como guarnição do prato em sua finalização. De uma maneira ou outra, o molho acabaria por imbuir o ingrediente principal (legumes, verduras, carnes, aves, peixes ou frutos do mar) de certas qualidades adicionais inerentes a seus ingredientes constituintes.

---

1   Cf. SCULLY, 1995a, p. 3-23.

No entanto, diferentemente do que ocorre com os molhos modernos, a relação entre ingredientes que compõem o molho medieval não está pautada prioritariamente por conceitos como sabor, textura ou cor, mas pela noção de *humor* advinda da medicina antiga. Por essa razão, no contexto daquelas receitas, é de grande importância compreender a operação de transformação realizada pelos molhos e designada pelo verbo *temperare* e associados. Trata-se de algo bastante distinto de adicionar ou misturar (para essas ações, outros verbos são empregados). Em vez disso, o acento é posto na possibilidade de que propriedades de humores diferentes advindas de ingredientes distintos se combinem e confiram uma determinada qualidade ao prato finalizado (SCULLY, 1995a, p. 6).

Em muitos sentidos, a argumentação de Scully relativa às receitas da Baixa Idade Média é válida para se pensar Apício no período anterior. Evidencia-se, em ambos os casos, a presença da mesma tradição médico-culinária clássica como pano de fundo orientador das adaptações e recriações demandadas por diferentes conjunturas históricas. Tradição esta que, em alguns aspectos, se distanciará do universo culinário do século XV, quando o sentido de *temperare* começa a se esvaziar de seu conteúdo humoral (SCULLY, 1995a, p. 18).

Um livro de molhos

Já foi dito anteriormente que os molhos ocupam um lugar central nas receitas apicianas.[2] Essa característica também está presente nos livros estudados por Terence Scully. Em Apício, mais de 400 das 490 receitas detalham pratos que levam molhos, sendo que cerca da metade delas apresenta apenas as orientações para o preparo do molho, nada dizendo sobre o que fazer com o ingrediente principal. Os pontos de contato encontram-se não só na importância dada aos molhos, mas também na

---

2   O fato já havia sido notado por Jon Solomon (SOLOMON, 1995, p. 115-131).

tipologia de ingredientes utilizados, bem como na sequência de ações que envolvem o processo de sua confecção.

QUADRO 5.1. — TIPOLOGIA DE INGREDIENTES DOS MOLHOS

	APÍCIO	LIVROS DE COZINHA DA BAIXA IDADE MÉDIA
INGREDIENTES SECOS	1. ervas 2. especiarias 3. colorantes (*caroenum*, *defrutum* e *passum*) 4. espessantes (amido de trigo, ovos cozidos, *tracta*) 5. nozes, castanhas, amêndoas, pinhão (crus ou tostados) 6. frutas (ameixas, tâmaras e uvas-passas)	1. ervas 2. especiarias 3. colorantes 4. espessantes (amido de trigo, farinha de arroz, pão)
INGREDIENTES LÍQUIDOS	1. garo e seus derivados (oxigaro, oenogaro, hidrogaro) 2. elementos ácidos: produtos derivados da uva (vinagre, vinho, *coroenum*, *defrutum*, *passum*, *mulsum*) 3. azeite 4. mel 5. outros: água, caldo do que se cozinhou antes, *piperatum* (molho de pimenta), *cuminatum* (molho de cominho), leite e ovos crus (inteiros, gemas ou claras)	1. água ou caldo do que se cozinhou antes 2. elementos ácidos: produtos derivados da uva (vinagre, agraço, mosto); sucos cítricos (laranja, limão, romã) 3. leite de amêndoas ou leite de origem animal 4. ovos crus (inteiros, gemas ou claras) 5. outros: mel, óleos, purê de ervilha

O quadro 5.1. apresenta uma comparação dos ingredientes utilizados nas receitas apicianas e na amostra estudada por Terence Scully.

Distinguem-se, igualmente, duas categorias de ingredientes – secos e líquidos – com algumas subcategorias semelhantes. A seleção de ingredientes dentro de cada uma das subcategorias revela muitas vezes que opções distintas foram sendo feitas ao longo de todo o período medieval. É o caso, por exemplo, das especiarias cuja trajetória (dentre as elites pelo menos) pode ser traçada. Pimenta, cominho e costo altamente consumidos desde o Baixo Império romano cedem lugar gradativamente ao cravo-da-índia, cardamomo, galanga, gengibre, noz-moscada e malagueta, proeminentes nos últimos séculos do período medieval (LAURIOUX, 1998, p. 452-453). A julgar pelo que foi levantado nos terceiro e quarto capítulos, a Alta Idade Média, da perspectiva apiciana, permaneceria alinhada ao antigo gosto romano. De fato, as ervas e especiarias mais recorrentes nas receitas apicianas são: pimenta (476 ocorrências), levístico (175 ocorrências), cominho (114 ocorrências) e coentro (103 ocorrências).

Diferentemente das receitas baixomedievais, em Apício, não há ingredientes secos com funções colorantes. Para isso, normalmente são utilizados produtos derivados do vinho como *caroenum* (vinho reduzido provavelmente a 1/3), *defrutum* (mosto reduzido) e *passum* (vinho de uva-passa). Contudo, esses ingredientes, juntamente com vinho, vinagre e *mulsum* (mistura de vinho e mel), são mais frequentemente utilizados como elementos ácidos pertencentes à categoria de ingredientes líquidos.[3] O amido (*amulum* nas receitas apicianas refere-se especificamente ao amido de trigo) é a opção de espessante comum aos dois conjuntos de receitas. Os demais se diferenciam: em Apício, prefere-se ovos cozidos e um tipo específico de massa seca, denominada *tracta*, feita à base de trigo e água e geralmente utilizada picada;

---

3 O significado exato desses termos, no entanto, tem provocado muitas discussões. Para uma síntese a esse respeito, cf. apêndice I ao final de GROCOCK; GRAINGER, 2006.

as receitas baixomedievais optam também pela farinha de arroz e pelo pão. O grupo das nozes e das frutas foi incluído dentre os ingredientes secos, mas, como já havia observado Jon Solomon, muitas vezes não é possível determinar pelo texto da receita se esses ingredientes devem ser pilados juntos com os demais para confecção do molho ou se devem ser adicionado ao prato posteriormente (SOLOMON, 1995, p. 119).

Dentre os ingredientes líquidos, distinções são notadas particularmente no abandono do garo e de alguns produtos derivados do vinho (*caroenum, defrutum, passum* e *mulsum*). Além disso, existe em Apício uma presença marcante do azeite (338 ocorrências) e do mel (220 ocorrências), ao passo que no levantamento de Scully esses integram, juntamente com purê de ervilhas, a categoria "outros". Em contrapartida, os ingredientes líquidos preferidos nas receitas da Baixa Idade Média são caldos, água, elementos ácidos, ovos crus e leites, todos eles usados com frequência relativamente baixa em Apício.

O que se observa nos molhos presentes em Apício e nos livros da Baixa Idade Média é uma sequência de operações culinárias empregadas em seu preparo, até certo ponto, semelhante, principalmente quando comparadas aos molhos modernos ocidentais tributários da tradição francesa clássica – cujo primeiro passo é dourar cebolas e/ou alhos (suar, no jargão da área) – ou aos molhos de tradição oriental, que via de regra fritam especiarias em óleo antes da adição dos demais ingredientes. É primordial que os ingredientes secos sejam inicialmente reduzidos às menores partículas possíveis ou mesmo que sejam transformados em pó para que, em uma segunda etapa, recebam algum tipo de líquido ou pasta. No caso de Apício, a relevância desta última etapa é indicada pela utilização generosa dos verbos que designam a operação, todos compostos de *fundo* (verter líquidos) e com uma precisão técnica difícil de ser apreendida, já que, etimologicamente, são bastante aproximados, designando ora a ação de derramar líquido sobre ou de banhar em líquido: *suffundo* (106 ocorrências), *perfundo* (70 ocorrências), *infundo* (37 ocorrências), *superfundo* (8 ocorrências) e *defundo* (uma ocorrência). A partir desse momento, parece haver um encaminhamento distinto entre os dois grupos de receitas. De acordo com o levantamento de Scully, o molho quando preparado deve ser vertido no ingrediente principal para daí ser finalizado com a cocção adequada. Em Apício, devido à concisão de algumas formulações, que chegam inclusive ao laconismo, não se pode confirmar com exatidão o momento mais usual para a utilização do molho. Há um ou outro caso em que a sequência é a mesma daquela verificada por Scully:

> 2.3.2. Salsichas de sangue são feitas assim: misturarás com sangue ovos com a gema cozida, pinhões, cebola e alho-porró cortados; adicionarás pimenta moída e assim encherás uma tripa. Juntarás *liquamen* e vinho e desse modo cozinharás.[4]

No entanto, tudo indica a preferência de molhos como itens de finalização do prato, ou seja, o ingrediente principal já está pronto para ser consumido, cru ou cozido, quando recebe o molho.

> 6.2.9. Molho para perdiz, francolim e rolinha: pimenta, levístico, hortelã, semente de arruda; *liquamen* vinho puro e azeite. Esquentarás.[5]
> 6.8.8. Frango cozido em seu próprio molho: pilarás pimenta, cominho, um pouco de tomilho,

---

4   "[2.3.2] botellum sic facies: ex ouis uitellis coctis nucleis pineis concisis cepam porrum consicum ius crudum misces; piper minutum <addes> et sic intestinum farcies; adicies liquamen et uinum et sic coques" (GROCOCK; GRAINGER, 2006, p. 152).

5   "[6.2.9] in perdice et attagena et in turture: piper ligusticum mentam rutae seemen; liquamen merum et oleum. calefacies" (GROCOCK; GRAINGER, 2006, p. 226).

semente de funcho, hortelã, raiz de *laser*; cobrirás com vinagre, adicionarás tâmara e pilarás. Temperarás com mel, vinagre, *liquamen* e azeite. Servirás no molho o frango resfriado e seco.[6]

Os molhos podem ser quentes ou frios, ainda que não se saiba se quente ou frio designe a utilização de alguma fonte externa de calor ou se se faz referência à qualidade predominante que resulta da combinação dos ingredientes escolhidos:

> 8.2.5. Molho quente para cervo: pimenta, levístico, salsinha, cominho, amêndoas ou pinhões tostados; jogarás mel, vinagre, vinho, um pouco de azeite, *liquamen*, e mexerás.[7]
>
> 8.1.7. Molho frio para javali cozido: pimenta, alcarávia, levístico, semente de coentro tostada, semente de dill, semente de aipo, tomilho, orégano, cebola, mel, vinagre, mostarda, *liquamen,* azeite.[8]

Contudo, persistem os casos nos quais é impossível se avançar com precisão sobre qualquer interpretação, seja acerca do modo de preparo dos ingredientes listados, seja do tipo de cozimento, ou mesmo da relação com o ingrediente principal:

---

6 "[6.8.8.] pullum elixum ex iure suo : teres piper cuminum timi modicum feniculi semen mentam rutam laseris radicem; suffundis acetum, adicies careotam et teres. melle aceto liquamine et oleo temperabis. pullum refrigeratum et mittis siccatum, quem perfusum inferes" (GROCOCK; GRAINGER, 2006, p. 232).

7 "[8.2.5.] iura feruentia in ceruo: piper ligusticum petrosilenum cuminum [suffundes] nucleos tostos aut amigdala; <suffundes> mel acetum uinum oleum modice liquamen et agitabis" (GROCOCK; GRAINGER, 2006, p. 266).

8 "[8.1.7.] ius frigidum in aprum elixum: piper careum ligusticum, coriandri semen frictum, aneti semen, apii semen, tymum origanum cepulam mel acetum sinape liquamen oleum" (GROCOCK; GRAINGER, 2006, p. 264).

> 3.19.2. Outra receita de alcachofra-brava: pilarás arruda, hortelã, coentro, funcho, todos frescos; adicionarás pimenta, levístico, mel, *liquamen* e azeite.[9]

Triturar, pilar, esmagar, picar, cortar constituem ações fundamentais no processo de preparação do molho medieval, daí o quase monopólio do pilão que, no caso de Apício, é raríssimas vezes mencionado, mas fica subentendido por meio de verbos que o pressupõe, como *tero* (triturar, pilar; 172 ocorrências), *contero* (despedaçar, romper; 11 ocorrências), *frico* (friccionar, esmagar; 72 ocorrências) e *confringo* (despedaçar, romper; 20 ocorrências). O processo parece ser tão comum que em alguns casos os próprios verbos são omitidos e a receita resume-se a uma sequência de ingredientes:

> 1.29. Molho de cominho para ostras e mariscos: pimenta, levístico, salsinha, hortelã seca, *folium malabarthrum*, muito cominho, mel, vinagre e *liquamen*.[10]
>
> 1.31. Oenogaro para trufas: pimenta, levístico, coentro, arruda, *liquamen*, mel, vinho e um pouco de azeite.[11]

Nos dois conjuntos de receitas em questão, percebe-se que, a despeito da mudança na seleção de ingredientes de cada uma das subcategorias, a estrutura de preparo dos molhos é a mesma e visa, igualmente, temperar o ingrediente principal. Em Apício, mais especificamente,

---

9 "[3.19.2.] aliter carduos: rutam mentam coriandrum feniculum omnia uiridia teres; addes piper liguticum mel liquamen et oleum" (GROCOCK; GRAINGER, 2006, p. 170).

10 "XXVIII CYMINATUM IN OSTREA ET CONCILIA: piper ligusticum petrosilenum mentam siccam folium malabatrum cuminum plusculum mel acetum et liquamen" (GROCOCK; GRAINGER, 2006, p. 140).

11 "XXXI OENOGARVM IN TVBERA: piper ligusticum coriandrum rutam liquamen mel <uinum> et oleum" (GROCOCK; GRAINGER, 2006, p. 142).

foram verificadas 92 ocorrências de verbos que podem ser traduzidos literalmente por temperar: *tempero* e *contempero*. Contudo, verbos como *condio* (condimentar; 22 ocorrências) e todos aqueles que designam a operação de regar, misturar e verter líquidos, mencionados anteriormente, poderiam remeter ao mesmo campo semântico de temperar.

A elasticidade desse campo fica explícita pela variedade de termos utilizados para temperar por especialistas em algumas das traduções mais recentes de Apício. Para o francês, Jacques André utiliza frequentemente *meller*, *travailler* e *mouiller* (*Apicius*, 1987). Já Christopher Grocock e Sally Grainger propõem três possibilidades para o inglês: *blend*; *balance* ou *temper*; *flavour*, fazendo uso da Introdução da edição para explicar as nuances entre elas (2006, p. 87-88). Uma variedade de opções que, sem dúvida, revela possibilidades de ações distintas pertencentes ao campo do temperar (umedecer, misturar, trabalhar, deixar agir etc.). De qualquer maneira, em nenhum dos casos, os editores-tradutores encaminham a questão para a problemática dietética. Contudo, acredito ser bastante provável que o uso dos verbos temperar, e seus sinônimos, nos textos apicianos deva ser entendido como correção ou produção de determinadas qualidades, na mesma linha interpretativa que historiadores da alimentação têm proposto para livros de receitas baixomedievais (e mesmo alguns renascentistas).

A questão deve ser ainda posicionada dentro de um escopo mais amplo que abriga um elemento de enorme importância: a digestão. Desde a Antiguidade, esta era entendida como um processo de cozimento biológico realizado pelo calor do corpo. De acordo com a medicina hipocrática, esse processo se dava dentro do estômago; para Galeno, acontecia ao longo do estômago, veias e fígado (GALENO, 2000, p. 8). De qualquer forma, a mistura (*crasis*) das qualidades dos alimentos ingeridos se realizava por meio dessa digestão-cozimento (*pepsis*). Durante a produção de calor que caracterizava a *pepsis*, as qualidades próprias de cada alimento eram perdidas e um novo equilíbrio poderia ser construído dependendo da combinação das qualidades dos alimentos em questão.

A operação de balancear humores e suas qualidades dentro dos corpos era tão fundamental quanto aquela que se dava fora deles, antes do alimento ser ingerido, mais precisamente ao longo de seu preparo e cocção. A comida preparada adequadamente deveria levar em conta escolhas e combinações de ingredientes entre si e dos ingredientes em relação ao seu comensal. Balancear, em outros termos, era uma forma de corrigir as qualidades de um alimento pela adição de outros ingredientes individualmente ou sob a forma de molhos, ou seja, temperar. Por esse raciocínio e pensando especificamente na ação dos molhos, a combinação adequada seria, portanto, aquela em que as qualidades dos ingredientes do molho contrabalançassem as qualidades do ingrediente principal – via de regra, pela oposição de contrários: molhos quentes para comidas qualitativamente frias; molhos frios para comidas qualitativamente quentes, e assim por diante – conferindo-lhe, dessa forma, qualidade condizente ao temperamento de seu comensal, consequentemente, sendo-lhe benéfico à saúde.

Em tese, apenas a posse de um conhecimento dietético por parte dos cozinheiros explicaria o sentido da operação de produção de qualidades na qual o molho é o principal veículo. Pelo menos é isso que também defende Terence Scully. No mesmo trabalho, o historiador lembra que obras como aquelas dos médicos italianos Aldobrandino de Siena (*Régime du corps*, 1256) e Maino de Maineri, às vezes chamado Magninus de Milão (*Regime sanitatis*, c.1331-1334, e *Opusculum de saporibus*, c.1245?) possibilitariam o aprendizado das qualidades dos ingredientes e orientariam os mestres de cozinha daquele tempo acerca de como proceder escolhas corretas quando da preparação de um determinado prato.¹² Como Scully, Jean-Louis Flandrin (1990, p. 486) concorda serem os preceitos dietéticos os elementos que conferem arcabouço de significação às seleções e combinações encontradas nas receitas medievais: "O gosto medieval era em grande medida formado com base em crenças dietéticas". E mesmo quando a razão que primeiramente explicava tais escolhas era esquecida, a prática poderia permanecer incrustada no cotidiano da sociedade em questão (caso do consumo europeu de melão com sal, ou presunto, no início da refeição ser originalmente explicado pelo preceito dietético que considerava o sal um corretivo com função de evitar a putrefação do melão no estômago – seu "calor" contrabalançaria o "frio" da fruta) (FLANDRIN *apud* ALBALA, 2002, p. 243). Essa ideia está constantemente presente nas reflexões sobre a alimentação e a cozinha medieval deixadas por Flandrin.¹³ Para ele, o universo culinário medieval deveria ser compreendido dentro de uma cronologia mais dilatada, uma vez que enxergava um denominador comum – cozinha alimentada pela medicina – no cotejamento de receitas e textos médicos não só do período estudado por Scully, mas para além dele, avançando nos séculos XV, XVI e XVII.

De modo semelhante, Bruno Laurioux entende que a dietética fornece elementos teóricos importantes de serem considerados no exercício de compreensão da cozinha baixomedieval. No entanto, parece não atribuir a ela o mesmo peso dado por Scully e Flandrin; para ele, a questão é espinhosa. Diferentemente daqueles historiadores que, na

---

12 Cf. SCULLY, 1995a, p. 7-9 e *passim*.

13 O dossiê *Alimentation et médicine, Histoire de l'alimentation occidental*, publicado pelo site do Observatoire Cniel des Habitutes Alimentaires (Ocha), reúne onze textos nos quais Jean-Louis Flandrin desenvolveu reflexões especificamente relacionadas à contribuição da dietética para a formação do gosto ocidental. Disponível em: <http://www.lemangeur-ocha/auteurs/detail/auteur-texte/0/alimentation-et-medecine/disp>. Acesso em: 20 nov. 2009.

sua leitura, apresentam a cozinha medieval como uma verdadeira "dietética em ação", Laurioux revela um cenário bem mais complexo. Para ele, o mesmo *corpus* textual investigado pelos demais pesquisadores – ou seja, textos médicos e culinários da Baixa Idade Média – evidenciou diversidade de abordagens e premissas, divergência no que diz respeito à combinação de ingredientes, e mesmo posicionamentos contraditórios. Assim, para Laurioux, a relação entre medicina e cozinha, embora orientadora de princípios básicos para o preparo de alimentos, não se expressaria de maneira tão clara e direta.[14]

De qualquer maneira, esses três historiadores estão de acordo no que diz respeito à grande ruptura entre cozinha e medicina dar-se apenas no período compreendido entre os séculos XVIII-XIX, com a consolidação dos paradigmas científicos modernos. Descobertas no campo da química e da fisiologia experimental desconsiderarão o corpo de conhecimento da dietética antiga como fundamento para escolhas alimentares. O aspecto relacional comida-comensal é abandonado e os alimentos passam a ser distinguidos por suas propriededades físico-químicas e nutricionais, sendo por elas categorizados objetiva e excludentemente como bons ou ruins. A gastronomia nascente na França naquele período incorporará essa racionalização das ciências modernas. Não é sem razão que se queria ciência-arte e que estabeleceu para si paradigmas também objetivos: a noção de bom gosto cuja expressão culinária mais perfeita encontrava-se na cozinha clássica francesa.

Assim, o que então pode parecer divergência entre Scully e Flandrin, de um lado, e Laurioux, de outro, é na verdade apenas uma questão de determinação do alcance e da medida sobre os quais a relação entre cozinha e medicina foi sendo tecida ao longo de todo o

---

14 Cf. LAURIOUX, 2006a.

período medieval.[15] Em termos gerais, para a investigação do contexto baixomedieval, é possível estabelecer a existência de duas circunscrições distintas, a do médico e a do cozinheiro. O primeiro estaria envolvido na elaboração de uma dieta que incluiria comidas com qualidade condizente com o temperamento humoral de seu comensal (a dieta, nesse caso, seria um meio de manter a saúde), além de preparações com funções terapêuticas visando restaurar a saúde ou curar algum mal específico. Já o cozinheiro se ocuparia de refeições destinadas a um conjunto de pessoas de temperamentos variados e, portanto, orientadas por critérios mais genéricos preocupados em oferecer combinações de comidas relativamente seguras para a grande maioria de comensais. Essas circunscrições, de alguma maneira, em menor ou maior grau, se comunicariam, trocariam experiências e talvez até se influenciassem mutuamente, sem que se consiga, até o estado atual das pesquisas, determinar qual delas teria premência sobre a outra.

Para a Alta Idade Média, que não constitui objeto de estudo de nenhum dos historiadores citados, o terreno permanece pouco iluminado, ainda que Massimo Montanari (1988a, p. 206-220) tenha vislumbrado uma clara aproximação entre cozinha, dieta e medicamento. Parece-me oportuno, então, voltar a Apício, buscando agora investigar se existiria de fato uma translação de conceitos médicos para a prática culinária, e se esses orientariam as operações designadas pelos verbos que remetem ao campo semântico de temperar.

---

15   Em relação ao Renascimento, Albala é um tanto pessimista. O historiador conclui não ser possível precisar com exatidão se os princípios das teorias humorais orientavam de fato os hábitos alimentares no período ou se os autores dietéticos meramente acomodavam em suas teorias práticas culinárias correntes. Trata-se, em última instância, do dilema do ovo ou da galinha: "ultimately, this is a chicken or egg dilemma" (cf. ALBALA, 2002, p. 241).

Tempero, temperança

A problemática que encerra o item anterior me faz pensar se o campo semântico de temperar não estaria total ou parcialmente sobreposto, a outro campo, mais concreto, de ação. Mais precisamente, um campo que equacionaria todos os saberes até aqui levados em consideração: de um lado, o pensamento cristão sobre a comida e o corpo de conhecimentos médicos (dietéticos e farmacológicos); de outro, certos "dados de realidade", ou seja, a disponibilidade ambiental e cultural dos ingredientes necessários para a prática das receitas apicianas. Tratar-se-ia do campo povoado de homens exercendo a função de mediadores entre a ideia e a matéria para, a partir daí, produzir comida, cozinhar. Chegar mais perto desses homens é, contudo, tarefa que a documentação, seja ela de qualquer natureza, nem sempre facilita. De todos que por ali poderiam circular, apenas os monges aparecem, novamente, como em tantos outros momentos deste livro, com contornos menos obscuramente delineados.

Dessa perspectiva, a noção norteadora é aquela que a ação designada pelo verbo *tempero*, e seus associados, ganha no contexto do monasticismo. Temperar pauta-se, assim, pelo sentido médico decorrente da teoria dos humores, como discorrido no início do capítulo, amalgamado a um sentido teológico, resultando em uma operação bastante conveniente e positiva do ponto de vista cristão. De acordo com a teologia católica, a temperança é a quarta das virtudes cardeais que, ao contrário da intemperança ou destemperança, só pode ser alcançada por meio da moderação (*temperies*) dos prazeres sensíveis.[16] Lembro também que a prática da moderação em terreno culinário já aparecia no discurso sobre a comida apresentado no segundo capítulo. Na tradição dos Pais

---

16   As demais virtudes cardeais são: prudência, justiça e força. Cf. VACANT; MANGENOT, 1910-1946, v. 15', col. 94-99.

do Deserto, desde Evágrio pelo menos, persiste uma noção de que a comida excessivamente condimentada destempera. Alcuíno, na passagem extraída de seu tratado sobre vícios e virtudes,[17] reforça que todo o vício que envolve a comida reside na sua capacidade de provocar a intemperança. Tal destempero, como tentei mostrar, vem associado a pratos requintados e às preparações demasiadamente cuidadas.

Como se viu pelos capítulos precedentes, nos séculos VIII e IX, uma boa parcela do meio monástico estava familiarizada com a medicina antiga, sendo uma menor parte desse grupo também agente na produção de conhecimento sobre o tema. No âmbito das atividades que lhes eram atribuídas e das demandas cotidianas da comunidade, esses monges acabariam por colocar esses conhecimentos médicos em prática, inclusive, muito provavelmente, na cozinha. A *Regra* de São Bento, majoritária no período carolíngio, atribuía a função da cozinha em sistema de rodízio semanal a todos os monges da comunidade. Além de atividades ligadas especificamente ao preparo culinário, cabia ao semanário da cozinha a limpeza de utensílios e o serviço das mesas ("os irmãos se servirão e ninguém será dispensado do ofício da cozinha, apenas se estiver doente ou ocupado com coisa de interesse maior.").[18] A *Regra* não é clara acerca da presença de ajudantes e da divisão de trabalho entre estes e os monges responsáveis pela cozinha. Esse aspecto, porém, pode ser inicialmente esclarecido pelas determinações previstas para o mosteiro de Corbie encontradas nos *Estatutos* de Adalardo (c. 822). Na realidade, a descrição que se segue é talvez a mais vívida que se consegue obter do trabalho que idealmente deveria ser realizado no interior de uma cozinha monástica altomedieval:

---

17 Cf. nota 35, capítulo 2.
18 "Fratres sibi inuicem seruianta, ut nullus excusetur a coquinae officio, nisi aut aegritudo, aut in causa grauis utilitatis quis occupatus fuerit, [...]" (LA RÈGLE..., v. 182, p. 564 e 566).

Para os laicos, há uma clara advertência: ninguém deve entrar [na cozinha] quando os *pulmentaria* estiverem sendo preparados ou servidos; também não se pode entrar ali no momento em que os irmãos estiverem fazendo as refeições e, logo depois, quando os ministros estiverem fazendo suas refeições. Mas se houver alguma comida que seja designada para ser preparada com antecedência, e posteriormente limpa, ou especialmente cuidada por laicos, deve haver alguma janela, nicho ou abertura fora da cozinha por onde os irmãos possam pegar a comida para ser preparada ou levar a comida para ser limpa. Isso, para que, em nenhuma ocasião, tenham que entrar na cozinha. Ervas de qualquer tipo que devam ser transformadas em *pulmentarium* devem ser entregues, lavadas e agrupadas; de maneira semelhante, o peixe, sempre que necessário, deve ser limpo e pesado. Todas as variedades de legumes devem ser lavadas e preparadas, assim como outros produtos semelhantes. Os laicos devem executar essas tarefas inteira e honestamente fora da cozinha quantas vezes forem necessárias e nos locais designados para tal. Devem ser bastante cuidadosos ao colocar ou empilhar a comida no local onde os irmãos possam pegá-la convenientemente. E, como já foi dito, devem evitar completamente entrar na cozinha nas horas proscritas. Além disso, qualquer madeira recolhida, cortada ou preparada deve ser entregue através da janela de qual falamos ou através de uma abertura conveniente.[19]

---

19 "De laicis autem haec est una et definita sententia. Ut, quamdiu ibi aut pulmentaria preparantur aut preparata ministrantur, sive quando fratres prius generaliter sive quando postmodum ministri reficiuntur, nullus ingrediatur. Si vero talia aliqua aut prius preparanda aut postmodum mudanda vel curanda fuerint que laicis deputata sint, fenestra aut locus aut ostium, extra coquinam talis constitutus sit, ubi fratres

Esse trecho permite algumas considerações. Em primeiro lugar, o ingresso semanal obrigatório, ainda que rotativo, de monges na cozinha lhes conferiria familiaridade com atividades culinárias como limpeza, preparo, cocção e serviço. No caso de Corbie, existia uma clara divisão de trabalho. Os laicos ficavam encarregados de todo o pré-preparo (limpeza, cortes e agrupamento), já aos monges cabia a parte mais elaborada, que envolvia a execução dos pratos propriamente dita. Ervas, legumes e peixes de variedades distintas que lhes chegavam às mãos precisavam ser transformados em comida. A hierarquia de funções é evidente. Os monges detinham as operações mais complexas que demandavam o uso de conhecimentos especializados para confecção e finalização adequadas das preparações a serem consumidas pela comunidade. Do meu ponto de vista, esses conhecimentos provinham de lugares distintos: uma parcela deles pertencia ao patrimônio culinário tradicional compartilhado pela sociedade agrária como era a medieval (saberes transmitidos oralmente e de forma difusa, cuja razão de ser perdera-se no fio do tempo), a outra tinha origem em fundamentos da dietética clássica conhecida por meio das obras que circulavam entre as bibliotecas do período. Em se tratando de um grupo religioso, haveria

---

vel preparanda suscipiant vel mudanda referant ubi ea illi vel ponere vel posita recipere possint, ut tamen nullam occasionem, pro qua coquinam ingrediantur, habeant. De quibus haec ínterim memoriae occurrunt, ut sunt herbe cujuslibet generis unde pulmentarium fieri debeat afferende, mudande, ordinande; similiter pisces, quando opus fuerit exinterandi, exquamandi; ligumina diversi generis lavanda vel preparanda, sive cetera vel his simila que tamen omnia extra coquinam, in locis sibi deputatis, plenissime et honestissime, quotiens necesse fuerit, agere studeant; in loco apto ubi a fratribus congrue suscipi possint studiosissime ponere vel cumponere studeant; et tamem, ut dictum est, ab ingressu coquine predictis temporibus funditus abstineant. Ligna quoque similiter que conportanda, scindenda vel congrue preparanda sunt, per fenestram, ut diximus, aut per oportunum introitum ita habundanter inmittantur ut nec illis introite ad fratres nec frates ob hoc ad eos exire necesse sit" (LES STATUTS..., v. XIII, p. 368-369. Uma tradução para o inglês, com comentários, pode ser encontrada em JONES, Charles. The Customs of Corbie. In: BORN; HORN, 1979, v. 3, p. 93-123).

uma conjugação particular daqueles conhecimentos de maneira a atender especificidades e contingências próprias àquele grupo social.

Voltando agora a pensar sobre o papel que os molhos exercem na comida, como discutido anterirmente, e na inserção dos monges nas cozinhas e nos assuntos médicos, é possível avançar supondo que Apício teria sido compreendido por seus leitores monásticos medievais não como um livro de cozinha da Roma antiga estritamente associado à gula ou a outros prazeres sensuais, mas como um livro de receitas que oferecia uma enorme variedade de preparações culinárias que poderiam ser boas e seguras desde que seus molhos fossem orientados pelo conhecimento dietético disponível, funcionando consequentemente como um meio de temperar a comida física e moralmente.

Mesmo assim, não se pode negar que um véu de ambiguidade envolve a existência de Apício. Afinal, ainda que sua função tenha sido temperar preparações culinárias, ele pode, caso a constituição qualitativa de seus ingredientes e a combinação executada não seja adequada, destemperar, ameaçando a temperança, tanto do ponto de vista dietético, quanto teológico. Contudo, o que pode parecer um argumento para desmontar a possibilidade de uso das receitas apicianas no período (ou parte delas), é para mim, contrariamente, a fresta que permitiu Apício adentrar a Alta Idade Média, suas cozinhas e seus "salões hipocráticos", para usar uma expressão de Alcuíno:

> Os médicos acorrem sem demora aos salões hipocráticos
> Esse abre veias, esse mistura ervas em uma panela
> Aquele cozinha caldos, mas outro carrega poções
> E, todavia, ó médicos, em tudo vos detendes alegremente

Para que por vossas mãos esteja presente a benção de Cristo.[20]

O poema permite vislumbrar algo dos médicos em ação. Embora o cenário não seja uma cozinha, o que se percebe é que as operações performatizadas pelos médicos nos salões hipocráticos em nada distinguem formalmente daquelas observadas em uma cozinha monástica: mesmas técnicas (misturar, cozinhar e preparar), mesmos utensílios (panelas), mesmos ingredientes (ervas) e mesmo produto final (caldos e poções). O próprio termo "*pultes*" é carregado de ambiguidades, assim como pode designar caldo, papa ou mingau, também significa, genericamente, refeição.[21] Colocando lado a lado um dos exemplos de receitas apicianas que carrega prescrição explicitamente médica, investigado no terceiro capítulo, e uma receita extraída de um tratado modernamente classificado como farmacológico, *De materia medica* de Dioscórides, eu diria que é um tanto difícil, sem conhecimento prévio, determinar com precisão se a preparação teria origem em um salão hipocrático ou em uma cozinha.

3.2.1. *Pulmentarium* para digestão. Ferverás acelgas cortadas em pedaços e alhos-porós em conserva; arrumarás em uma caçarola. Pilarás pimenta, cominho, umedecerás com *liquamen*, vinho de uva passa, até que fique com certo dulçor. Faças com que ferva; quando tiver fervido, servirás. De maneira semelhante, colocorás polipódio[22] em água quente. Quando tiver amolecido, tirarás a

---

20 "Accurunt medici mox Hippocratica tecta/Hic venas fundit, herbas hic miscet in olla/Ille coquit pultes, alter sed pocula praefert/Et tamen, O medici, cunctis impendite gratis/Ut manibus vestris adsit benedictio Christi" (ALCUÍNO, *Carmina XXVI*, p. 245).

21 DU CANGE, 1937-38, v. VI, col. 566c.

22 Cf. nota 149.

pele, cortarás e colocarás em uma caçarola quente com pimenta e cominho triturado, e servirás.²³
Caldo de peixes frescos. O caldo de peixe fresco relaxa o ventre, às vezes é bebido puro, outras vezes com vinho. É feito, particularmente, de lúcios, peixes-escorpião, peixes-donzela, de percas e outros peixes de rocha de carne macia e sem hediondez, simplesmente em água, sal, azeite e dill.²⁴

Aliás, o que definiria exatamente, do ponto de vista espacial, um salão hipocrático de uma cozinha? Apesar da única documentação iconográfica do período (a planta com o projeto de reconstrução arquitetônica do mosteiro de St. Gall), indicar a intenção de se construir seis cozinhas diferentes, cada uma servindo a propósito e grupos específicos (abade, monges, noviços, hóspedes distintos, doentes, peregrinos e pobres), investigações arqueológicas apontam como panorama geral, a inexistência de um espaço especializado construído e designado somente às atividades culinárias (seja interno ou externo à edificação de moradia) (LEVALET, 1978, p. 225-244). Nesse sentido, a planta de St. Gall parece ser a exceção que confirma a regra.

Resultante de um esforço de abstração intelectual próprio e restrito a alguns ambientes envolvidos com o Renascimento Carolíngio, a planta revela, sem dúvida, um interesse pelos temas alimentares e por sua gestão espacial. No entanto, a necessidade de uma especialização

---

23 "II [3.2.1] PVLMENTARIVM AD VENTREM. Betas minutas et porros requietos elixabis; in patina conpones. teres piper cuminum, suffundes liquamen passum ut quaedam dulcedo sit. facias ut ferueat; cum ferbuerit, inferes. similiter polipodium in tepidam mittes. ubi mollierit rades et minutum cum pipere et cuminum tritum in patenam feruentem mittes et uteris" (GROCOCK; GRAINGER, 2006, p. 158).

24 "El caldo de pescados frescos – El caldo de pescados frescos relaja el vientre, unas veces bebido por si solo, otras veces con vino. Se hace, en particular, para esto de chaparrudas, de escorpiones, de doncellas, de percas y de otros peces de roca de carne blanda y carentes de hediondez, simplemente en agua, sal, aceite y eneldo" (DIOSCÓRIDES, 1998, p. 250).

dos espaços onde se faz comida e daqueles onde se faz medicamento não parece encontrar raízes nas práticas alimentares da sociedade de forma geral. A questão é complexa, pois se analisada apressadamente, poderia corroborar algumas perspectivas de estudo que entendem a planta de St. Gall meramente como proposição de um modelo teórico ideal de mosteiro sem nenhum imbricamento com a realidade social.[25] Penso que do ponto de vista artístico e arquitetônico as mentes de vanguarda do Renascimento Carolíngio entreviam uma necessidade de especialização entre medicina e culinária que a sociedade ainda não concebia como algo pensável. Haveria aqui então um descompasso entre os dispositivos intelectuais acionados para refletir sobre questões espaciais e a disposição para tornar a cozinha cotidiana um objeto de reflexão. Apesar da proposta da planta responder a anseios genuínos de alguns homens do período, suas soluções arquitetônicas são muito mais recebidas e incorporadas a edificações claustrais e abaciais do que propriamente aquelas ligadas aos espaços médicos ou culinários que por muito tempo permanecerão em contiguidade.

Na Alta Idade Média, fazia-se comida, portanto, dentro e fora das cozinhas. E talvez esse aspecto elucidasse por que os ofícios do cozinheiro e do médico aparecem algumas vezes atrelados ao mesmo meio social, caso da passagem dos *Dez Livros de História* de Gregório de Tours, por meio da qual se descobre que os parentes de Marileifo, médico da corte do rei merovíngio Chilperico, ocupavam funções ligadas ao moinho da igreja, à cozinha e à padaria reais.[26] No exemplo merovíngio, o pertencimento dessas ocupações profissionais a uma camada

---

25 Cf. HEITZ, 2000.

26 "Marileifum vero, qui primus medicorum in domo Chilperici Regis habitus fuerit, [...]. Servitium enim patris eius tale fuerat, ut molinas aecclesiasticas studeret, fratesque ac consubrini, vel reliqui parentes colinis dominicis adque pistrino subiecti erant" (GREGÓRIO DE TOURS, *Libri historiarum X*, VII.25, p. 344-345).

baixa da sociedade é evidente, ainda que não se possa afirmar que todos os praticantes da medicina fizessem parte de um grupo homogêneo que recebia, indistintamente, o mesmo tipo de reconhecimento social. Não se deve esquecer que, até pelo menos o século XIII, a composição e a aplicação de medicamentos, bem como cirurgias, eram realizadas tanto por indivíduos denominados médicos (*medicus*), quanto por cirurgiões (*cirurgicus*), farmacistas (*apothecarius*) e curandeiros populares – e ainda pelos santos –, sem que se possa, no estado atual das pesquisas, discriminar com precisão suas especificidades (MACKINNEY, 1965, p. 24; FLINT, 1989, p. 127-145).

Mas, voltando à questão da sobreposição da cozinha e dos salões hipocráticos e tentando forçar um ponto de diferenciação entre as ações realizadas naqueles dois espaços, poder-se-ia dizer que os cozinheiros, mesmo lançando mão dos mesmos procedimentos formais que os médicos, elaborariam preparações com a intenção de fazer bem e agradar comensais de maneira geral, ou seja, não acometidos por nenhum mal em particular. Já aos médicos caberia preparar comidas e poções com finalidades especificamente direcionadas a males nomeados. Nesse caso, é ainda Alcuíno, em outra de suas cartas, que pode ser lembrado para oferecer mais detalhes sobre as operações em jogo:

> Médicos estão acostumados a fazer certo tipo de medicamento a partir de diferentes tipos de ervas, ainda que eles não se considerem criadores das ervas ou de qualquer tipo de droga por meio de cuja composição a saúde é recuperada, mas eles dizem ser apenas servidores ao coletar e ministrá-las em um corpo.[27]

---

27 "Solent namque medici ex multorum specibus pigmentorum in salutem poscentis quoddam medicamenti componere genus, nec se ipsos fateri praesumunt creatores herbarum vel aliarum specierum, ex quarum compositione salus efficitur egrotantium, sed ministros esse in colligendo et unum pigmentaria manu conficiendo corpus [...]" (ALCUÍNO, *In Evangelium Joannis*, col. 744).

Assim a sobreposição entre comida e medicamento, tão insistida no plano discursivo ao longo de todos esses capítulos, se reforça também quando observada da perspectiva da prática culinária exercida nos ambientes monásticos. Estivesse o monge no exercício de suas funções semanais na cozinha ou nos salões hipocráticos, é bastante provável que ele tivesse condições de temperar (no sentido amplo aqui trabalhado). No entanto, pela força do pensamento cristão sobre a comida já examinado anteriormente, a balança sempre penderá para a perspectiva do medicamento. Talvez seja essa força, inclusive, o motor de um vívido interesse pela medicina no período. Curiosamente, mosteiros e figuras com proximidade geográfica e cultural com Apício estão dentre aqueles em que a atividade médica se destaca.

Volto a Alcuíno, pois além de importante representante do pensamento cristão sobre a comida, ele se constitui igualmente referência na definição da arte médica: "medicina é a ciência cujo objetivo é atingir a cura e o temperamento do corpo".[28] Definição que reverberará posteriormente, como se percebe pela cópia da citação de Alcuíno em *De universo*, de Rábano Mauro (c. 780-856), e na carta do bispo Ermeric de Passau dirigida ao abade Grimaldo de St. Gall no final do século IX.[29] Enquanto a relação deste último com a prática médica parece ser indiscutível – Grimaldo, além de abade, era o médico chefe do mosteiro – a proximidade do primeiro com a medicina não é um consenso.

Especificamente contemporâneo ao período de escritura dos textos apicianos, Rábano Mauro recebeu suas ordens em Fulda, estudou em Tours sobre orientação de Alcuíno, depois retornou à Fulda para dirigir a escola monástica e, posteriormente, o mosteiro. Até pouco

---

28 "medicina est scientia curationum ad temperamentum et salutem corporis inventa" (ALCUÍNO, *Dialogus de rhetorica et virtutibus*, col. 947).

29 ERMENRICI Elwangensis, p. 541; RÁBANO MAURO, *De universo*, XVIII, 1, col. 413.

tempo, a célebre passagem de sua *De clericorum institutione* – obra que fornece os requisitos necessários àqueles que pretendiam receber as ordens sagradas e que inclui, dentre coisas como retidão de vida, conhecimento das escrituras, e o conhecimento de diferentes remédios contra doenças variadas[30] – era interpretada como evidência da necessidade de uma educação em medicina para clérigos (MACKINNEY, 1979, p. 94). Contudo, recentemente, essa hipótese foi posta em questão. Com base na análise da obra citada e de outras obras de autoria de Rábano, sugeriu-se que o beneditino recorria constantemente a metáforas médicas com propósitos unicamente retóricos usados para abordagem de assuntos espirituais (PAXTON, 1995, p. 233-234). Assim, ainda que próximo a Alcuíno, cujo interesse pelo conhecimento prático da medicina é evidente, não seria possível encontrar nas obras de Rábano o mesmo tipo de alinhamento de seu mestre. Embora reconhecesse que a medicina terrena fosse integrante da atuação do clérigo, para ele o acento deveria ser posto claramente no trabalho dos médicos da alma:

> Há médicos do corpo e médicos da alma, assim como uns curam as doenças do corpo por meio de remédios de ervas, outros sanam as doenças da alma por meio de preceitos divinos. Uns e outros são honrados, mas os médicos espirituais são merecedores de maiores reverências, pois sua obra dura mais e é mais salutar.[31]

---

30 "Institutio ergo ecclesiatica qualiter ad divinum officium instrui oporteat ordinem clericorum [...] differentiam medicaminum contra varietatem aegritudinum [...]" (RÁBANO MAURO, *De clericorum institutione*, col. 377).

31 "Sunt corporales medici, sunt et spiritales; sed sicut corporales per herbarum medicinam curant corporum aegritudines, ita et spiritales per divinorum praeceptorum medelam sanant animarum infirmitates. Utrique ergo cum honorem habendi sunt, sed spiritales eo majoris reverentiae sunt praeferendi, quo eorum opera magis diuturna et magis salubria constat inveniri" (RÁBANO MAURO, *Commentaria in Ecclesiasticum*, col. 1030).

Além da posição de Rábano Mauro não me parecer muito distinta daquela anunciada por Alcuíno na passagem de sua carta citada um pouco antes (Deus trabalha em cooperação com a medicina, e a cada um compete uma atribuição diferente e hierarquicamente organizada), basta para pensar Apício o reconhecimento de que os médicos do corpo, também honrados, tinham um papel a exercer. A arte de confeccionar preparados de ervas necessita, de alguma forma, ser conhecida – como de fato já o era, haja visto o poema de Alcuíno referido anteriormente. Particularmente interessado nesse e em outros aspectos práticos da medicina, era Walafrido Estrabão, pupilo de Rábano Mauro em Fulda, já mencionado pela rica descrição que fornece da farmacopeia em *Hortulus*. Em seu pequeno manual de uso pessoal (Cod. Sangall 878), encontram-se uma das cópias de *De observatione ciborum* de Antimo, trechos de Isidoro de Sevilha, Beda, um calendário, obras sobre gramática, astronomia, cômputo e história e, o que quero destacar, algumas receitas.[32] Além do declarado interesse por esse tipo de literatura, chama atenção também o fato de anteceder uma das receitas ali copiadas pela mão do próprio Walafrido[33] a anotação "a ciência dos médicos é, com efeito, utilíssima para os mortais". A anotação é reveladora da possibilidade de convivência não conflitiva de concepções distintas das práticas de cura no período – o que merece destaque no interior da circunscrição geográfica atrelada a Apício.

Não tão distante de Fulda, o mosteiro de St. Gall teve vários abades interessados na prática médica (dois deles são especialmente lembrados: Grimaldo, já referido, para quem Walafrido Estrabão dedica *Hortulus*, e Iso, que foi o médico responsável pelo mosteiro no ano de

---

32   O códice está disponível em: <http://www.e-codices.unifr.ch/en/csg/0878>. Acesso em: 17 ago. 2011. As receitas aparecem ao longo dos fólios 331-334, 372-373 e 392-393.

33   BECCARIA, 1956, p. 391-393; BISCHOFF *apud* PAXTON, 1995, p. 245, nota 51. A anotação "Medicorum scientia mortalibus vel utilissima est" aparece no fólio 393.

865), o que provavelmente está ligado à grande quantidade de manuscritos contendo textos médicos pertencentes ao local. A maior parte deles contém recolhas de receitas e compilações de tratados clássicos, inclusive duas cópias do já comentado *De observatione ciborum* de Antimo.[34] Além disso, a planta elaborada para reconstrução do mosteiro evidencia uma preocupação com a existência de um espaço bastante organizado e especializado destinado ao tratamento de doentes: uma enfermaria separada do restante da comunidade monástica (com capela, pátio aberto, quartos aquecidos e não aquecidos, dormitório para pacientes, refeitório, cozinha, dispensa para remédios, banhos e vários banheiros); quartos para sangrias e expurgação; um dispensário farmacêutico; quartos separados para o médico chefe, outros médicos e o superintendente.[35] Enfim, há ainda algumas figuras um tanto obscuras ligadas à paisagem germânica. Um antigo catálogo de St. Gall faz referência, além de Iso, a Notker e Ekkehart,[36] homens sobre os quais pouquíssima informação se conseguiu levantar.

Para fora da esfera de influência germânica, não será diferente. Sabe-se, por exemplo, que as escolas médicas dos mosteiros de Reims, Laon, Corbie, St. Amand e Montecassino alcançaram prestígio na época carolíngia (GUERRA, 1989, p. 218; CONTRENI, 1990, p. 267-282). A essa lista, mais comumente encontrada quando se trata da medicina monástica do período, deve-se acrescentar ainda a influência da região de Tours. No vale do Loire, a igreja colegial de Saint-Martin de Tours e mosteiros próximos como Marmoutier, Cormery e Fleury, Orléans e Chartres, na opinião de Loren MacKinney (1979, p. 85), exerceram papéis de liderança na vida

---

34 Cf. MACKINNEY, 1979, p. 167, nota 94, na qual há o recenseamento de todos os manuscritos altomedievais relativos à medicina existente em St. Gall.

35 BORN; HORN, 1979, v. 3, apêndice 3.

36 OPSOMER-HALLEAUX, 1986, p. 104. Sobre Notker, especificamente, cf. DUFT, J. *Notker der arzt*. St. Gall:Verlag der Buchdruckerei Ostschweiz, 1975 (Não consultada).

médica no território ocidental do Império Carolíngio. Com efeito, um estudo recente identificou na corte de Carlos, o Calvo, a existência de uma intensa circulação de médicos e estudantes interessados em medicina. Além de Walafrido Estrabão, nomes como Lupus de Ferrières, Dido de St. Pierre-le-Vif, Fergus, Pardulo, João Escoto Erígena e Martinho Hibernensis são apontados como homens que frequentavam aquele ambiente aristocrático e cujo interesse pela medicina ia além da leitura dos autores antigos. Ao que tudo indica, seus escritos teriam inclusive contribuído com ideias novas que se faziam necessárias do ponto de vista prático.[37]

Como se sabe, o local de proveniência do manuscrito apiciano mais antigo é desconhecido; contudo, o sul da França ou norte da Itália são frequentemente levantados como possibilidades. Como acontece em relação a outros domínios culturais, é bastante provável que o sul da França, e o Mediterrâneo de maneira geral, tenha permanecido bastante próximo às tradições médicas clássicas. No entanto, é possível rastrear informações mais precisas sobre a relevância da medicina no período apenas em relação ao norte da Itália. Benedito Crispo, diácono da Igreja de Milão, escreve *Commentarium Medicinale* (ou *Medicinae Libellum*) entre os séculos VII e VIII, obra em 421 versos que foi erroneamente atribuída a Benedito, arcebispo de Milão. A relação de Benedito Crispo com suas fontes é por vezes de estreita dependência (sobretudo de Plínio), por vezes de recriação livre ou de reelaboração e adaptação às exigências da realidade própria à sua época (GALVANI *apud* MONTANARI, p. 208, nota 27). As escolhas operadas pelo diácono diante da matéria clássica tinham como finalidade fazer do mandatário da obra, Mauro, preposto de Mantova, um hortelão que conhecesse as virtudes das ervas medicinais e sua relação com a cura de diversas doenças ("Pois, diriges a mim para que te faça um lavrador, ensine as virtudes das ervas medicinais, mostre-as uma a uma nos tempos certos,

---

37   Cf. CONTRENI, 1990, p. 267-282.

e apresente, juntamente, as qualidades múltiplas da boa saúde, espécies que curam incontestavelmente").[38] Uma obra de cunho prático, um manual que expressava um saber "naturalístico", na perspectiva de Montanari (1988a, p. 208), compartilhado durante toda a Idade Média por todos os níveis de cultura, popular ou literária, oral ou escrita.

Com a colocação de Montanari, volto à ideia de partilha assumida como pressuposto da noção norteadora dos assuntos da comida no meio social em questão, o temperar. E o que é a cozinha, senão um enorme caldeirão onde pessoas e coisas compartilham e são compartilhadas? Nas cozinhas monásticas, os monges que sabiam temperar poderiam repartir com outros monges, quando de sua função de semanário da cozinha, seus conhecimentos acerca das virtudes de cada ingrediente e orientá-los na lida das possíveis combinações entre eles. Tudo indica que, com o tempo, mesmo na ausência daqueles que detinham o conhecimento mais especializado, aqueles ensinamentos permaneciam na cozinha, mesclando-se às experiências cotidianas e impregnando-se nas panelas e caldeirões a ponto de constituírem um saber fazer culinário cujo lastro livresco se esfumaçara e já não era mais possível capturar. Talvez por essa razão tenha sido tão difícil enxergar a brecha por onde Apício adentrou o período altomedieval. Esse receituário pôde existir naquele mundo porque indicava, prescrevia e norteava o preparo de uma comida que é na sua essência sempre medicamento – e isso não precisava ser explicitado.

Na medida em que se percebe ser possível amalgamar orientações dietéticas e farmacológicas com teológicas, sob a operação designada por um temperar que se materializa em molhos, o que se evidencia é uma possibilidade renovada, e propriamente altomedieval, de leitura e

---

38 "Exigis ergo a me, ut te ruricolam faciam, herbarum medicinalium virtutes edoceam, ipsasque temporibus certis singillatim ostendam, et juxta valetudinum multiplices qualitates, species curationum indubitanter exhibeam" (BENEDITO CRISPO, 1835, *praefatio*).

uso das receitas apicianas. Assim, a comida que resulta de Apício pode ser enquadrada no campo da virtuosidade alimentar, pois adequadamente temperada não conduz à intemperança. Do ponto de vista teológico, a temperança é atingida por meio da moderação, e do ponto de vista médico, por meio do equilíbrio dos humores, possível, dentre outras coisas, pela manipulação correta das proporções da matéria-prima da farmacopeia, que, como se disse, é a mesma dos molhos condimentados apicianos. Ou seja, a comida que resulta de Apício, dependendo da administração de seus ingredientes, pode ganhar um *status* diferente daquele mais tradicionalmente associado a ela.

Esta possibilidade de leitura é reforçada quando se recupera também a dimensão simbólica de alguns ingredientes daquelas receitas, particularmente aqueles de origem vegetal, hortenses, investigados no terceiro capítulo. Na natureza, as plantas possuem papel privilegiado no desempenho da função curativa. Ao se observar a composição do horto medieval, particularmente aquele dos domínios monásticos e da aristocracia laica, percebe-se que a escolha das espécies que ali estão é orientada por um duplo critério que conjuga propriedades medicinais com atributos simbólicos. Isso porque, não se deve esquecer, o modelo do horto é sempre o jardim primordial, o Éden. De acordo com o relato bíblico e outras narrativas míticas de diferentes origens, o Paraíso era um local de extrema beleza, com flores e frutos em abundância; a essa natureza pródiga, somava-se ainda a presença da harmonia entre seus habitantes, saúde, imortalidade e unidade; tudo que fora perdido com a Queda (FRANCO JÚNIOR, 1992, p. 115-121). Não é sem razão que descrições de hortos monásticos dos primeiros tempos do cristianismo reforçam o paralelismo com o jardim edênico. No mosteiro do abade Isidoro de Tebas, por exemplo, em meio a muitos poços de água, todas as frutas e árvores desse jardim irrigado provinham do Paraíso.[39]

O horto medieval se apresentava, assim, como um pedaço desse paraíso perdido, um quinhão de terra que possibilitava recuperar algo daquilo que se havia perdido com o pecado, seja a beleza da paisagem, seja a abundância de suas folhas e frutos, seja a capacidade de cura e restabelecimento da saúde. Ademais, a confecção de medicamentos a partir de espécies hortenses parecia se respaldar em certa noção de pureza adquirida também por outros tipos de conexões simbólicas. Para Montanari, quando Isidoro de Sevilha afirma que a medicina mais antiga consistia apenas no uso de ervas e seus sucos, ele a situava positivamente em um terreno distante daquele que abrigava técnicas artificiais e suspeitas, como os ferros cirúrgicos.[40]

Dessa forma, e lembrando que há uma coincidência entre diversas espécies vegetais que compõem o horto altomedieval e os ingredientes apicianos, reitera-se a leitura das preparações apicianas como comida-medicamento, comida virtuosa. Virtude que designa não apenas as potências ou propriedades medicinais de seus ingredientes – o termo *virtus* é uma das opções latinas para o grego *dynamis* (δυναμιζ) quando transliterado para o latim –, mas igualmente a capacidade de distanciamento do vício, já que a comida preparada por seu intermédio pode conduzir à saúde e também permitir uma reaproximação com a condição primeira de harmonia com o cosmos, livre de doenças e sem a mácula do pecado. Com isso, observa-se uma relação entre comida e comensal pautada por um paradigma distinto daquele presente no mundo clássico pagão. Com o cristianismo, particularmente aquele

---

39 "Intrinsecus putei plures, horti irrigui, omnium quoque pomorum aborumque paradisi, [...]" (RUFINO DE AQUILÉIA, *Historia Monachorum*, col. 439C).
40 A interpretação do historiador é feita a partir das *Etimologias*, IV, IX, 4 (MONTANARI, 1988a, p. 209-210).

praticado pelo monasticismo carolíngio, os ingredientes/matérias-primas do receituário apiciano revestem-se de novas significações. Essa translação de significados, no entanto, não se faz a despeito do apagamento da contribuição médica pagã. A ideia-força da medicina antiga de que a natureza cura (*natura medicatrix*) e que cabe ao médico apenas o papel de mediador permanece vigente na Alta Idade Média e evidencia-se na importância dada ao saber farmacológico e dietético conservado e estudado nos textos conhecidos. Entretanto, com o cristianismo, a natureza perde sua autonomia e transforma-se em um dos possíveis veículos da cura, poder exclusivo de Deus. Assim, a antiga genealogia de curadores míticos, constituída por deuses, semideuses e heróis, passa a abrigar no seu ponto mais alto o Deus cristão, único responsável pela agência, ou não, das potências medicinais das espécies animais, vegetais e minerais que povoam a natureza.[41] Em outras palavras, o saber que advém daquela tradição está presente e é reapropriado na medida em que a farmacopeia apiciana pode ser entendida de maneira mais ampla, não se restringindo somente a um conjunto de atributos farmacológicos de ação pontualmente corporal, mas contribuindo, pela conexão com a condição paradisíaca que seus ingredientes hortenses permitem, para transformar o caráter antigo e mundano de Apício. A operação de transmutação do livro pagão em literatura virtuosa não se encerra, contudo, apenas na existência dessa farmacopeia divina; pelo contrário, ela só se completa quando da manipulação adequada desses ingredientes. Assim, a comida de Apício deixa de ser um potencializador da gula, pois, ao temperar condimentos, pode transmutar vício em virtude.

Chamo atenção ainda para um aspecto que não passou despercebido e que corroboraria a argumentação em favor do entendimento de Apício

---

41 Cf. DENDLE, 2008, p. 47-59.

como uma leitura virtuosa: a decoração do manuscrito V. Mesmo sem proceder a uma análise aprofundada dos motivos decorativos ali presentes, é impossível deixar de notar que a opção iconográfica é a mesma feita para decoração dos cânones dos Evangelhos. No período carolíngio, a utilização de elementos arquiteturais emprestados da arte monumental latina, caso das colunas observadas no manuscrito V, bem como o uso de tapetes coloridos com ouro e púrpura, constituíam recursos bastante usuais na ornamentação de textos solenes, como aqueles de natureza sagrada. O dado necessitaria, sem dúvida, maior investigação.

CAPÍTULO 6

O lugar da incorporação

A incorporação é objeto das ciências sociais há algum tempo. Tanto do ponto de vista sociológico como do antropológico, a noção de incorporação tenta romper com fraturas conceituais recorrentemente utilizadas para pensar o corpo e tudo aquilo que a ele está relacionado, ou seja, a divisão entre natureza e cultura, razão e emoção, em última instância, corpo e mente. Advém daí dois encaminhamentos teóricos que me parecem interessantes para refletir sobre a dinâmica medieval no que diz respeito à comida e à alimentação de maneira geral. Primeiramente, a ideia de fundo sociológico de que o ser humano é um agente social incorporado, ou seja, a consciência está encarnada em um corpo vivenciado (*lived body*) que tanto constrói quanto é construído pela vida que leva no mundo.[1] Dito de outra forma, sujeitos incorporados que, ao mesmo tempo, externalizam, objetivam e internalizam instituições sociais. Ideias bastante distintas daquelas que

---

1 Essas ideias provêm da chamada Sociologia da incorporação (*embodiment*), ramo recente da Sociologia do corpo, que parte essencialmente de abordagens fenomenológicas que propõem uma forma de entendimento do corpo que cubra as lacunas existentes nas proposições teóricas de outras correntes sociológicas, como aquelas que trabalham em um viés essencialmente estruturalista da regulação social dos corpos (corpo como objeto de controle social) ou aquelas que priorizam o debate acerca da ontologia do corpo. Para uma síntese dos trabalhos, cf. NETTLETON, 2001, p. 43-63; e Prefácio e Introdução da segunda edição de SCHLLING, 2003, p. viii-x e 1-16.

pensam o corpo como algo desencarnado, sobre o qual há duas únicas possibilidades de compreensão: enxergá-lo como aparelho fisiológico altamente sofisticado ou simplesmente como objeto de controle social.[2] Em segundo lugar, há que se considerar também o princípio antropológico da incorporação que prega "eu sou, eu me transformo naquilo que como; o comedor transforma-se analogicamente no comido e adquire algumas de suas características".[3] Princípio que se desdobra em três corolários: 1. "é vital para mim ter o controle sobre aquilo que como, pois poderei assim ter o controle de quem sou"; 2. "se eu não controlo aquilo que como, como posso controlar quem sou?"; 3. "se o controle da alimentação é um meio e uma condição de controle de si próprio, ele constitui também um meio e uma condição para o controle do outro."[4]

Os dois modelos indicados fornecem um enquadramento mais provável para pensar a relação dos corpos com a comida na Alta Idade Média – e muito provavelmente em outros períodos históricos também –, porque explicitam melhor a tensão recorrente entre demandas fisiológicas e psicológicas, de um lado, e demandas culturais e sociais, de outro. Pois para além de significados culturais e funções sociais, existe uma economia da sobrevivência ambiental que não é pouco importante. Sem desconsiderar que fomes e carestias até os séculos XIX e XX foram majoritariamente causadas pelo enraizamento de modos de organização socioeconômica e política que deixaram grandes parcelas da população à margem de uma alimentação adequada tanto do ponto de vista quantitativo como qualitativo, gostaria de destacar outro componente da complexa equação da sobrevivência dos corpos. Não se pode esquecer que as sociedades do passado lutaram

---

2   Cf. SCHLLING, 2003, p. 17-36.
3   FISCHLER, 1996. Disponível em: <http://www.lemangeur-ocha.com/fileadmin/contenusocha/dp_pensee_magique_01.pdf>. Acesso em: 17 ago. 2011.
4   *Ibidem.*

por séculos, a sua maneira, para romper laços de dependência com a natureza. Os problemas de fomes ou carestias deviam-se também à dificuldade ou mesmo à incapacidade tecnológica de se enfrentar a força dos fenômenos naturais ou de se abastecer apropriadamente uma população em crescimento. Cheias, secas, tempestades, nevascas e outras intempéries poderiam comprometer toda a produção dos campos, impedindo, consequentemente, a chegada de gêneros alimentícios aos locais de abastecimento ou às mesas dos próprios agricultores. E mesmo que não houvesse problemas de ordem sócio-econômica ou ambiental, ainda havia a possibilidade de um crescimento demasiado rápido da população pôr em risco o equilíbrio entre produção e consumo, ou seja, a mesma quantidade de alimentos que até um determinado momento era suficiente para alimentar a totalidade de uma população poderia deixar de o ser de uma hora para outra.

Por tudo isso, não foram poucos os sonhos de um mundo sem a ameaça da fome, sem a vulnerabilidade diante da natureza. Com a Idade Média não é diferente, as fontes altomedievais são pontilhadas de referências a fomes e carestias, de um lado, e a utopias de abundância alimentar, de outro. Esse oscilar entre a realidade e o sonho não é menos significante e deve ser sobreposto às outras camadas aqui trabalhadas, saúde e prazer, ordem e excesso. Ao incorporar a comida, ingeri-la, torná-la parte do próprio corpo, todas essas camadas são inevitavelmente acionadas em movimentos de diferentes modulações e alcance, dependendo dos grupos sociais em questão.

Tensas incorporações

O Apício temperado, solução de sobrevivência na passagem da Antiguidade pagã para a Idade Média cristã, é uma noção carregada de idealizações. No Ocidente altomedieval carolíngio, temperar pertence ao projeto de enraizamento de um cristianismo de cunho monástico em territórios há pouco tempo saídos da "barbárie". Integra, assim, o rol de tantas outras condutas normatizadoras que visam à instituição de uma ordem cristã que se pretende modelo único de civilização. Nesse projeto, dominar os instrumentos para a correção de excessos é objeto da temperança, faculdade da contenção dos prazeres sensoriais. No entanto, olhando de perto o processo de incorporação da temperança no campo alimentar, o que se percebe na sociedade carolíngia é que o tema, na lida cotidiana, é muito mais uma questão de modulação do que da prédica por uma contenção generalizada dos prazeres associados à matéria alimentar. Ao examinar certa documentação do período, verifica-se que o ideal da não entrega a comportamentos excessivos permeia a proposta de retidão de vida cristã, seja ela laica ou eclesiástica, mas a gestão do excesso, poder-se-ia dizer, é um aspecto que, dependendo do ambiente social, ganha contornos e limites bastante particulares e flexíveis.

Sobre o ambiente laico, inicialmente, é possível reunir algumas informações que rondam a existência do primeiro imperador carolíngio. A descrição oferecida por Eginhardo sugere que Carlos Magno estivesse familiarizado com prescrições dietéticas como aquelas dirigidas por Antimo a seu predecessor franco, Teodorico, dois séculos antes: "ele era equilibrado em relação à comida e à bebida, porém mais ainda à bebida".[5] As prescrições alimentares lhes pareciam mais difíceis de seguir: "[...] ele preferia fazer o que queria a seguir conselho dos médicos, pelos quais tinha aversão, porque lhe aconselhavam renunciar às carnes assadas às quais estava habituado e substituí-las por carnes cozidas".[6] Obviamente, há que se considerar que a obra de Eginhardo,

---

5 "In cibo et potu temperans, sed in potu temperatior [...]" (EGINHARDO, 1994, p. 70).

6 "Et tunc quidem plura suo arbitratu quam medicorum consilio faciebat, quos pene exosos habebat, quod ei in cibis assa, quibus adsuetus erat, dimittere et elixis adsuescere suadebant" (EGINHARDO, 1994, p. 66 e 68).

largamente espelhada em *Vidas dos Doze Césares* de Suetônio, faz uso carregado de *topoi* da literatura antiga com o objetivo de enaltecer o novo césar e inseri-lo na mesma genealogia dos antigos imperadores romanos. Especificamente sobre a questão da aversão à dieta prescrita pelos médicos, Louis Halphen lembra que Suetônio havia feito a mesma observação sobre Tibério.[7] No entanto, entendo que a opção pela repetição do *topos* revela a força da medicina antiga, da dietética no caso dos exemplos citados, como paradigma a ser mantido ou recuperado na nova ordem cristã que se estabelecia com o Império Carolíngio. Pelo menos, para suas elites.

A comida cozinhada encaixa-se no modelo proposto pela medicina hipocrático-galênica e, de maneira mais ampla, no chamado modelo latino. Da maneira como ela figura na biografia de Carlos Magno, como contraponto aos assados, liga-se claramente à ideia da temperança – uma vez que não incita as paixões, atributo comum às comidas de natureza quente e seca – qualidade digna de um regente herdeiro da tradição clássica (Suetônio diz o mesmo do imperador Augusto) que o posiciona distintamente em relação ao restante da sociedade carolíngia. Contudo a manutenção do modelo alimentar "médico-latino", digamos assim, contempla brechas para o consumo de assados – caso contrário, o biógrafo não se permitiria mencionar, com certa admiração positiva, esse "defeito" do imperador. Além desse aspecto qualitativo da dieta, chama a atenção um dado quantitativo que também parece fugir ao modelo. Ao que tudo indica, Carlos Magno era um rei glutão – "pois, em relação à comida, não podia se abster tanto, e frequentemente reclamava que jejuns eram prejudiciais a seu corpo"[8] – atributo que naquele enquadramento não soaria nada favorável. Informação

---

7 EGINHARDO, 1994, p. 67, nota 1.
8 "Cibo enim non adeo abstinere poterat, ut saepe quereretur noxia corpori suo esse jejunia" (EGINHARDO, 1994, p. 70).

que parece ir ao encontro do relato, que não esconde a advertência, do moralista Milo de St. Amand sobre a constante atividade das cozinhas do palácio imperial de Aix-la-Chapelle ("essas cozinhas, fumegando dia e noite, e todos os cozinheiros cobertos de fuligem e enegrecidos pela fumaça")[9] bem como a descrição que Teodulfo (c. 760-821), bispo de Orléans durante os reinados de Carlos Magno e Luís, o Pio, faz de uma refeição no mesmo palácio ("longe das papas e das massas de leite cozidas, comidas condimentadas cobrem a mesa").[10]

Essas brechas assinalam que o processo de aproximação dos modelos alimentares latino e bárbaro está em pleno curso e que escolhas de negação ou acomodação estão sendo operadas. Dentre essas escolhas, o consumo de carnes assadas, depois de caçadas, não é abandonado, porque a carne associa ao seu alto valor nutritivo um símbolo de poder, ela é "o instrumento para obter energia física, vigor e capacidade de combate, qualidades que constituem a primeira e verdadeira legitimação do poder" (MONTANARI, 2003, p. 28).

O cenário descrito sugere que, diante do comportamento alimentar ideal personificado pela temperança, a aristocracia laica poderia adotar estratégias de ação a princípio bastante divergentes. Contudo, quando se nota que o que se está chamando de divergência – no caso, o consumo de caças assadas e o excesso – é acolhido no discurso alimentar oficial, fica claro que a melhor estratégia a adotar é abandonar essa via interpretativa para pensar em termos de diferentes incorporações. Assim, para um grupo aristocrático de origem guerreira que instaura seu poder pela força e, entretanto, deseja consolidá-lo não só pela guerra, mas, sobretudo, por instrumentos de cultura imolados dos clássicos, a mesa se coloca

---

9 "[...]/Perspice fumantes iam nocte dieque culinas/Sudantesque coquos tetra fuligine nigros [...]" (MILO, *De sobrietate líber* II, p. 654).

10 "Est procul pultes,/et lactis massas coactis;/sed pigmentati sis prope mensa cibi" (TEODOLFO DE ORLÉANS, col. 321).

como um espaço privilegiado de performance. Ora, Apício parece se prestar muito bem a essa tarefa, pois seus molhos, como se viu nos capítulos anteriores, tinham potencial para transformar qualquer preparação em comidas perfeitamente consonantes com o discurso médico antigo que se conhecia na Alta Idade Média – ao que se deve somar também o dado, até agora não mencionado, de que parte significativa de suas receitas prescreve cozinhados e não assados (há 148 ocorrências para o verbo *elixas*, e seus derivados, que significam "cozinhar em líquido"). Mas, além disso, oferecia também a possibilidade de um consumo peculiar, destinado a atender demandas específicas nas quais o discurso médico-dietético poderia não ser a principal preocupação.

Penso aqui, especialmente, em receitas que, à primeira vista, fugiriam completamente ao enquadramento dietético da temperança alimentar. Na verdade, são poucas se tomarmos como como base as descrições oferecidas pelos enunciados. Sempre econômicas no que diz respeito ao detalhamento de procedimentos culinários, em particular aqueles que fazem referência ao uso do fogo, as receitas apicianas oferecem apenas indícios de algumas preparações de assados que poderiam se alinhar àquelas apreciadas por monarcas francos, como Carlos Magno. Uma precisão quantitativa nesse sentido seria arriscada e pouco elucidaria a questão. Certamente há diferenças sutis na qualidade do fogo (madeira ou carvão) e nos pratos que são com eles preparados, mas nada disso fica muito claro para o leitor. A maior parte dos procedimentos indica que se cozinha em um recipiente colocado sobre o fogo em um tripé ou grelha de ferro – utensílios que se mantiveram centrais nas cozinhas medievais[11] – sobrepostos à lenha ou ao carvão. Há apenas três receitas que mencionam um utensílio designado especificamente

---

11   ALEXANDRE-BIDON, 2005.

para grelhar ou assar, a *graticula* (ou *craticula*), um tipo particular de grelha de ferro (GROCOCK; GRAINGER, 2006, p. 79):

> 7.3.2 Variação [de fígado]: com um caniço, faças buracos no fígado, marines no *liquamen*, pimenta, levístico e duas folhas de louro. Envolverás em uma tripa e grelhes em uma *graticula* e servirás.[12]
>
> 7.8. TESTÍCULOS E RINS. Testículos assados assim são feitos: são abertos em duas partes de modo que fiquem esticados, pimenta triturada é salpicada, pinhões, coentro picado e semente de funcho triturada. Em seguida, os testículos são fechados de novo, costurados e envolvidos em uma tripa e assim fritos em azeite e *liquamen*, e depois assados em um *clibanus*[13] ou *craticula*.[14]
>
> 8.6.4. Bode ou cordeiro assado: cozido de bode: quando o tiveres cozido em *liquamen* e azeite, mergulhe-o, tendo feito uma incisão, em pimenta, *liquamen* e um pouco de azeite. Também assarás em uma *graticula*: passes-o no mesmo molho. Salpicarás pimenta e servirás.[15]

---

12 "[7.3.2.] aliter: ficatum precidis ad cannam, infundis in liquamine, piper ligusticum bacas lauri duas. Inuoles in omento et in graticula assas et inferes" (GROCOCK; GRAINGER, 2006, p. 240).

13 Espécie de forno portátil.

14 "7.8. LUMBI ET RENES. lumbuli assi ita fiunt: aperiuntur in duas partes ita ut expansi sint, et aspergitur eis piper tritum, nuclei et coriandrum concism minutatim factum et semen feniculi tritum. deinde lumboli recluduntur et [assi] consuuntur et inuoluuntur omento et sic predurantur in oleo et liquamine, inde assantur in clibano uel craticula" (GROCOCK; GRAINGER, 2006, p. 248).

15 "[8.6.4] hedum siue agnum assum: edi cocoturam: ubi eum ex liquamine et oleo coxeris, incisum infundes in pipere lasere liquamine oleo modice. et in graticula assabis: eodem iure continges. piper asparges et inferes" (GROCOCK; GRAINGER, 2006, p. 268).

O verbo *subasso*, passível de ser traduzido por assar ou grelhar, aparece em dez receitas ao longo dos textos apicianos.[16] No entanto, de acordo com Grocock e Grainger, o termo carrega tantas ambiguidades que não seria possível avançar na determinação dessas preparações como sendo sinônimos de assados no sentido medieval.[17] Diante desse cenário no qual poucas precisões são possíveis, talvez a extravagância de se comer fora dos pressupostos da temperança estivesse mais ligada ao consumo de pratos cujos ingredientes principais seriam pouco comuns (como as carnes de caça do livro seis e os pratos luxuosos do livro sete) ou a combinações de ingredientes, e suas proporções, que provocassem efeitos pouco salutares à maior parte dos comensais (por exemplo, comidas quentes e secas demais, que poderiam incitar apetites luxuriosos). Assim, seja pelas receitas que denotavam a temperança de seu consumidor – característica apreciada no governante ideal, segundo o modelo clássico –, seja por aquelas que exortavam a extravagância digna de um líder guerreiro, a comida apiciana surgia como opção interessante de se ter à mesa.

Em relação ao ambiente eclesiástico, que não é absolutamente homogêneo, não será necessário ir muito mais além das reflexões já reunidas no segundo capítulo. Vou me ater agora apenas a um aspecto revelado por um trabalho recente de Michel Rouche e que diz respeito a festividades realizadas em comemoração aos imperadores e reis carolíngios que passam a integrar o calendário de certos mosteiros no século IX – com maior incidência no reinado de Carlos, o Calvo (840-877),

---

16 São elas: 2.1.7; 2.5.3; 2.5.4; 4.2.31; 7.2.1; 7.5.3; 7.14.1; 7.14.2; 8.2.2; 8.8.9.

17 Dentre os problemas levantados estão: a mudança de significado do prefixo *sub*, que no contexto do latim tardio deixa de designar *sob* ou *abaixo de* para designar *sobre*; e a identificação de um sentido, talvez próprio a Apício, no qual o verbo aparece como sinônimo de *finalizar*, utilizado para carnes que já foram pré-cozidas (GROCOCK; GRAINGER, 2006, p. 92).

que adiciona à celebração dos aniversários de nascimento,[18] aniversários de seus casamentos, data de sua sagração, bem como o aniversário de morte de alguns de seus ancestrais. A documentação investigada pelo historiador revelou que as celebrações restringiam-se a mosteiros localizados em antigas terras merovíngias (basicamente a Burgúndia e a Nêustria) – dentre eles, St. Amand, Corbie, St. Germain des Près, St. Wandrille, St. Denis, Soissons e St. Martin de Tours –, que permaneciam sendo o centro de gravidade do poder político e econômico no período. A abstenção de qualquer menção àquelas festividades em casas monásticas da Aquitânia, Provença ou Itália permite que Rouche trabalhe com a hipótese de se tratar de um fenômeno de origem germânica que mantinha "uma relação longínqua com as festas das confrarias e conjurações pagãs, nas quais a interrupção das restrições (alimentares ou sexuais) eram um apelo a uma exaltação da fecundidade (espiritual ou carnal)", mesmo após a cristianização oficial daqueles territórios.[19] De fato, um consumo copioso de comida nas refeições oferecidas nessas festividades foi mapeado, evidenciando um aumento significativo da quantidade de pão, vinho, carnes, legumes secos, queijo e gorduras em relação ao consumo cotidiano – muitos destes itens, doados pelos

---

18 Segundo Jean-Claude Schmitt, o fenômeno de celebrar o aniversário de nascimento não é propriamente medieval. A Idade Média que se revela por meio do *corpus* documental com que trabalha o historiador, além de não possuir a capacidade intelectual e material para fazer a contagem precisa do passar dos anos, concebe como verdadeiro nascimento apenas o dia do falecimento (momento que marca a passagem para a vida eterna). Daí que a comemoração do aniversário de morte fosse uma prática muito mais recorrente no período. Diante desse panorama, as festividades carolíngias estudadas por Rouche parecem não se encaixar no modelo proposto por Schmitt. Seriam elas exceções ou existiria na Alta Idade Média algum tipo de especificidade a respeito dessa temática? (Cf. SCHMITT, 2007, p. 793-835)

19 "Et l'hypothèse me vient à l'esprit, que, puisque ces pratiques sont apparues en pays germanique, derrière cettes christianisation officielle, il y a comme un lointain rapport de filiation avec les bamboches des confréries et conjurations paiennes où le debridement des contraintes (alimentaires ou sexuelles) était un appel à une exaltation de la fécondité (spirituelle ou charnelle)" (ROUCHE, 2003, p. 115, tradução nossa).

príncipes aos mosteiros. A esse respeito, o testemunho de Aldric, bispo de Mans, referente ao ano de 837, é elucidativo:

> Que tudo o que foi colhido ou largamente adquirido na dita *villa* [Buxaria(?)] e que eu especifiquei mais acima deva ser acordado às ditas festas *com justo engenho e arte,* que tudo isso, eu digo, sirva à utilidade comum dos ditos irmãos e contribua a aumentar suas refeições de festas e que nenhum dos víveres da dita *villa* não seja subtraído por ninguém a fim de que eles possam realizar o serviço de Deus todo poderoso cada vez mais, e que possam se regojizar humildemente a rezar pela perpetuidade do império de nosso senhor e de nossa mãe, o piedoso Luís, pela saúde de sua esposa, de sua prole, e pela vitória de seu invencível exército.[20]

É interessante notar que esse fenômeno não irá perdurar com as mesmas características para além do final da dinastia carolíngia no ano de 987. Rouche verificou, já após o final do reinado de Carlos, o Calvo, a diminuição daquele tipo de festividade, bem como uma queda nas quantidades consumidas naquelas ocasiões. O historiador atribui a mudança à penetração de medidas em defesa de um comportamento mais continente, na esteira dos movimentos reformadores do monasticismo próprios aos séculos X e XI, dos quais a Reforma Gregoriana será

---

20 "Quicquid autem in jam dicta villa amplius elaboratum et acquisitum quam superius in praedicitis festivitatibus ministrandum insertum est de qualicumque *justo ingenio vel arte,* hoc ipsum veniat ad communem utilitatem praedictorum fratrum, et ad eorum refectionum augmentum proficiat, et nihil eis de sumptibus praefatae villae a quoquum substratum vel minoratum fiat, ut magis ac magis Domini omnipotentis servitium adimplere valeant, et pro perpetuitate imperii et domni et senioris nostri Ludovici praescripti piissimique imperatoris et sospitate conjugis et prolis ejus atque invictissima sui exercitus victoria exorare humiliater delectatur [...]" (ALDRIC DE MANS, *Gesta Aldrici,* col. 58, grifo nosso).

a principal representante. Com efeito, mais de um século depois, os religiosos do Primeiro Concílio de Latrão (1059) assim se manifestaram:

> [...] considerando o capítulo [alusão às disposições do capítulo CXXII do Concílio de Aix] sobre o qual são concedidas a cada pessoa quatro libras de pão e seis de vinho por dia, o santo concílio de bispos aprovou retirar esta sentença da instituição canonial, pois não convida à temperança cristã, mas à crápula dos Ciclopes, quer dizer, não faz nenhuma reverência aos homens de Deus. Esta disposição foi decidida mais para os maridos do que para os cânones, mais às mães de família do que às monjas [...]. Assim alguns afirmam que esse capítulo foi inserido pelos clérigos de Reims, outros que é característico dos gauleses, sobre os quais se conhece a voracidade desde Sulpício Severo, além de outras coisas.[21]

Se me ative ao estudo de Rouche nas páginas anteriores, é porque ele revela uma situação conjuntural bastante favorável para a compreensão de Apício. Mesmo sem que se possa precisar que pratos eram consumidos naquelas ocasiões – como sempre, a documentação fornece indicação acerca de gêneros alimentícios, mas nunca precisa a maneira como eles eram preparados –, as menções ao justo engenho e arte, no relato de Aldric ("justo ingenio vel arte"), e à crápula dos Ciclopes, nas disposições do Concílio de

---

21 "[...] dum consideraretur capitulum ilud quod uni personae IIIIor librae panis et sex potus cotidie concedentur, sacer conventus episcoporum exclamavit hanc sententiam procul a canonica institutione removendam, quae non ad christianan temperationem sed ad Ciclopum, ut dicitur, sine aliqua Dei hominumque reverentia, invitarit crapulam, et quod illa expensa magis videretur constituta maritis quam canonicis, matronis quam sanctimonialibus [...]. Tunc tamen aliqui fuere, qui assererent capitulum illud a clericis Remensibus insertum ; quod verisimile arbitratur qui Gallos edacitate notatos a Sulpicio Severo et multis aliis recordatur" (*Concilia aevi Karolini I*, MGH, p. 401, nota 3).

Latrão, incitam a imaginação, sugerindo que tais festividades fossem uma das oportunidades plausíveis, mas não únicas, para o consumo de receitas extraídas de Apício. Não sem razão, St. Martin de Tours, um dos locais de proveniência de Apício, durante o reinado de Carlos, o Calvo, sedia, nada mais nada menos, que dez daqueles eventos. Acerca de Fulda, especificamente, o historiador não levantou informações – está aí um dado certamente a ser investigado em pesquisas futuras –, mas não é descabido sugerir que o enquadramento do consumo nesse mosteiro fosse similar ao de St. Martin de Tours, uma vez que se tratava igualmente de um dos grandes mosteiros em território germânico do período.

Também se revela digno de nota que haja uma coincidência entre a ausência de cópias de Apício após o século IX e o término daquela prática social entre o final desse mesmo século e o século seguinte. Naquele momento de prosperidade econômica, como nos faz crer o relato de Aldric, ingredientes dos campos e hortos das *villae* de mosteiros envolvidos com aquelas festividades eram levados às cozinhas para serem preparados com engenho e arte. Essa ideia, particularmente, permite pensar na existência de cozinheiros especialistas que, naquelas ocasiões, pelo menos, teriam sua prática orientada por um livro de cozinha como Apício, a partir do qual se poderia elaborar um cardápio adequado aos diferentes membros da aristocracia laica e eclesiástica reunidos por ocasião das festividades. O receituário oferecia uma gama de opções, desde preparados mais condizentes com as prescrições médico-dietéticas até pratos mais extraordinários e ousados, passíveis de serem consumidos em caráter de excepcionalidade, próprio aos banquetes festivos, por pessoas das mais diversas compleições e posições sociais.

Perseguindo ainda esse exercício imaginativo, já que não se dispõe de nenhuma documentação altomedieval a exemplo dos manuais de hotel do final da Idade Média que discriminam os itens e o número de serviços em uma refeição, é possível especular acerca de que critério prevaleceria na escolha dos pratos servidos: um critério médico-dietético que orientaria uma seleção de acordo com a compleição individual (temperamentos sanguíneo, fleumático, colérico e melancólico)? Um critério socioantropológico que conduziria a escolha mediante a posição social do comensal (senhor laico, camponês ou eclesiástico, nesse caso, cabendo ainda a distinção entre seculares e regulares)? Ou ainda uma combinação dos dois, como se verificará igualmente na documentação do final do período medieval?[22]

A despeito da falta de documentação específica, as reflexões levantadas ao longo destas páginas permitem pensar a questão a partir do que chamo de incorporação modulada, ou seja, um processo que equacionaria elementos como comida, saúde, cura, excesso e perdição, a partir de feixes que se inter-relacionariam de maneira distinta, dependendo do corpo em questão. Para os eclesiásticos, a incorporação da comida apiciana dar-se-ia dentro de um enquadramento bastante rígido, pautado pela necessidade cotidiana de se operar escolhas de receitas que pudessem atender às orientações da Regra e seus Costumes. Temperar seria, por conseguinte, a operação culinária que nortearia a seleção dos ingredientes listados nas receitas e, mais do que isso, suas combinações e proporções, de modo a atender, sempre que possível, a manutenção de um comportamento comedido, não excessivo, em consonância com o pensamento eclesiástico sobre a comida visto no segundo capítulo.

Ideia de excesso que é certamente bastante diferente para o grupo laico da aristocracia carolíngia. Para eles, a incorporação da comida apiciana dar-se-ia de maneira menos presa à necessidade da continência dos prazeres como acontece com o grupo eclesiástico, o que possibilitaria um uso mais amplo do receituário. Assim, abrir-se-ia espaço para o preparo e consumo de receitas adequadas à marcação social daquele

---

22 Cf. GRIECO, 1996, p. 466-477.

grupo de guerreiros oriundos de um *background* germânico pagão, mas que se entendiam igualmente como cristãos herdeiros de Roma. Nesse sentido, temperar, que permaneceria sendo a operação-chave da incorporação, orientaria preparações, ao que tudo indica, bastante distintas daquelas destinadas aos corpos eclesiásticos.

Contudo, haveria ainda ocasiões nas quais corpos eclesiásticos e laicos compartindo a mesma mesa, fariam valer regras de sociabilidade nas quais se estreitam, por meio da comida e da bebida, um mesmo lugar na sociedade. Os banquetes em homenagem aos monarcas carolíngios permitiriam romper com as exigências cotidianas da lida com os corpos, próprias de cada grupo, para vivenciar outra forma de se relacionar com eles, uma forma partilhada permitida somente pelo caráter extraordinário da ocasião. A incorporação de Apício, assim modulada, embora praticamente impossível de ser rastreada – quero dizer, que tipo de preparações exatamente eram consumidas nessas festividades e o que cabia a quem –, muito provavelmente abrigaria um cardápio diverso daquele previsto nas duas situações descritas anteriormente.

Como é possível perceber pelos três casos citados, a incorporação da comida apiciana não pode ser compreendida pela perspectiva mais tradicional, que propõe para a Idade Média cristã uma via única de interpretação das realidades alimentares montada a partir de uma equação na qual comida é igual a pecado e, portanto, deve ser objeto de constante controle e vigilância, independentemente do ambiente social. Obviamente, essa perspectiva existe e é forte o suficiente não só para revestir todo o discurso oficial sobre a comida, como também para oferecer a partir dela aquelas que parecem ser as únicas respostas interpretativas para Apício (seu silêncio, seus poucos manuscritos e sua comida fora do lugar). Optar por ela seria eleger uma concepção de corpo inerte, sem fomes e apetites, sem vontades e desejos. Corpos sem mentes, mentes sem corpos. O que não me parece o caso, pois a força da transformação operada pelo contato entre comida e comensal nos diferentes exemplos (corpos eclesiásticos, vistos isoladamente; corpos laicos, vistos isoladamente; e corpos eclesiásticos e laicos vistos como agrupamento representante da aristocracia) mostra que existe intenção, um agir que faz escolhas, mesmo no interior de grupos sociais organizados em torno de certos dispositivos ordenadores e modeladores. Rouche nota o fenômeno e, mesmo sem atrelá-lo às noções de incorporação, ao fazer uso da metáfora da "alquimia gástrica", capta-a de maneira bastante bela:

> O príncipe, ou o abade, ou o bispo confere alegria ao corpo carnal e implora de volta a continuação desta prosperidade, sua transferência ao corpo político, religioso e espiritual. Por essa pia alquimia gástrica tudo deve se transformar em felicidade terrestre, ao mesmo tempo, que em alegria jubilatória. Nunca antes a liturgia havia sido tão colocada a serviço dos apetites mais prosaicos, e nunca antes a fé soube tão bem penetrar nas entranhas dos fiéis [...]. A espiritualidade festiva carolíngia não possuía nada de desencarnado. Ela era o produto do sucesso econômico, religioso e político dos fundadores Carlos Martel, Carlos Magno, enfim, Luís, o Pio, sobre o reino no qual teve lugar essa tomada de consciência.[23]

---

23 "Le Prince, ou l'abbé, ou l' éveque donne la joie au corps charnel et implore en échange La continuation de cette prosperité, son transfert dans le corps politique, religieux et spirituel. Par cette alchimie gastrique pieuse tout doit se transformer en bonheur terrestre em même temps qu'en allégresse jubilatoire. Jamais la liturgie n'a été ainsi mise au service des appétits les plus prosaiques, et la pieté n'a su se glisser ainsi dans les entrailles des fidèles. [...]. La spiritualité festive carolingienne n'avait donc rien de désincarné. Elle était le produit des succès économiques, religieux et politiques des fondateurs Charles Martel, Charlemagne, enfin Louis-le-Pieux sous le règne duquel eut lieu cette prise de conscience" (ROUCHE, 2003, p. 124).

Voltando ao pressuposto antropológico do início deste capítulo, não somos apenas o que comemos, mas também comemos o que somos, com todas as nuances e modulações – fisiológicas, psicológicas, ambientais, culturais e sociais – que incidem nesse processo de seleção. Assim a comida que resulta de Apício, chancelada e positivada porque pode funcionar como veículo que contribui para a saúde e/ou cura dos corpos cristãos por meio do aviamento temperante de suas receitas, pode, igualmente, em momentos variados e em combinações de corpos diferentes, se distanciar da noção única e fixa de comida ideal. Essa ambiguidade, que cabe no discurso oficial cristão sobre a comida, se não está perfeitamente em consonância com a noção de alimento que recupera a condição perdida no Éden, pelo menos não a inviabiliza, degenerando e condenando o homem, seu consumidor. Essa brecha não é apenas uma ressalva, um parêntese dentre tantos outros que foram abertos na história da incorporação de Apício pela Alta Idade Média, ela é justamente o *locus* procurado desde o início desta pesquisa para a existência de Apício no período. Ela é o lugar da incorporação.

O *LOCUS* APICIANO

Avistado o *locus* apiciano, é preciso reconhecer que suas fronteiras são evanescentes. Embora, como anunciado no primeiro capítulo, esse lugar possa ser reconhecido como a configuração na qual convivem harmoniosamente domínios que a tradição científica moderna categorizou como médico, culinário, geográfico, agronômico, astrológico e astronômico, os nexos que se estabelecem entre eles não são fáceis de serem percorridos e compreendidos no período medieval. A problemática requer uma investigação aprofundada sobre a qual indico apenas alguns encaminhamentos.

O primeiro deles diz respeito à tentação moderna de encontrar um lugar para os textos apicianos em conformidade com a segmentação de saberes operada pelo processo de constituição da ciência moderna. A discussão sobre a natureza médica ou culinária de Apício pode ser tão complexa, e espero que esse aspecto tenha ficado claro ao longo dessas páginas, quanto esterilizante. Talvez seja mais rico, no sentido de que perspectivas mais amplas de trabalho não sejam fechadas diante do pesquisador, inserir Apício no enquadramento da *Physica* ou, como era chamada até o advento da ciência moderna, da *Phylosophia naturalis*, pois integrava a tríade da Filosofia antiga juntamente com a Lógica e a Ética. Desde a Antiguidade grega, a *Physica* se ocupava do estudo do mundo visível, o que incluía o cosmos, daí que abarcasse fragmentos e seções de várias ciências modernas como a astrologia, a astronomia, a medicina e a biologia. O enraizamento dessas áreas no interior da antiga *Physica* é de tal sorte que seria possível pensá-la, alternativamente, como a grande ciência dos corpos que compõem o mundo visível e a natureza. Se seguirmos a noção aristotélica: corpos físicos que existiam independentemente e eram capazes de movimento e, sendo assim, sujeitos à mudança, bem como aqueles que em sua natureza eram imutáveis.[24] Enfim, corpos celestes, corpos humanos, corpos vegetais e animais.

Para a Idade Média, corpos cristãos; disso não se pode esquecer. Afinal, na cosmologia do período, é possível pensar a questão a partir da perspectiva agostiniana, Deus – que, juntamente com os seres espirituais abaixo

---

24 O estudo das várias manifestações de interesse da *Physica* antecede Aristóteles – os egípcios e os pré-socráticos ofereceram suas contribuições –, porém especialistas consideram que é apenas com o filósofo grego que seu escopo ganhou contornos definidos e que uma metodologia própria de investigação foi lançada, principalmente por obras como *Física, Da geração e corrupção, Sobre o céu, Da alma e Meteorologia*. Para uma síntese sobre a temática acerca da *Physica* a partir do pensamento aristotélico, cf. BRUNSCHWIG; LLYOD, 1996, p. 459-477; GRANT, 2004, especialmente o segundo capítulo "Aristotle and the Beginnings of Two Thousand Years of Natural Philosophy".

dele, pertence ao universo das coisas invisíveis – é quem cria o universo das coisas visíveis composto pela matéria, pelo tempo e pelo espaço.[25] A *Physica* no período medieval, assim como qualquer outro domínio do conhecimento, estará sempre a serviço da Teologia cristã. Toda reflexão sobre aspectos do mundo visível e da natureza retomará, em algum momento, as explicações fundamentais oriundas do texto bíblico, do Gênesis, mais precisamente, e será, via de regra, ensinada em ambientes eclesiásticos. No Ocidente altomedieval, como se sabe, esses ambientes limitavam-se, na maior parte dos casos, às escolas dos mosteiros. Um programa de estudos propriamente dito irá se instaurar lentamente a partir do impulso inicial dado pelo Renascimento Carolíngio. Não se deve esquecer que nesse contexto, que coincide com o momento da produção dos manuscritos apicianos, a educação formal é um dos fundamentos do programa político--religioso de Carlos Magno, pois seria por meio dela, como pensam seus idealizadores, que os alicerces cristãos do Império se consolidariam. Em termos práticos, isso significava difundir a leitura para facilitar a compreensão dos assuntos sagrados contidos nas Escrituras e nas obras dos padres e de outras autoridades da Igreja; em última instância, para formar melhores cristãos. Além disso, havia uma clara intenção de subsidiar intelectualmente os quadros constitutivos da administração pública por meio das melhorias no ensino – aspecto que, dada a característica do Império conduzido por Carlos Magno, se achava em íntima relação com o primeiro. De fato, o que se percebeu foi um maciço investimento no sistema educacional da Antiguidade clássica que, não abandonado na Gália romana, a partir do século VI havia incorporado contornos fortemente eclesiásticos assentados no saber oriundo de textos cristãos.[26]

---

25 FITZGERAD, 2005, p. 393-396 (verbete "cosmologie").
26 Cf. RICHÉ, 1962.

Nesse sentido, um grande esforço organizacional, por parte de Carlos Magno e sua *entourage*, intensifica as iniciativas mais isoladas observadas durante o período merovíngio, redirecionando-as com uma finalidade cristã (talvez resida aqui o elemento realmente "novo" do movimento). Medidas foram tomadas (*Admonitio Generalis* e *De Litteris Colendis*) para que se fornecessem ensinamentos básicos às crianças, bem como para que mais escolas fossem estabelecidas em mosteiros e catedrais. O currículo escolar elementar incluía conhecimentos introdutórios de aritmética, geografia e gramática latina. Esta última era particularmente importante, pois constituía a via de acesso aos assuntos da religião. Aprendia-se a ler com os Salmos, mas também com manuais oriundos da Antiguidade: *Ars Maior* e *Ars Minor* de Donato, *Instituto Grammatica* de Prisciliano e os capítulos dedicados à gramática integrantes de *Instituto Oratoria* de Quintiliano.[27]

O objeto da *Physica* encontrava-se subjacente ao programa de estudos mais avançado que incluía as sete artes liberais: gramática, dialética e retórica (*trivium*), geometria, música, aritmética e astronomia (*quadrivium*). Dentre os autores estudados, encontravam-se, por exemplo, Isidoro de Sevilha, Marciano Capella e Boécio; dramas de Terêncio eram usados para ensinar versificações, e excertos de outros autores latinos para aprofundar o aprendizado da língua. A etapa final do sistema educacional carolíngio poderia durar por toda a vida do estudante, quando, de posse dos conhecimentos reunidos até aquele momento, seria possível se aventurar em matérias mais complexas, como a exegese, a medicina e a teologia (MCKITTERICK, 1983, p. 150). É a partir daí também que, já não mais estudantes, os eclesiásticos poderiam se lançar à leitura de autores clássicos "mais avançados": Cícero e Virgílio estavam dentre os mais lidos; Ovídio e Sêneca eram

---

27 MCKITTERICK, 1983, p. 140-149; CURTIUS, 1996, p. 79; RICHÉ, 1968, p. 50-54; PAUL, 1998, p. 97-98.

conhecidos e apreciados; Tertuliano, Tácito, Vitrúvio, Vegécio, Porfírio, Lívio, Salústio, Orósio, Cassiodoro, Horácio, Juvenal, Esopo e Macróbio, embora menos recorrentes, figuravam dentre o acervo das bibliotecas mais ricas.[28] A demanda por livros, diante desse novo cenário, era uma realidade. Para suprir tal carência foram intensificados os trabalhos nos *scriptoria* de diversos mosteiros. Havia necessidade de prover as escolas com livros de todos os assuntos; todavia, ainda que a preferência recaísse sobre obras de direito real e consuetudinário, cânones da Igreja, Escrituras, liturgia e teologia, os autores clássicos encontravam um grande espaço dentre a provisão livresca. Catálogos de bibliotecas carolíngias e manuscritos remanescentes do período revelam sua presença maciça. Além dos autores já mencionados ao longo deste livro, há referências a Pérsio; Amiano Marcelino; Plínio, o Jovem; Aulo Gelio; Paládio e Arator (MCKITTERICK, 1983, p. 152-153).

Ora, diante de tantos autores e textos, o Renascimento Carolíngio não só espraiara como alargara o *corpus* de textos para o estudo da *Physica*, que até o século VIII era tradicionalmente acessado por meio dos enciclopedistas latinos, cristãos e não cristãos, Calcídio, Macróbio, Marciano Capella, Boécio, Cassiodoro, Isidoro de Sevilha e Beda.[29] Obviamente, Apício não é uma obra de *Physica*, porém as referências para sua decodificação e incorporação no ambiente altomedieval de que venho tratando até agora advinham daquele domínio, no qual a medicina representava uma das vias mais importantes, mas não a única,

---

28 CURTIUS, 1996, p. 79; RICHÉ, 1968, p. 50-54; PAUL, 1998, p. 97-98.

29 No Ocidente medieval, o estudo da *Physica* até o século VIII parece acontecer de maneira pouco sistemática, com iniciativas isoladas e atreladas a algumas figuras do meio eclesiástico. Para Edward Grant, é apenas a partir do século XII, no contexto do aparecimento das primeiras universidades medievais, que um programa de estudos mais consistente, fundamentalmente aristotélico, se instituirá. Curiosamente, em nenhuma de suas obras consultadas, o historiador da ciência se debruça sobre o período carolíngio a fim de verificar qual foi de fato o impacto da significativa circulação de saberes promovida pelo movimento no estudo da *Physica*. Cf. GRANT, 1977, 2001, 2004.

de compreensão dos assuntos referentes aos corpos do mundo visível e da natureza – personagens principais de suas páginas.

Advém dessas reflexões um segundo ponto importante a ser considerado. A defesa de corpos que povoam o mundo visível e a natureza como figuras centrais em Apício poderia ser encarada como um equívoco, já que se trata de um livro de cozinha, objeto eminentemente cultural, e não de um compêndio sobre o cosmos. A oposição entre natureza (e aqui ela pode ser interpretada como pertencente ao mesmo campo semântico que o cosmos medieval),[30] entendida como tudo aquilo que se opõe à cultura, é por si só o erro que não se deve cometer na empreitada de compreensão do receituário apiciano na Alta Idade Média – e, no que diz respeito a esse ponto precisamente, à Antiguidade clássica também. Norbert Elias lembra, por meio do exemplo de Ptolomeu – que escreveu um tratado de astrologia paralelamente a um tratado de astronomia –, que tanto no seu espírito como no de seus contemporâneos, havia uma evidente complementaridade entre aquelas duas disciplinas. "'Natureza' e 'humanidade', 'objetos' e 'sujeitos' ainda não apareciam como campos existencialmente distintos do universo" (ELIAS, 1998, p. 85).

---

30 Uma verificação, mesmo superficial, das reflexões envolvendo a temática da natureza no período medieval revela sua complexidade. O termo latino (*natura*, derivado de *natus*, particípio passado do verbo *nasci*, nascer) ao ser escolhido como opção de tradução do grego *physis* ou *ousia* carregou consigo toda a polissemia herdada das proposições filosóficas de diferentes correntes da filosofia grega antiga. Primitivamente, remetia à noção de engendramento das coisas vivas, ou o princípio de produção de seres vivos, e, por extensão, acabou designando também as características físicas que constituem uma determinada coisa. No cristianismo, entretanto, o princípio criador advém exclusivamente do Deus único. A natureza passa a ser assim obra e reflexo da criação divina; e, nesse sentido, sinônimo do mundo visível. Para a Alta Idade Média, mais especificamente, a questão deve ser examinada a partir da óptica platônica que atravessou os séculos pelas lentes de pensadores cristãos como Boécio, Agostinho, Pseudo-Dionísio e João Escoto Erígena. Uma síntese da trajetória do conceito ao longo de toda a Idade Média pode ser encontrada no verbetes "Nature" em GAUVARD; LIBERA; ZINK, 2002, p. 967-976; e em GLICK; LIVESEY; WALLIS, 2005, v. II, p. 359-364.

Voltando à cosmologia altomedieval, não se pode esquecer que o cosmos cristão, embora tenha perdido a harmonia primordial com o Pecado Original, cedendo lugar a um cosmos de assimetrias hierarquizadas onde plantas, animais, homens e outros elementos do mundo visível vivem em eterno combate,[31] é um todo ordenado. O versículo bíblico "tudo dispuseste com medida, número e peso" ("sed omnia in mensura, et numero, et pondere desposuisti", Sb 11, 21) é recuperado por Agostinho em sua interpretação do livro da Criação (*De genesi ad literam*) para indicar a perfeição de todas as coisas criadas por Deus.[32] Conhecer o todo é, em primeiro lugar, aceitá-lo como todo, ou seja, não empreender nele fratura de espécie alguma, a não ser como recurso meramente didático decorrente de algum processo intelectivo.

Assim o que faço aqui, à guisa de conclusão, não é tanto advogar um lugar para Apício na Alta Idade Média – pois me parece que ele ali sempre existiu –, mas revelar que seu ocultamento foi tão profundo e eficiente a ponto de anulá-lo perante a erudição moderna. Em outras palavras, a discussão sobre o *locus* apiciano é muito mais uma questão que toca o pesquisador moderno do que, pura e simplesmente, seu objeto de investigação. Todos os especialistas examinados ao longo deste trabalho que elegeram, de maneira direta ou indireta, Apício como objeto de estudo acabaram transferindo, de modo mais inconsciente do que consciente, para a relação sujeito-objeto a fenda "quase espacial", como lembra Norbert Elias, entre um mundo interno e um mundo externo:

> Os dois conceitos – 'sujeito' e 'objeto' – que, no interior de um mesmo e único processo cognitivo remetem simplesmente a uma indissolúvel correlação funcional entre o homem e a natureza, ou

---

31 Cf. DENDLE, 2008, p. 47-59.
32 AGOSTINHO, 2001, p. 289-299.

entre o homem e ele mesmo, são travestidos pelo discurso filosófico em duas existências independentes, separadas em si por um abismo espacial intransponível. No uso da linguagem filosófica, o mundo está 'fora' e o saber 'dentro'.[33]

Esse *modus operandi* não é próprio ao homem medieval, mas sim à nossa contemporaneidade. Para o homem medieval, o mundo (a natureza e o cosmos) e o saber sobre o mundo estão por toda parte. A própria cisão interno/externo ao humano, assim como natural/sobrenatural, não se insere na lógica de pensamento do período.[34] Não faz sentido algum, portanto, classificar Apício senão segundo a lógica da existência de um espaço único de saberes contíguos e complementares. Para os medievais, o texto apiciano trata a um só tempo da cozinha – na dimensão alargada como vista nas páginas precedentes – e do cosmos, pois não existe cozinha fora do cosmos, espaço onde se processa a operação cotidiana de transformação de corpos animais e vegetais, reduzidos à condição de ingredientes de diferentes qualidades, em comida que alimenta corpos humanos de diferentes compleições. Necessidade imposta pela perda do Éden onde, supostamente, o ato de cozinhar é inexistente. Em qualquer relato do Paraíso, a comida existe pronta para o consumo. Não haveria, assim, ato mais mundano. Curiosamente, entretanto, o mundano reveste-se de sagrado quando, a partir de números, pesos e medidas, é possível conferir ordem e proporção ao caos de matérias-primas, assemelhando-se assim ao ato primordial da Criação. Se todas essas dimensões devem ser acionadas na leitura de Apício na Alta Idade Média, como acreditar que a

---

33 ELIAS, 1998, p. 99.
34 Esse tema foi tratado com profundidade em obras como LE GOFF, 1983; FRANCO JÚNIOR, 1996; 1998; 1992; GUREVITCH, 1990.

chave para sua compreensão no período possa vir inteiramente de apenas uma ou duas disciplinas científicas modernas?

Na realidade, a resposta a essa questão faz parte de um debate que se encontra em aberto. Os temas alimentares ocupam um gigantesco espaço na vida das sociedades ocidentais da atualidade – seja porque integram a pauta das agendas de políticas públicas ligadas ao combate à fome ou à segurança alimentar; seja porque estão intimamente ligados às questões de saúde de coletividades ou de indivíduos cada vez mais obcecados pela sobreposição saúde e estética; seja porque se infiltram em nossas casas por meio da enorme variedade de itens comprados em feiras e supermercados, *in natura* ou industrializados; seja ainda porque foram convertidos em objetos de consumo contemporâneos que transformaram a mesa e seu entorno em uma das mais desejadas opções de lazer e turismo. No entanto, a despeito de tamanha presença cotidiana, em nossa sociedade perdeu-se a consciência dessa totalidade do fenômeno alimentar e culinário.

Retomando a reflexão de Jack Goody, vale a pena lembrar que a cozinha envolve uma cadeia de processos, fases e *loca* próprios às sociedades as quais está associada. Assim, existem cinco processos (plantar; alocar/estocar; cozinhar; comer; limpar) aos quais correspondem cinco respectivas fases (produção; distribuição; preparação; consumo; descarte) e *loca* (fazenda; celeiro/mercado; cozinha; mesa; copa) (GOODY, 1982, p. 37-38). A cozinha se instaura, portanto, no seio de um grupo social como polo para o qual convergem aspectos ambientais, econômicos, políticos e culturais identificados nos processos, fases e locais acima mencionados. Do ponto de vista científico, a cozinha é, portanto, um objeto interdisciplinar por excelência, ou seja, cuja compreensão, obviamente, depende do afastamento das seções que constituem as disciplinas modernas; particularmente daquelas que, até o momento, ainda figuram como espaços privilegiados de reflexão sobre o alimentar: as disciplinas biomédicas, em especial, a medicina e a nutrição. Evidentemente, é possível operar recortes didáticos e optar por um estudo mais horizontal dos processos que envolvem a cozinha. Porém, no caso deste livro, a questão essencial é não deixar de inseri-la naquela malha, não tratá-la como objeto isolado.

Essas considerações me parecem pertinentes, porque mesmo do ponto de vista dos cientistas sociais e historiadores que se debruçam de maneira arejada sobre o tema, e particularmente sobre o tema na Idade Média, percebe-se a dificuldade, ou a resistência, de se afastar dos pressupostos aos quais estão atrelados e que se encontram profundamente internalizados em sua condição de comensal. Quero dizer, a alimentação é algo tão primordial e banal que o exercício de pensar sobre ela requer talvez muito mais esforço e distanciamento do que aquele praticado em relação a outros objetos de reflexão. E ainda assim, quando a reflexão é possível, ela aparece inundada pela concepção moderna que alinha a alimentação ao físico, não o físico da Idade Média, mas o físico desencarnado, desincorporado, da modernidade. Físico da cientificização e do nutricionismo.[35] Físico sem a terra e sem o cosmos. Reside aqui, portanto, todo o paradoxo dos estudos ligados à alimentação e à cozinha medieval, pois resulta de sua "aparente futilidade"[36] o elemento complexo e complicador que muitas vezes funciona como o véu opaco que impede a visão da alimentação como campo fértil de investigação sobre os homens; os homens em sociedade. Nesse sentido, trabalhar com Apício foi um enorme desafio.

---

35 Sobre esses temas, não posso deixar de fazer menção aos trabalhos dos sociólogos Jean-Pierre Poulain (2004), Jean-Pierre Courbeau (2002) e Stephen Mennell (1996), dos historiadores Felipe Fernández-Armesto (2001) e Harvey Livenstein (1993), e do jornalista Michael Pollan (2008). Todos eles, refletindo sobre a contemporaneidade e pouco tocando nos problemas específicos da Idade Média, forneceram riquíssimo enquadramento para a compreensão da alimentação e da cozinha naquele período.

36 Cf. POULAIN, 2004, p. 167-170.

CONSIDERAÇÕES FINAIS

O sono de Apício

A ausência de manuscritos medievais de Apício posteriores ao século IX é intrigante. Alguns poderiam argumentar, mesmo após a reflexão das páginas precedentes, que o fato confirmaria a insignificante reverberação do texto nos grupos sociais do período. Evidentemente, não é essa a perspectiva com que trabalhei ao longo destas páginas. Embora a vida de Apício na Alta Idade Média tenha sido fugaz e restrita aos séculos VIII e IX, nem por isso esteve menos ativamente imbricada com os meios aristocráticos, eclesiásticos e laicos, daquela sociedade. O interesse por Apício esteve atrelado ao Renascimento Carolíngio; foi parte dele como fenômeno e como sintoma. Intelectuais das escolas e das cortes atuantes naquele movimento cultural debruçaram-se sobre o grande número de textos de autores antigos selecionados e copiados, fizeram suas leituras e interpretações – muitas delas, inclusive, a serviço da construção e manutenção de um modelo de governo imperial, desejado por Carlos Magno e seus predecessores. Contudo o movimento, e Apício como parte dele, não se encerrou como simples reflexo da política carolíngia, ele possuía dinâmicas próprias que, dentre outras coisas, fez circular saberes e ideias antigas, algumas das quais incorporadas ao instrumental medieval para pensar a respeito do mundo em que se vivia. O que se viu, é que nesse mundo havia um lugar para Apício.

Mas o mundo medieval é, acima de tudo, cristão. Assim, ao ser transladado da Antiguidade para o medievo, Apício experimentou resignificações. A separação entre cozinha e medicina, que desde a Antiguidade nunca fora algo de fácil discriminação, permaneceu; porém foi necessário colocar o acento no quinhão médico-dietético do receituário para que, em uma Alta Idade Média cristã, na qual o pensamento eclesiástico sobre a comida é, via de regra, sinônimo do discurso sobre os perigos do pecado da gula, Apício sobrevivesse. É, portanto, pela inclusão no âmbito da dietética, que o receituário recebeu sua chancela, seu salvo-conduto, para se assentar em uma daquelas brechas permitidas pelo pensamento, em geral, mais arejado do movimento carolíngio. Sua associação com textos dietéticos e farmacológicos lhe temperou e lhe conferiu possibilidade de guiar a execução de preparações que promoviam a manutenção do equilíbrio de um estado saudável (ou mesmo, em alguns poucos casos, a cura de um estado desequilibrado) condizente com a noção de temperança cristã.

A possibilidade de compreender Apício pelo viés de uma noção de temperança que conjugava fundamentos teóricos da medicina e da teologia fez da cozinha apiciana uma cozinha intelectualizada. Sim, parece-me bastante provável que a incorporação da comida apiciana na Alta Idade Média requeria uma educação para tal. A cozinha proposta pelo receituário demandava decodificações porque, a princípio, por sua origem, não correspondia ao registro de preparações alimentares próprias às populações francas (como foi demonstrado, o processo de registro tinha origem em algum ponto perdido no tempo). No entanto, esse aspecto não constituía ponto de total estranhamento, afinal era possível aos francos carolíngios reconhecer em Apício ingredientes e modos de preparo familiares, resultado de alguns consideráveis séculos de convivência entre galos e romanos (a lentíssima aproximação entre os dois modelos alimentares já estava em andamento...). Explicações para a cozinha apiciana eram muito mais necessárias para sanar a marca negativa, mundana e pagã, que o receituário carregava. O imperativo de interpretá-lo à luz da substantiva quantidade de referências médicas cristianizadas pelos carolíngios foi o que, certamente, conferiu àquela cozinha um caráter intelectualizado e cientificizado, passível de ser digerido em ambientes familiarizados com esses discursos.

Essa caracterização da cozinha apiciana era bastante condizente com o estado de espírito dos meios por onde circularam seus manuscritos: monges e laicos aristocratas interessados em ampliar seus horizontes, desejosos do conhecimento e do saber (do sabor?) das coisas deste e do outro mundo. Desejo que aparece velado nas fontes, mas que é possível entrever pelas frestas, como revelam as situações investigadas no último capítulo. Mais ainda, desejo tímido que parecia anunciar maior audácia nos movimentos em relação à comida se não fosse a sisudez e o moralismo com que os movimentos reformadores dos séculos X e XI impuseram, no âmbito de seu amplo programa, normas de condutas cotidianas cada vez mais rígidas, dentre elas, a retidão dos comportamentos alimentares assemelhada à dos religiosos dos primeiros tempos do cristianismo (talvez tenha sido por essa razão que o Renascimento do século XII não tenha tido força suficiente para despertar Apício). O pensamento eclesiástico sobre a comida, examinado no segundo capítulo, nunca deixara de existir como referencial norteador do dia-a--dia – mesmo porque, na Idade Média, a mudança não é uma virtude –, mas as brechas abertas a possíveis flexibilizações pelo Renascimento Carolíngio foram vigiadas, se não obstruídas.

Apício dormiu um sono tão profundo que nem mesmo as iniciativas organizadas em torno de novas demandas por livros de cozinha nos séculos XIII e XIV puderam abalar seu repouso. Seria assim tamanha a ameaça de seu conteúdo pagão voltar a assombrar o desejo, já não mais tão acanhado e receoso, de experiências gustativas distintas? O fato é que paladares daqueles séculos aceitaram as obras culinárias de Taillevent[1] e de outros autores anônimos, mas não Apício. É apenas no contexto do Renascimento do século XV que o texto apiciano será finalmente despertado; a julgar pelo erudito estudo de Bruno Laurioux, impulsionado pela publicação de *De honesta voluptate et valetudine*, escrita em Roma nos anos 1460 pelo humanista italiano Bartolomeo Sacchi, também chamado Platina. A obra que promovia abertamente a discussão dos prazeres da mesa, temperados pelas exigências da honestidade e da saúde, faz menção direta a suas fontes: Catão, Varrão, Columella e Apício. Em seu título, estão indicativos de um dos debates do Humanismo da época: o estatuto do prazer (*voluptas*), particularmente, o prazer justo (*honestus*), ou seja, aquele que existe de forma justificada quando em conformidade com a moral e com a saúde (*valetudo*).[2] Não será então sem razão que dezesseis manuscritos renascentistas de Apício aparecerão na segunda metade do século XV (se para consumo ou não, essa é outra discussão, aliás, mais uma dentre tantas polêmicas relacionadas a Apício...).[3]

Enfim, parece inegável o apelo de Apício aos "renascimentos". Mas cada época faz renascer o que sonha para si. O que está em jogo, por meio de Apício, é a sua possibilidade de reapresentar, ou presentificar,

---

[1] Guilheme Tirel, também chamado Taillevent (1310-1395). Provavelmente de origem normanda, começa como moço de cozinha de Jeanne d'Évreux, mulher de Carlos IV, o Belo, em 1326; em 1356, é mestre de cozinha de Felipe VI de Valois; e, posteriormente, entra para o serviço do Delfim, duque da Normandia, acompanhando-o até a subida ao trono como Carlos V em 1364. Taillevent assina o célebre livro de cozinha intitulado *Viandier*, que se tornará uma das referências mais importantes para outras produções do gênero até o século XVII. No entanto, a obra já existia antes de Taillevent assumir sua paternidade (segunda metade do século XIII).

[2] Cf. LAURIOUX, 2006b.

[3] A questão foi examinada por Laurioux (*idem*, p. 220-224).

um passado em que se quer de alguma maneira espelhar. Mas os homens nas sociedades dos séculos VIII/IX e do século XV constituem formações distintas, por isso o que buscam no espelho e o que ali enxergam não é jamais a mesma coisa. O Renascimento Carolíngio desperta Apício para nele conhecer e compreender melhor os corpos da *Physica*, para experimentá-los, para saboreá-los temperadamente (e, em algumas circunstâncias, talvez nem tanto...). Mas os corpos serão sempre, e acima de tudo, corpos cristãos, corpos que apodrecem para libertar o espírito para a eternidade. Nesse sentido, as brechas que o Renascimento Carolíngio permitiu ao pensamento eclesiástico sobre a comida tiveram pouco alcance e uma existência temporalmente bastante demarcada, pois logo foram suplantadas pelas propostas das reformas dos séculos X e XI, cujo apelo era indiscutível aos homens da época: o que era a efemeridade dos prazeres terrenos perto das promessas de uma existência eterna no Paraíso?

Assim, não creio que se deva atribuir à força do poder coercitivo do discurso eclesiástico sobre o pecado da gula e outros temas alimentares o motivo único pelo qual Apício dormiu por tanto tempo, antes e depois dos séculos VIII e IX. Na verdade, escolhas estiveram em jogo, e os homens daqueles séculos responderam positivamente à possibilidade de trilhar caminhos distintos daqueles sinalizados pelos conhecimentos antigos disponibilizados pelo Renascimento Carolíngio. A discussão sobre a comida e o prazer proporcionado por ela foi anunciada, mas não se sustentou. Os mesmos elementos que estão na pauta de Platina e seus contemporâneos do século XV – a temperança no prazer e a importância da saúde – estão disponíveis naqueles séculos medievais, mas ficaram restritos a alguns ambientes que não puderam lhe dar lugar de destaque para além daquele espaço e tempo.

Finalmente, devo dizer que, apesar do cenário que se configurou mais visível a partir do século IX, não acredito que a comida e a dimensão de prazer atrelada a ela tenham desaparecido do horizonte dos homens medievais. Esses são temas de absoluto interesse humano, mas que o enquadramento oficialmente cristão da sociedade medieval revestiu de complexidade delicada e tensão potencial. Por isso não ocuparam quase nenhum espaço nos livros. Mas, nesse sentido, curiosamente, Apício pode ser compreendido também como a exceção que confirma a regra. Em um mundo orientado pela religião do *Livro*, a escritura e o próprio livro constituem ato e objeto revestidos de forte carga simbólica e, por que não dizer, de certa sacralidade. Ora, coube a Apício um lugar nos livros medievais. Esse gesto não foi sem importância: seja para praticar, seja para entesourar, ele estabeleceu uma ligação contraditória, tensa, mas, sobretudo, genuína, entre o universo das necessidades e o universo dos prazeres vividos e sonhados.

REFERÊNCIAS BIBLIOGRÁFICAS

Abreviações

CCSL = Corpus Christianorum: Series Latina. Vários editores. Turnholt: Brepols, 1953ss.

CCCM = Corpus Christianorum Continuatio Medievalis. Vários editores. Turnholt: Brepols, 1971ss.

MGH = *Monumenta Germaniae Historica*. Edição de G. Pertz e Georg Waitz *et al.* Hannover, 1826ss. Disponível em: <http:www.dmgh.de>. Acesso em: 17 ago. 2011.

SC = Sources Chrétiennes. Vários editores. Paris: Ed. du Cerf, 1971ss. 525 v.

Settimana = Settimana di Studi del Centro Italiano sull'Alto Medioevo.

PL = Patrologiae Cursus Completus. Series Latina. Edição de J-P. Migne. Paris, 1841-1864. 221 v. (várias reimpressões por Turhnholt: Brepols).

PG = Patrologiae Cursus Completus. Series Graeca. Edição de J-P. Migne. Paris, 1857-1886. 161 v. (várias reimpressões por Turhnholt: Brepols).

Fontes primárias

Manuscritos

Apício

APICIUS. B.N.F Ms. Lat. 10318, Codex Salmasianus. Disponível em: <http://archivesetmanuscrits.bnf.fr/ead.html?id=FRBNFEAD000072049>. Acesso: 6 jun. 2014.

APICIUS. Codex New York Academy of Medicine 1.

APICIUS. Codex Vaticanus Urbinas Lat. 1146.

Complementares

HIPÓCRATES. *Incipit peri dietes Ippocratis hoc est de observantia ciborum. De positione locurum* (Cod. Bodmer 84). Disponível em: <http://www.e-codices.ch/bibliotheken/cb/cb_en.htm> (fólios 1-22v). Acesso em: 17 ago. 2011.

Confectio ad garum faciendum. Cod. BnF, Latin 11219, fólio 222. Disponível em: <http://www.e-codices.unifr.ch/en/description/csg/0752> (fólios 130-131). Acesso em: 17 ago. 2011.

Confectio liquaminis quod omogarum vocant... (Cod. Sangall 899). Disponível em: <http://www.e-codices.unifr.ch/en/description/csg/0899> (fólios 138-140). Acesso em: 17 ago. 2011.

Edições e traduções

Apício

Apici Caeli de re coquinaria libri decem. Edição de C. T. Schuch. Heidelberg: [s.n], 1867.

Apicii decem libri qui dicuntur De re coquinaria. Edição de Mary Ella Milham. Leipzig: Teubner, 1969.

Apici librorum X *qui dicuntur de re coquinaria*. Edição C. Giarratano e F. Vollmer. Leipzig: Teubner, 1922.

Apicius. L'art culinarie. Edição e tradução de Jacques André. Paris: Les Belles Lettres, 1987. [1a. ed. 1965]

GROCOCK, Christopher; GRAINGER, Sally. *Apicius*: a critical edition with an introduction and English translations of the Latin recipe text. Totnes: Prospect Books, 2006.

I codici dei libri de re coquinaria di Celio. Edição de C. Giarratano. Nápoles: [s.n], 1912.

IHM, M. Die Apicius-Exzerpte im Codex Salmasianus. *Archiv für Lateinische Lexikographie und Grammatik*, Leipzig, XV, p. 63-73, 1908.

ORNELLAS E CASTRO, Inês. *O livro de cozinha de Apício*. Um breviário do gosto imperial romano. Lisboa: Colares, 1997.

The Roman Cookery Book. Edição e tradução de Barbara Flower e Elisabeth Rosembaum. Londres: Peter Nevill, 1958.

Complementares

AGOSTINHO. *De civitate Dei*. Edição de Bernard Dombart e Alphonsus Kalb. CCSL, 1955, v. 48.

_____. *De vera religione*. Edição de Joseph Martin. CCSL, 1962, v. 32.

_____. *Confessiones*. Edição de Cetedoc. CCSL, 1983, v. 28.

_____. *De Genesi ad Literam. La Genese au sens littéral*. Edição, tradução e introdução de P. Agaesse e A. Solignac. Paris: Institut d'Etudes Augustiniennes, 2001. 2v.

_____. Confessiones. In: *Obras completas de San Agustín*. Tradução de Angel C. Veja. Madri: Biblioteca de Autores Cristianos, 2005, v. 2.

_____. *A verdadeira religião*. Tradução de Nair de Assis de Oliveira. São Paulo: Paulus, 2002.

_____. *De diversis quaestionibus octoginta tribus*. Edição de Almut Mutzenbecher. CCSL, 1975, v. 44A.

ALCUÍNO. *In Evangelium Joannis*. PL, v. 100, col. 733-1007.

_____. *De virtutibus et vitiis*. PL, v. 101, col. 613-638.

_____. *Dialogus de rhetorica er virtutibus*. PL, v. 101, col. 919-949.

_____. *Carmina XXVI*. MGH, *Poetae Latini aevi Carolini* I, p. 245-246.

_____. *Epistola 65*. MGH, *Epistolae Karolini aevi* II, p. 107-109.

_____. *Epistola 250*. MGH, *Epistolae Karolini aevi* II, p. 404-406.

ADBREVIATIO de rebus omnibus Ebobiensi monastério pertinentibus. In: CASTAGNETTI, Andréa *et al* (ed.). *Inventari Altomedievali di Terre, coloni e redditi*. Roma: Instituto Storico Italiano per Il Medio Evo, 1979, p. 121-144.

ALDRIC DE MANS. *Gesta Aldrici*. PL, v. 115, col.29-105.

AMBRÓSIO AUTPERT. *Libellus de conflictu vitiorum atque virtutum*. Edição de R. Weber. CCCM, v. 27B, 1979.

AMBRÓSIO DE MILÃO. *De Elia et jejunio*. PL, v. 14, col. 697-731.

ANTIMO. *De obseruatione ciborum. On the observance of foods*. Edição e tradução de Mark Grant. Totnes: Prospect Books, 1996.

ARQUÉSTRATO. *The life of luxury*. Edição e tradução de John Wilkins e Shaun Hill. Totnes: Prospect Books, 1994.

ATENEU. *Dipnosophistarum*. Sttutgart: Teubner, <19-->.3v.

AUSÔNIO. Epistola XX. *Epistolarum Liber*. PL, v. 19, col. 913-936.

BEDA. *In Evangelium S. Marci*. PL, v. 92, col. 131-302.

BENEDITO CRISPO. *Commentarium Medicinale*. Edição de Ioannes Ullrich. Kizingae, 1835.

BENEFICIOURUM Fiscorumque Regalium. MGH, *Leges, Capitularia regum Francorum*, p. 178-180.

BIBLIA Vulgata. 10ª ed. Madri: Biblioteca de Auctores Cristianos, 1999.

BUECHELER, F.; RIESE, A. *Anthologia Latina sive codicibus scripta*. Leipzig: Teubner, 1894.

CAPITULARE De villis imperialibus. MGH, *Leges, Capitularia regum Francorum*, p. 181-187.

CASSIODORO. *De Intitutione divinarum litterarum*. PL, v. 70, col. 1105-1149.

CESÁRIO DE ARLES. *Sermons au peuple*. Edição, tradução e notas: Marie-José Delage. SC, 1971, v. 200.

CHRONIQUE des Abbés de Fontenelle (Saint Wandrille). Edição, tradução e notas de Pascal Pradié. Paris: Belles Letrres, 1999.

CORPUS Consuetudinum Monasticorum. Edição de Kassius Hallinger. Siegburg: F. Schmitt, 1963.

DIOSCÓRIDES. *Plantas y remédios medicinales*. Introdução, tradução e notas de Manuela Garcia Valdé. Madri: Gredos, 1998.

DIPLOMA XXXII Diploma Chilperici II, regis francorum quo plurima dona confert monastério Corbeiensi. PL, v. 88, col. 1123-1124.

EGINHARDO. *Vie de Charlemagne*. Edição e tradução de Louis Halphen. Paris: Les Belles Lettres, 1994.

ERMENRICI Elwangensis epistola ad Grimaldum abbatem. MGH, *Epistola Karolini Aevi III*, p. 534-579.

EVÁGRIO DO PONTO. *Traité pratique ou le moine*. Edição e tradução de Antoine Guillaumont e Claire Guillaumont. SC, 1971, v. 171.

_____. *The Greek Ascetic Corpus*. Tradução, introdução e comentários de Robert E. Sinkewicz. Oxford: Oxford University Press, 2005 (Oxford Early Christian Studies).

FORMULAE Marculfi. MGH, *Leges, Formulae Merowingici et Karolini aevi*, p. 49.

GALENO. *On food and diet*. Introdução, edição tradução e comentários de Mark Grant. Londres: Routledge, 2000.

_____. *On the properties of foodstuffs*. Introdução, edição, tradução e comentários de Owen Powell. Cambridge: Cambridge University Press, 2003.

GEOPONIKA: Agricultural Pursuits. Tradução de Thomas Owen. 1805-1806. Disponível em: <http://www.ancientlibrary.com/geoponica>. Acesso em: 17 ago. 2011.

GREGÓRIO MAGNO. *Moralium Libri*. PL, v. 76, col. 9-780.

GREGÓRIO DE TOURS. *Libri historiarum X*. MGH, *Scriptores rerum merovingicarum*.

HILÁRIO DE POITIERS. *La Trinité*. Edição e tradução de G. M. Durand, Ch. Morel e G. Pelland. SC, 1999, v. 443.

HIPÓCRATES. *Regimen II*. Edição e tradução W. H. S. Jones. Londres: Harvard University Press, 1931, p. 297-366 (Loeb Classical Library, IV).

_____. *Nature of man*. Edição e tradução W. H. S. Jones. Londres: Harvard University Press, 1931, p. 1-42 (Loeb Classical Library, IV).

ISIDORO DE SEVILHA. *Etymologiae*. PL, v. 82, col. 73-728.

JOÃO CASSIANO. *Conférences* I e II. Edição, tradução e notas Dom Eugène Pichery. SC, 1959, v. 42bis e 54.

_____. *Intitutions cénobitiques*. Edição, tradução e notas: Jean-Claude Guy. SC, 2001, v. 109.

LA RÈGLE DE SAINT BENOIT. Tradução e notas de Adalbert de Vogüé; Texto e concordância: Jean Neufville. SC, 1971-1977, v. 181-186A.

LES APOPHTHEGMES des pères. Edição, tradução e notas de Jean-Claude Guy. SC, 1993-2005, v. 387, 474 e 498.

LES STATUTS D'Adalhard. Edição de Leo Levillain. *Le Moyen Age*, v. XIII, p. 233-386, 1900.

LIUTPRANDO DE CREMONA. *Relatio de legatione constantinopolitana*. PL, v. 136, col. 909-938.

_____. *Ambassades à Byzance*. Tradução de Joël Schnapp. Toulouse: Anacharsis, 2004.

LIUTPRANDI Langobardorum regis decretum quo statuuntur census persolvendi a Comaclensibus in sale advehendo per portus Langobardiae. PL, v. 87, col. 1353.

MARCIAL. *Epigrams*. Edição e tradução de Walter C. A. Ker. Cambridge, MA: Harvard University Press, 1978.

MCNEIL, John; GAMER, Helena (ed.). *Medieval Handbooks of Penance*. Nova York: Octagon Books, 1974.

MILO. *De sobrietate liber* II. MGH, *Poetae latini aevi carolini* III, p. 644-675.

NILO. *Tractatus de octo spitiribus malitiae*. PG, v. 79, col. 1145B-1146B.

LONGNON, Auguste (ed.). *Polyptque de l'abbaye de St. Germain-des-Près redigé au temps de l'abbé Irminon*. Genebra: Megariotis Reprints, 1978, v. 1.

PLÍNIO. *Natural history*. Edição e tradução de W. H. S. Jones. Cambridge, MA: Havard University Press, 1963. 10v.

RÁBANO MAURO. *De clericorum institutione*. PL, v. 107, col. 293-419.

_____. *Commentaria in Ecclesiasticum*. PL, v. 109, col. 1030.

_____. *De universo*. PL, v. 111, col. 9-612.

_____. *De vitiis et virtutibus*. PL, v. 112, col. 0763-1126.

RUFINO DE AQUILÉIA. *Historia Monachorum*. PL, v. 21, col. 387-462.

TEODOLFO DE ORLÉANS. *Theodulfi Carmina*. PL, v. 105, col. 238-376.

TERTULIANO. *De anima*. PL, v. 2, col. 641-751.

_____. *De Jejuniis*. PL, v. 2, col. 953-978.

WALAFRIDO ESTRABÃO. *Hortulus*. Edição e tradução de R. Payne. Pittsburgh: The Hunt Botanical Library, 1966.

Obras de referência

AUDI, Robert (ed.). *The Cambridge dictionary of philosophy*. Cambridge: Cambridge University Press, 1999.

BAILEY, L. H. *The standard cyclopedia of horticulture*. Nova York: MacMillan, 1929-1942. 3v.

BECCARIA, A. *I codici di medicina del período presalernitano (secoli IX, X e XI)*. Roma: Edizini di Storia e Letteratura, 1956.

BECKER, G. *Catalogi bibliothecarum antiqui*. Bonn: <s.n.>, 1885.

BLAISE, Albert. *Lexicon Latinitatis Medii Aevi*. Turnhout: Brepols, 1975.

BRUNSCHWIG, Jacques; LLOYD, Geoffrey. *Le savoir grec*: dictionnaire critique. Paris: Flammarion, 1996.

CHARAUDEAU, Patrick; MAINGUENEAU, Dominique. *Dicionário de análise do discurso*. Tradução de Fabiana Komesu. São Paulo: Contexto, 2006.

DU CANGE, C. *Glossarium mediae et infimae latinitatis, conditum a carolo du fresne, dominu du cange*. Paris: Librairie des sciences et des Arts, 1937-1938. 10 v.

DUBOIS, Jean *et al. Dicionário de linguística*. Tradução de Isidoro Beikstein. São Paulo: Cultrix, 1991.

FITZGERAD, Allan (ed.). *Encyclopédie Saint Augustin*: la Méditerranée et l'Europe. Paris: Du Cerf, 2005.

GAFFIOT, Felix. *Dictionnaire illustré Latin Français*. Paris: Hachette, 1979.

GAUVARD, Claude; LIBERA, Alain de; ZINK, Michel. *Dictionnaire du Moyen Âge*. Paris: Presses Universitaires de France, 2002.

GLICK, Thomas; LIVESEY, Steven; WALLIS, Faith (ed.). *Medieval science, technology, and medicine*: an encyclopedia. Londres: Routledge, 2005, v. 11.

GIRY, A. *Manuel de diplomatique*. Paris: Hachette, 1894.

GOTTLIEB, Theodor. *Ueber Mittelalterliche Bibliotheken*. Leipzig: Otto Harrassowitz, 1890.

HIEATT, Constance B. *et al*. Repertoire des manuscrits médiévaux contenant des recettes culinaires. In: LAMBERT, Carole. *Du manuscrit à la table*: essais sur la cuisine au Moyen Âge. Montréal/Paris: Presses Universitaires de Montréal/Champion-Slatkine, 1992, p. 317-389.

INSTITUTO ANTÔNIO HOUAISS. *Dicionário eletrônico Houaiss da língua portuguesa*. Versão monousuário 3.0. Rio de Janeiro: Objetiva, 2009.

KIPLE, Kenneth; ORNELAS, Kriemhild (eds.). *The Cambridge World History of Food*. Cambridge: Cambridge University Press, 2000. 2v.

NEW CATHOLIC Encyclopedia. Nova York: McGraw-Hill Company, 1966.

NIERMEYER, J. *Mediae Latinitatis lexicon minus*. Leiden: Brill, 1997.

PENNA, Meira. *Dicionário brasileiro de plantas medicinais*. Rio de Janeiro: Oficinas Gráficas de A noite, 1941.

REYNAL, Gérard (dir.). *Dictionnaire des théologiens et de la théologie chrétienne*. Paris: Bayard/Centurion, 1998.

STRAYER, Joseph (ed.). *Dictionary of the Middle Ages*. Nova York: Charles Scribner's Son, 1982-1989. 12v.

VACANT, A.; MANGENOT, E. (dir.). *Dictionnaire de Théologie Catholique*. Paris: Letouzey, 1910-1946. 15v.

URBÁN, Angel. *Concordantia Apiciana*. Hildesheim : Olms-Weidmann, 1995.

WICKERSHEIMER, Ernest. *Les manuscrits latins de médecine du haut Moyen Age dans le bibliothèques de France*. Paris: Éditions CNRS, 1966.

Estudos e obras gerais

ALEXANDRE-BIDON, Danièle. *Une archéologie du gout*: céramique et consommation. Paris: Picard, 2005.

ADAMSON, Melitta. *Medieval dietetics*: food and drink in "regimen sanitatis" literature from 800 to 1400. Frankfurt-am-Main: Peter Lang, 1995.

ALBALA, Ken. *Eating right in the Renaissance*. Berkeley: UCLA Press, 2002.

ALTHOFF, Gerd. Comer compromete: refeições, banquetes e festas. In: FLANDRIN, Jean-Louis; MONTANARI, Massimo (ed.). *História da alimentação*. São Paulo: Estação Liberdade, 1998, p. 300-310.

ANDREOLLI, Bruno. Il ruolo dell'orticoltura e della frutticoltura nelle campagne dell'alto medioevo. In: *L'ambiente vegetale nell'alto medioevo occidental*. 30 Marzo – 5 Aprile 1989. Spoleto: Cisam, 1990, p. 175-219.

ARBESMANN, Rudolph. Fasting and prophecy in pagan and Christian Antiquity. *Traditio*, 7, p. 1-71, 1949-1951.

ASFORA, Wanessa. *Apício*: história da incorporação de um livro de cozinha na Alta Idade Média (séculos VIII e IX). Tese (doutorado em História Social) – FFLCH-USP, São Paulo, 2009. Disponível em: <http://www.teses.usp.br/teses/disponiveis/8/8138/tde-30042010-152820/pt-br.php>.

_____. "O garo na Alta Idade Média: investigações preliminares". In: MOURA, Denise; CARVALHO, Margarida; LOPES, Maria Aparecida (orgs.). *Consumo e abastecimento na história*. São Paulo: Alameda, 2011, p. 89-113.

AUDIN, Pierre *et al. Touraine*. Paris: Bonneton, 1989.

AYMARD, Maurice. Pour l'histoire de l'alimentation: quelques remarques de méthode. *Annales E.S.C*, v. 30, n. 2-3, p. 431-442, 1975.

BAEHRENS, Emil. *Poetae Latini Minores*. Leipzig: Teubner, 1882.

BARBAUD, Jean. Capitulare De villis et jardins medievaux. In: *Le Jardin Médiéval* (colloque, concert et exposition). *Les Cahiers de l'abbaye de Saint-Arnoul*, n. 3, p. 65-73, maio-set. 1988.

BECCARIA, Augusto. Sulle trace di un antico canone latino di Ippocrate e di Galeno I. *Italia Medioevale e Umanistica*, v. 2, p. 1-56, 1959.

_____. Sulle trace di un antico canone latino di Ippocrate e di Galeno II. *Italia Medioevale e Umanistica*, v. 4, p. 1-23, 1961.

BENNASSAR, B.; GOY, J. Contribuition à la histoire de la consommation alimentaire du XIVe au XIX siècle. *Annales E.S.C*, v. 30, n. 2-3, p. 402-430, 1975.

BIKEL, Hermann. *Die Wirtschaftsverhältnisse des Klosters St. Gallen von der Grundbung bis zum Ende des XIII*. Friburgo: Herdesche, 1914.

BISCHOFF, Bernhard. *Paléographie de l'Antiquité romaine et du Moyen Âge occidental*. Tradução de Hartmut Atsma e Jean Vezin. Paris: Picard, 1993.

BLOOMFIELD, Morton. *The seven Deadly Sins*: an introduction to the history of a religious concept, with special reference to medieval English literature. East Lansing: Michigan State College Press, 1952.

BONNAISE, Paul. Consomation d'aliments immondes et cannibalisme de survie dans l'Occident du haut Moyen Âge. *Annales E.S.C*, v. 30, n. 2-3, p. 1036-1039, 1975.

BORN, E; HORN, H. *The plan of Saint Gall*. Berkeley: University of California Press, 1979. 3v.

BOULC'H, Stéphane. Le repas quotidien des moines occidentaux du haut Moyen Âge. *Révue Belge de Philologie et d'Histoire*, v. 75, p. 287-328, 1997.

BRANDT, E. *Untersuchungen zum römischen Kochbuche*. Leipzig: Dieterich'sche, 1927.

BRAUDEL, Fernand. Vie matérielle et comportements biologiques. *Annales E.S.C*, v. 16, n. 3, p. 545-549, 1961a.

_____. Alimentation et catégories de l'alimentation. *Annales E.S.C.*, v. 16, n. 4, p. 723-728, 1961b.

BROWN, G. Introduction: the Carolingian Renaissance. In: MCKITTERICK, Rosamond (ed.). *Carolingian culture*: emulation and innovation. Cambridge: Cambridge University Press, 1994, p. 1-51.

BROWN, Peter. *Corpo e sociedade*: o homem, a mulher e a renúncia sexual no início do cristianismo. Tradução de V. Ribeiro. Rio de Janeiro: Zahar, 1990.

BUONCORE, Marco. *Vedere i classici*: l'illustrazione libraria dei testi antichi dall'età romana al tardo medioevo. Roma: Fratelli Palombi, 1998.

CAIRUS, Henrique. O *corpus hippocraticum*. In: CAIRUS, Henrique; RIBEIRO JÚNIOR, Wilson. *Textos hipocráticos*: o doente, o médico e a doença. Rio de Janeiro: Fiocruz, 2005, p. 25-38.

_____. Falando em comida: uma introdução ao estudo da dieta alimentar na Antiguidade. Texto apresentado no Congresso da SBEC 2007. Disponível em: <http://www.letras.ufrj.br/proaera/cvhc.htm>. Acesso em: 17 ago. 2011.

CAMPORESI, Piero. The stupendous abstinences. In: *The anatomy of the senses*: *natural symbols in medieval and early modern Italy*. Cambridge: Polity Press, 1994, p. 64-91.

CARNEIRO, Henrique. *Comida e sociedade*. São Paulo: Campus, 2003.

CASAGRANDE, Carla; VECCHIO, Silvana. *Histoire des péchés capitaux*. Tradução de Pierre-Emmanuel Dauzat. Paris: Aubier, 2003.

CASTIGLIONI, Arturo. *História da medicina*. Tradução de R. Laclette. São Paulo: Companhia Editora Nacional, 1947. 2 v.

CERQUIGLINI, B. *Éloge de la variante*. Paris: Du Seuil, 1989.

CHARBONNIER, P. La consommation des seigneurs auvergnats du XVe au XVIIIe siècle. *Annales E.S.C*, v. 30, n. 2-3, p. 465-477, 1975.

CONTRENI, John. Counting, calendar, and cosmology: numeracy in the Early Middle Ages. In: CONTRENI, John; CASCIANI, Santa (ed.). *Word, image, number*: communication in the Middle Ages. Turnhout: Sismel, Edizione del Galluzo, 2002, p. 43-83 (Micrologus, 8).

_____. Masters and medicine in nothern France during the reign of Charles the Bald. In: NELSON, Janet (ed.). *Charles the Bald*. Londres: Longman, 1990, p. 267-282.

_____. The Carolingian Renaissance. In: TREADGOLD, W. *Renaissances before the Renaissance*: cultural revivals of late antiquitiy and the Middle Ages. Stanford: Stanford University Press, 1984, p. 59-74.

CONTRERAS, Jesús. Los aspectos culturales en el consume de carne. In: ARNAIZ, Mabel Garcia (coord.). *Somos lo que comemos*: estúdios de alimentación y cultura en España. Barcelona: Ariel, 2002, p. 221-248.

COURBEAU, Jean-Pierre; POULAIN, Jean-Pierre. *Penser l' alimentation*. Toulouse: Privat-Ocha, 2002.

CURTIUS, Ernst. *Literatura europeia e Idade Média latina*. São Paulo: Edusp, 1996.

CURTIS, Robert. Salted fish products in ancient medicine. *Journal of the History of Medicine and Allied Sciences*, v. 34, p. 430-445, 1984.

_____. *Garum and salsamenta*: production and commerce in materia medica. Nova York: E. J. Brill, 1991.

DALBY, Andrew. *Siren feasts*: a history of food and gastronomy in Greece. Londres: Routledge, 1996.

DAVRIL, Anselme; PALAZZO, Eric. *La vie des moines au temps des grandes abbayes*. Paris: Hachette, 2000.

DEMBINSKA, Maria. Diet: a comparison of food consumption between some eastern and western monasteries in the the 4th-12th centuries. *Byzantion*, v. 55, p. 429-462, 1985.

DENDLE, Peter. Plants in the Early Medieval cosmos. In: DENDLE, Peter; TOUWAIDE, Alain (ed.). *Health and healing from the medieval garden*. Woodbridge: Boydell Press, 2008, p. 47-59.

DELOGU, Paolo. Reading Pirenne again. In: HODGES, Richard; BOWDEN, William. *The Sixth Century:* production, distribuition and demand. Leiden: Brill, 1998, p. 15-40.

DEVROEY, Jean-Pierre. Courants et réseaux d'échange dans l'économie franque entre Loire et Rhin. In: *Mercati e mercanti nell'Alto Medioevo*: l'area euroasiativa e l'area mediterrânea. Settimana, 1993, p. 327-393.

_____. Units of Mesurement. Units of measurement in the Early Medieval economy: the example of Carolingian food rations. *French History*, 1, 1. Oxford: Oxford University Press, 1987, p. 68-91.

DOEHARD, Renée. *Ocidente durante la alta Edad Media*. Tradução de Maria Angeles Ibañez. Barcelona: Labor, 1984.

DONATI, Francesca P. Dieta e calendari nell'Occidente latino altomedievale. *Food and History*, v. 2, n. 2, p. 209-219, 2004.

EFFROS, Bonnie. *Creating community with food and drink in Merovingian Gaul*. Nova York: Palgrave Macmillan, 2002.

ELIAS, Nobert. *Sobre o tempo*. Tradução de Vera Ribeiro. Rio de Janeiro: Zahar, 1998.

FAVIER, Jean. *Carlos Magno*. Tradução de de Luciano Vieira Machado. São Paulo: Estação Liberdade, 2004, p. 341-342.

FERNÁNDEZ-ARMESTO, Felipe. *Food*: a history. Londres: Pan Books, 2001.

FISCHLER, Claude. Pensée magique et utopie dans la science: de l'incorporation à la diète mediterranéenne. *Pensée magique et alimentation aujourd'hui*. Paris: Les Cahiers de l'OCHA, n. 5, 1996. Disponível em : < http://www.lemangeur-ocha.com/fileadmin/contenusocha/dp_pensee_magique_01.pdf >. Acesso em: 17 ago. 2011.

FLANDRIN, Jean-Louis. Tempero, cozinha e dietética nos séculos XIV, XV e XVI. In: FLANDRIN, J.-L.; MONTANARI, M. (ed.). *História da Alimentação*. São Paulo: Estação Liberdade, 1998, p. 478-495.

_____. A distinção pelo gosto. In: ARIÈS, Philippe; DUBY, Georges (org.). *História da vida privada*. São Paulo: Companhia das Letras, 1991, v. 3, p. 267-309.

_____. Da dietética à gastronomia, ou a libertação da gula. In: FLANDRIN, J.-L.; MONTANARI, M. (ed.). *História da Alimentação*. São Paulo: Estação Liberdade, 1998, p. 667-688.

_____. Alimentation et médicine, Histoire de l'alimentation occidental. OCHA – *Observatoire Cniel des Habitutes Alimentaire*. Disponível em: <http://www.lemangeur-ocha/auteurs/detail/auteur-texte/o/alimentation-et-medecine/disp>. Acesso em: 17 ago. 2011.

FLEISCHMAN, S. Philology, linguistics, and the discourse. *Speculum*, v. 65, n. 1, p. 19-37, 1990.

FLINT, Valerie. Early Medieval 'medicus', the saint – and the enchanter. *The Society of Social History of Medicine*, v. 2, p. 127-145, 1989.

FOUCAULT, Michel. *História da sexualidade 2. O uso dos prazeres*. Tradução de J. A. Guilhon Albuquerque. Rio de Janeiro: Graal, 1984.

FRANCO JÚNIOR, Hilário. *As utopias medievais*. São Paulo: Brasiliense, 1992.

_____. *Eva Barbada*: ensaios de mitologia medieval. São Paulo: Edusp, 1996.

_____. *Cocanha*: história de um país imaginário. São Paulo: Companhia das Letras, 1998.

GANSHOF, François. À propos du tonlieu à l'époque carolingienne. In : La citta nell' alto Medioevo. *Settimana*, 6, p. 485-494, 1949.

GARCÍA-BALLESTER, Luís. *Galen and Galenism*. Aldershot: Ashgate, 2002 (Variorum Collected Studies Series).

GAUTIER, Alban. Alcuin, la bière et le vin: comportements alimentaires et choix identitaires dans la correspondance d'Alcuin. *Annales de Bretagne et des Pays de l'Ouest*, v. 111, n. 3, p. 431-441, 2004.

GEHIN, Paul. *Lire le manuscrit medieval*: observer et décrire. Paris: Armand Colin, 2005.

GIOVANNINI, Fabio. Demografia, organizzazione rurale e alimentazione in Alto Adige tra tardo antico e basso medioevo. *Archeologia Medievale: cultura materiale, insediamenti, territorio*, v. 32, p. 423-431, 2005.

GLI ARCHIVI per la storia dell'alimentazione. Atti del convegno Potenza-Matera, 5-8 settembre 1988. Roma: Ministerio per i beni culturali e ambientali, 1995. 3 v. (Pubblicazioni degli archivi di Stato, Saggi 34).

GODELIER, Maurice. *O enigma do dom*. Tradução de Eliana Aguiar. Rio de Janeiro: Civilização Brasileira, 2001.

GOODY, Jack. *Cooking, cuisine and class*. Cambridge: Cambridge University Press, 1982.

GREEN, Monica. Integrative medicine: incorporating medicine and health into the canon of medieval European history. *History Compass*, v. 7, n. 4, p. 1218-1245, 2009.

GRIECO, Allen. From the cookbook to the table: a Florentine table and Italian recipes of the fourteenth and fifteenth centuries. In: LAMBERT, Carole. *Du manuscrit à la table*: Essais sur la cuisine au Moyen Âge. Montréal/Paris: Presses Universitaires de Montréal/Champion-Slatkine, 1992, p. 29-38.

_____. Alimentação e classes sociais no fim da Idade Média e na Renascença. In: FLANDRIN, Jean-Louis; MONTANARI, Massimo (ed.). *História da alimentação*. São Paulo: Estação Liberdade, 1996, p. 466-477.

GRANT, Edward. *Physical science in the Middle Ages*. Cambridge: Cambridge University Press, 1977

_____. *God and reason in the Middle Ages*. Cambridge: Cambridge University Pres, 2001

_____. *Science and Religion, 400 B.C. – A.D. 1550*: from Aristotle to Copernicus. Londres: Greenwood Press, 2004.

GRIMM, Veronika. *From feasting to fasting, the evolution of a sin*: attitudes to food in late Antiquity. Londres: Routledge, 1996.

GUERRA, F. *Historia de la medicina*. Madri: Norma, 1989.

GUERREAU-JALABERT, Anita. La "Renaissance Carolingienne": modèles culturels, usages linguistiques et structures sociales. *Bibliothèque de l'École de Chartes*, v. 139, p. 5-35, 1981.

GUREVITCH, Aaron. *As categorias da cultura medieval*. Lisboa: Caminho, 1990.

HARMLESS, William. *Desert Christians*: an introduction to the literature of early monasticism. Oxford: Oxford University Press, 2004.

HARVEY, John. *Mediaeval gardens*. Londres: B. T. Batsford, 1981.

HEITZ, Carol. Introduction: Nouvelles perspectives pour le plan de Saint-Gall. In: HEITZ, C.; VOGLER, W.; HEBER-SUFFRIN, F. (dir.). *Le rayonnement spirituel et culturel de l'abbaye de Saint-Gall*. Paris: Université de Paris X-Nanterre, 2000, p. 5-9

HOCQUET, Jean-Claude. Le pain, le vin et la juste mesure à la table des moines carolingiens. *Annales E.S.C.*, v. 40, n. 3, p. 661-668, 1985.

HODGES, Richard; WHITEHOUSE, David. *Mohammed, Charlemagne & the origins of Europe*. Londres: Duckworth, 1983.

HODGES, Richard. *Dark ages economics*: the origins of towns and trade A.D. 600-1000. Londres: Duckworth, 1982.

_____. *Towns and trade in the Age of Charlemagne*. Londres: Duckworth, 2000.

HOWARD BLOCH, R. New philology and old French. *Speculum*, v. 65, n. 1, p. 38-58, 1990.

JOLY, Robert. Les versions latines du Régime pseudo-hippocratique. *Scriptorium*, v. 29, p. 3-23, 1975.

JÖRIMANN, Julius. *Fruhmittelalterliche Rezeptarien*. Zurich: [s.n.], 1925.

JOUANNA, Jacques. *Hippocrates*. Tradução de M. B. DeBevoise. Baltimore: The John Hopkins University Press, 1999.

_____. La théorie des quatre humeurs et des quatre tempéraments dans la tradition latine (Vindicien, Pseudo-Soranos) et une source grecque retrouvée. *Révue des études grecques*, v. 118, n. 1, p. 138-167, 2005.

JUGNOT, Gérard; DESCOMBRES, Marie-Thérese; JUGNOT, Yvette. Le jardin carolingien d'après le Capitulaire De villis. In: *Santé, médecine et assistance au Moyen Âge*. Actes du 110ᵉ Congrès National des Sociétés Savantes, 1985, Montpellier. Paris: Éditions du C.T.H.S, 1987, v. 1, p. 135-144

KÄSTNER, H. F. Pseudo-Dioscoridis de herbis feminis. *Hermes*, v. 31, p. 578-636, 1896.

_____. Addendum ad Pseudodioscoridis de herbis femininis ed. Hermae XXXI 578. *Hermes*, v. 32, p. 160, 1897.

KIBRE, Pearl. Hippocratic writings in the Middle Ages. *Bulletin of the History of Medicine*, v. 18, n. 3, p. 371-412, 1945.

_____. Hippocrates Latinus: *Repertorium* of hippocratic writings in the Latin Middle Ages (IV). *Traditio*, v. 34, p. 193-226, 1978.

LAMBERT, Carole. *Du manuscrit à la table*: essais sur la cuisine au Moyen Âge. Montréal/Paris: Presses Universitaires de Montréal/Champion-Slatkine, 1992.

LANDSBERG, Sylvia. *The medieval garden*. Londres: Thames and Hudson, 1996.

LAURIOUX, Bruno. *Idade Média à mesa*. Tradução de Elsa Andringa. Lisboa: Publicações Europa-América, 1992.

_____. Cusinier à l'antique: Apicius au Moyen Âge. *Médiévales*, v. 26, p. 17-38, 1994.

_____. *Les livres de cuisine médiévaux*. Turnhout: Brepols, 1997a (Typologie des Sources du Moyen Âge Occidental, 77).

_____. L'histoire de la cuisine: problèmes, sources et méthodes. In: cavaciocchi, S. (ed.). *Alimentazione e nutrizione, secc. XIII-XVIII* (Settimane di Studi e altri convegni, 28). Prato: Istituto Internazionale di Storia Economica F. Datini, 1997b, p. 463-487.

_____. Cozinhas medievais (séculos XIV e XV). In: FLANDRIN, Jean-Louis; MONTANARI, Massimo (ed.). *História da alimentação*. São Paulo: Estação Liberdade, 1998, p. 447-465.

_____. Cuisine et médicine au Moyen Âge: alliées ou ennemies? *Cahiers de Recherche Médievales*, 13spé, p. 223-238, 2006a.

_____. *Gastronomie, humanisme et societé à Romes au milieu du XVe siècle.* Autour du De honesta voluptate de Platina. Firenze: Sismel/Edizione del Galluzo, 2006b.

LE GOFF, Jacques. *A civilização do Ocidente Medieval*. Lisboa: Estampa, 1983. 2v.

LE JAN, Régine. *Domnus, illuster, nobilis*: les mutations du pouvoir au Xe siècle. In: SOT, Michel (ed.). *Haut Moyen Âge:* culture, education, et societé. Études offerts á Pierre Riché. Nanterre: Publidix, 1990, p. 439-448.

_____. *Femmes, pouvoir et societé dans le haut Moyen Age*. Paris: Picard, 2001.

LESNE, Émile. *Histoire de la proprieté ecclésiastique en France*. Paris: R. Giard, H. Champion, 1910. 4v.

LESTOCQUOY, J. Épices, médicine et abbayes. *Études mérovingiennes*. Actes des journées de Poitiers, 1-3 maio 1952. Paris, 1952, p. 179-186.

LEVALET, M. Quelques observations sur les cuisines en France et en Angleterre au Moyen Âge. *Archéologie Médievale*, v. VIII, p. 225-244, 1978.

LEVILLAIN, Léo. *Examen critique des chartes mérovingiennes et carolingiennes de l'abbaye de Corbie*. Paris: Picard, 1902.

LÉVI-STRAUSS, Claude. *Mythologiques I*: Le cru et le cuit. Paris: Plon, 1964.

_____. Le triangule culinaire. *L'Arc*, n. 26, Aix-en-Provence, 1965.

_____. *Mythologiques II*: Du miel aux cendres. Paris: Plon, 1967.

_____. *Mythologiques III*: L'Origine des manières de table. Paris: Plon, 1968.

_____. *Mythologiques IV*: L'Homme nu. Paris: Plon, 1971.

LITTRÉ, Émile. *Ouvres complètes d'Hippocrate*. Paris: Academie Royale de Médicine. 1839-1861. 10 v.

LIVENSTEIN, Harvey. *Paradox of plenty*: a social history of eating in Modern America. Berkeley: University of California Press, 1993.

LOPEZ, Roberto; RAYMOND, I. *Medieval trade in the Mediterranean World*. Nova York: Columbia University Press, 1961.

LOWE, E. A. Die Haupthandschriften des Apicius. *Berliner Philologische*, v. 40, col. 1174-1176, 1920.

MacKINNEY, Loren. "Dynamidia" in medieval medical literature. *Isis*, v. 24, n. 2, p. 400-414, 1936.

_____. *Medical illustrations in medieval manuscripts*. Los Angeles: UCLA Press, 1965.

_____. *Early medieval medicine*: with special reference to France and Chartres. Nova York: Arno, 1979.

MAGNANI, Eliana. O dom entre a História e a Antropologia: figuras medievais do doador. *Signum*, 2003, p. 169-193.

MARROU, Henri. *História da educação na Antiguidade*. São Paulo: Edusp, 1971.

MAYO, Hope. New York Academy of Medicine MS 1 and the Textual Tradition of Apicius. *Classica et Beneventana*, v. 36, p. 111-135, 2008.

MAURIZIO, Adam. *Histoire de l'alimentation végetale*. Paris: Payot, 1932.

MAUSS, Marcel. *Ensaio sobre a dádiva:* forma e razão da troca nas sociedades arcaicas. São Paulo: Cosac Naify, 2003.

MCKITTERICK, Rosamond. *The Frankish kingdoms under the carolingians.* Londres: Longman, 1983.

_____. Carolingian uncial: a context for the Lothar Psalter. *The Bristish Library Journal*, v. 16, n. 1, p. 1-15, 1990.

_____. The legacy of the carolingians. In: _____ (ed.). *Carolingian culture*: emmulation and innovation. Cambridge: Cambridge University Press, 1994, p. 317-323.

MCNEIL, John; GAMER, Helena (ed.). *Medieval handbooks of penance.* Nova York: Octagon Books, 1974.

MEENS, R. Pollution in early Middle Ages: the case of food regulations in Penitencials. *Early Medieval Europe*, v. 4, p. 3-19, 1985.

MELIS, Antoni Riera. La faim comme outil expiatoire: les restrictions alimentaires édictées par certaines règles monastiques aux VIe et VIIIe siècle. *Food and History*, v. 1, p. 33-48, 2003.

MENESES, Ulpiano B.; CARNEIRO, Henrique. A História da Alimentação: balizas historiográficas. *Anais do Museu Paulista*, v. 5, p. 9-91, 1997.

MENNELL, Stephen; MURCOTT, Anne; VAN OTTERLOO, Anneke. Introduction: significance and theoretical orientations; Ethnological food research. *Current Sociology*, v. 40, n. 2, p. 1-19, 1992 (The Sociology of food: eating, diet and culture).

MENNELL, Stephen. *All manners of food*: eating and taste in England and France from the Middle Ages to the present. Chicago: University of Illinois Press, 1996.

MILHAM, Mary Ella. Toward a stemma and fortuna of Apicius. *Italia medioevale e humanistica*, v. 10, p. 259-320, 1967.

_____. Apicius in the nothern Renaissance 1518-1542. *Bibliothèque d'humanisme et renaissance, travaux et documents*, v. XXIII, p. 433-443, 1970.

_____. Apicius: catalogus translationum et commentariorum. *Mediaeval and renaissance latin translations and commentaries*. Washington: The Catholic University of America Press, 1971, p. 323-329, v. 2.

_____. Leyden and the 'fortuna' of Apicius. *Renaissance Quaterly*, v. XXV, n. 2, p. 188-191, 1972.

_____. Apicius in the nothern Renaissance 1518-1542. *Bibliothèque d'humanisme et renaissance, travaux et documents*, p. 433-443.1970.

MINTZ, Sidney. Comida e antropologia: uma breve revisão. *Revista Brasileira de Ciências Sociais*, v. 16, n. 47, p. 31-41, 2001.

MONTANARI, Massimo. Storia, alimentazione e storia dell'alimentazione: le fonti scritte altomedievale. *Archeologia Medievale*, v. 8, p. 25-37, 1981 (Problemi di Storia dell'Alimentazione nell'Italia Medievale).

_____. Cibo e salute. In: *Alimentazione e cultura nel Medioevo*. Roma: Laterza, 1988a, p. 206-220

_____. Diete monastiche, In: *Alimentazione e cultura nel Medioevo*. Roma: Laterza, 1988b, p. 63-104.

_____. Estruturas de produção e sistemas alimentares. In: FLANDRIN, Jean-Louis; MONTANARI, Massimo (ed.). *História da alimentação*. São Paulo: Estação Liberdade, 1998a, p. 282-291.

_____. Os camponeses, os guerreiros e os sacerdotes: imagem da sociedade e estilos de alimentação. In: FLANDRIN, Jean-Louis; MONTANARI, Massimo (ed.). *História da alimentação*. São Paulo: Estação Liberdade, 1998b, p. 292-299.

_____. *A fome e a abundância*: história da alimentação na Europa. Bauru: Edusc, 2003.

_____. *Comida como cultura*. São Paulo: Senac, 2008.

MÜTTERLICH, Florentine; GAEHDE, Joachim. *Carolingian painting*. Nova York: George Braziller, 1976.

MUNK-OLSEN, B. *L'étude des auteurs classiques latins aux XIe et XIIIe siècles*, v. 1 (Catalogue des manuscripts classiques latins copies du IXe au XIIe siècle. Apício-Juvenal). Paris: Édtions du CNRS, 1982.

MUSITELLI, Sergio et al. The Medical School at Ravenna. *American Journal of Nephrology*, v. 14, p. 317-319, 1994.

MUZZARELLI, M. G. Norme di comportamento alimentare nei libri penitenziali. *Quaderni Medievali*, v. 13, p. 45-80, 1982.

NETTLETON, Sarah. The sociology of the body. In: COCKERHAM, William (ed.). *The Blackwell Companion to Medical Sociology*. Massachusetts/Oxford, 2001, p. 43-63.

NICHOLS, S. Introduction: Philology in a manuscript culture. *Speculum*, v. 65, n. 1, p. 1-10, 1990.

NORMAND, Eric; TREFFORT, Cécile. *A table des moines charentais*. Paris: Geste, 2005 (Catálogo de exposição).

OPSOMER-HALLEAUX, Carmélia. The garden's role in medicine. In : *Medieval Gardens*. Washington: Dumbarton Oaks Research Library, 1986, p. 93-113 (Dumbarton Oak Colloquium on the History of Landscape Architecture, 9).

PÄTCH, Otto. *L'enluminure médiévale*: une introduction. Paris: Macula, 1997.

PATTERSON, L. On the margin: postmodernism, ironic history, and medieval studies. *Speculum*, v. 65, n. 1, p. 87-108, 1990.

PATZELT, E. L'Essor carolingien: simples réflexions sur un sujet classique. *Revue des Sciences Religieuses*, v. 41, p. 109-28, 1967.

PAUL, J. *Histoire intellectuelle de l'Occident médiéval*. Paris: Armand Colin, 1998.

PAXTON, Frederick. Curing bodies – curing souls: Hrabanus Maurus, medical education, and clergy in ninth-century Francia. *Journal of the History of Medicine*, v. 50, p. 230-252, 1995.

PEARSON, Kathy. Nutrition and the early-medieval diet. *Speculum*, v. 72, p. 1-32, 1997.

PIRENNE, Henri. Mahomet et Charlemagne. *Revue belge de philologie et d'histoire*, v. 1, p. 77-86, 1922.

_____. Un contraste économique: mérovingiens et carolingiens. *Revue belge de philologie et d'histoire*, v. 2, p. 223-235, 1923.

_____. *Mahomet et Charlemagne*. Paris: PUF, 1939 (Tradução para língua portuguesa: *Maomé e Carlos Magno*. Lisboa: Asa, 1992).

PLOUVIER, Liliane. *L'Europe à table*. Histoires et recettes. Bruxelas: Éditions Labor, 2003 (Des origines au Moyen Âge central, t. 1).

PONISCH, Michel. *Aceite de oliva y salazones de pescado*: factores geo-economicos de Betica y Tingitania. Madri: Editorial de la Universidad Complutense, 1988, p. 51.

PONISCH, Michel; TARRADELL, Miguel. *Garum et industries antiques de salaison dans la Mediterranée Occidental*. Paris: PUF, 1965, p. 98-99.

POLLAN, Michael. *Em defesa da comida*: um manifesto. Tradução de Adalgisa Campos da Silva. Rio de Janeiro: Intrínseca, 2008.

POULAIN, Jean-Pierre. *Sociologias da alimentação*: os comedores e o espaço social alimentar. Tradução de Rossana Pacheco da Costa Proença, Carmen Sílvia Rial e Jaimir Conte. Florianópolis: Editora da UFSC, 2004.

PRUMMEL, Wietske. *Excavations at Dorestad 2*: an archaeozoological study. Amersfoort: 1983.

RAND, E. *A Survey of the manuscripts of Tours*. Cambridge, MA: The Medieval Academy of America, 1929.

REDON, Odile; SABBAN, Françoise; SERVENTI, Silvano. *The medieval kitchen: recipes from France and Italy*. Tradução de Edward Schneider. Chicago: The University of Chicago Press, 1998.

REYNOLDS, Philip Lyndon. *Food and the body*. Some peculiar questions in High Medieval Theology. Leiden: Brill, 1999.

RICHÉ, Pierre. *Éducation et culture dans l'Occident barbare VI-VIII*. Paris: Seuil, 1962.

_____. Les foyers de culture en Gaule Franque du VIe ao IXe siècle. In : *Centri e vie di irradiazione della civiltà nell'alto medioevo*. Settimana, 18-23 aprile 1963. Spoleto: Cisam, 1964, p. 297-354.

_____. *De l'éducation antique à l'éducation chevaleresque*. Paris: Flammarion, 1968.

_____. *Daily life in the World of Charlemagne*. Tradução e Introdução de Jo Ann McNamara. Philadelphia: University of Pennsylvania Press, 1984.

RIDDLE, John. Theory and practice in medieval medicine. *Viator: Medieval and Renaissance Studies*, v. 5, p. 157-184, 1974.

ROSE, Valentine. Aringus der hering. *Hermes*, v. 8, p. 224-227, 1874.

ROUCHE, Michel. La faim à la époque carolingienne. *Revue Historique*, 250/2, p. 295-320, 1973.

_____. Marchés et marchands en Gaule du Ve au Xe siècle. *Settimana*, 1993, p. 395-441.

_____. Les repas de fête à la époque carolingiene. In: *Le choc des cultures: Romanité, Germanité, Chrétienté durant le haut Moyen Âge*. Villeneuve-d'Ascq: Presses Universitaires Septentrion, 2003, p. 109-137.

RUAS, Marie-Pierre. Les plantes exploitées en France au Moyen Âge d'après les semences archeologiques. In: *Plantes et cultures nouvelles en Europe occidental au Moyen Âge et à l'époque moderne*. Centre Culturel de de l'Abbaye de Flaran. IXᵉ Journées Internationales d'histoire. 11-12-13 Septembre 1990. Auch, 1992.

RUBIN, Stanley. *Medieval English medicine*. Nova York: Barnes and Noble, 1974.

SANTIG, C. Nurember Renaissance Medicine and Hippocrate's Aphorisms. *Hippokratische Medizin und antike Philosophie*. Zurique, 1996, p. 531-543.

SCARBOROUGH, John. Early Byzantine Pharmacology. In: *Symposium on Byzantine Medicine*. Washington: Dumbarton Oaks Research Library, 1984, p. 213-232 (Dumbarton Oak Papers, 34).

SCHMITT, Jean-Claude. Corpo e alma. In: LE GOFF, Jacques; SCHMITT, Jean-Claude. *Dicionário temático do ocidente medieval*. Bauru: Edusc, 2002, v. 1, p. 253-267.

_____. L'invention de l'anniversaire. *Annales Histoire, Sciences Sociales*, n. 4, p. 793-835, 2007.

SCHMITZ, H. J. (ed.). *Die Bussbücher und die Bussdiscipline der Kirche*. Mainz: <s.l.>, 1883. 2 v.

SCHLLING, Chris. *The body and social theory*. Londres: Sage, 2003.

SCHUBA, Ludwig. *Die medizinischen Handschriften der Codices Palatini Latini in der Vatikanischen Bibliothek*. Ludwig Reichert: Wiesbaden, 1981.

SCULLY, Terence. *The art of cookery in the Middle Ages*. Woodbridge: The Boydell Press, 1995a.

_____. Tempering Medieval Food. In: ADAMSON, Mellita (ed.). *Food in the Middle Ages*: a book of essays. Nova York: Garland, 1995b, p. 3-23.

SIGERIST, Henry (ed.). Studien und Texte zur frühmittelalterlichen Rezeptliteratur. *Studien zur Geschichte de Medizin*, Leipzig, 1923, p. 17-160.

_____. *Materia medica* in the Middle Ages: a review. *Bulletin of the history of medicine*, v. 7, p. 417-423, 1939.

_____. The Latin medical literature of Early Middle Ages. *Journal of the History of Medicine*, p. 127-150, 1958.

SINGER, Charles. The herbal in Antiquity and its transmission to Later Ages. *The Journal of Hellenic Studies*, v. 47, pt. 1, p. 1-52, 1927.

SIRAISI, Nancy. *Medieval and Early Renaissance medicine*. Chicago: University of Chicago Press, 1990.

SOARES, Carmen Isabel Leal Soares. Receitas do mais antigo guia gastronômico : iguarias do mundo de Arquéstrato. In: CANDIDO, Maria Regina (org.). *Práticas alimentares no Mediterrâneo Antigo*. Rio de Janeiro: NEA/Uerj, 2012, p. 33-59. Disponível em : http://www.nea.uerj.br/publica/e-books/Praticas_Alimentares_no_Mediterraneo_Antigo.pdf

SOLOMON, Jon. The Apician sauce, ius apicianum. In: WILKINS, John; HARVEY, David; DOBSON, Mike (ed.). *Food in Antiquity*. Exeter: University of Exeter Press, 1995, p. 115-131.

SÖRRENSEN, Wolfgang. Gärten und Planzen im Klosterplan. In: DUFT, Johannes. *Studien zum St. Galler Klosterplan*. St. Gallen: Fehr'sche Buchhandlung, 1962, p. 193-278.

SOTRES, Pedro Gil. The regimens of health. In: GRMEK, Mirko (ed.). *Western medical thought from Antiquity to the Middle Ages*. Cambridge, MA: Harvard University Press, 1998, p. 291-318.

SPALLONE, Maddalena. Il Par. Lat. 10318 (Salmasiano): dal manoscritto alto--medievale ad una raccolta enciclopedica tardo-antica. *Italia Medioevale e Umanistica*, v. XXV, p. 1-71, 1982.

SPIEGEL, Gabrielle. History, historicism, and the social logic of the text in the Middle Ages. *Speculum*, v. 65, n. 1, p. 59-86, 1990.

STANNARD, Jerry. Alimentary and Medicinal Uses of Plants. In: *Medieval gardens*. Washington: Dumbarton Oaks Research Library, 1986, p. 69-91 (Dumbarton Oak Colloquium on the History of Landscape Architecture, 9).

_____. *Herbs and herbalism in the Middle Ages and Renaissance*. Londres: Ashgate Variorum, 1999.

STEARN, William. The historical background to the illustrations of the Herbarium Apulei and Herbolario Volgare. In: HERBARIUM Apulei 1481 – Herbolario Volagare – *1522*. Introdução de Ermínio Caprotti e William Stearn. Milão: Il Polifilo, 1979. 2 v.

STORNATOLO, C. *Codices Urbinatis Latinis*. Roma: <s.l.>, 1921, v. III.

STRANK, Karl Josef; MEURERS-BALKE, Jutta (eds.). *Karls des Grossen:* Obst, Gemüse und Kräuter. Mainz: Philipp von Zabern, 2008.

SUDHOFF, Karl. Diaeta Theodori. *Archiv für Geschichte der Medizin*, v. VIII, n. 6, p. 377-403, 1915.

TALBOT, C. H. *Medicine in medieval England*. Londres: Oldbourne, 1967.

TAYLOR, Patrick (ed.). *The Oxford Companion to the garden*. Oxford: Oxford University Press, 2006.

TEMKIN, O. *Galenism. Rise and Decline of a Medical Philosophy*. Ithaca/Londres: Cornell University Press, 1973.

THOMPSON, James. *The medieval library*. Nova York: <s.l.>, 1967 [1ª ed. Chicago: University of Chicago Press, 1939].

TROMPF, G. The concept of the Carolingian Renaissance. *Journal of the History of Ideas*, v. 34, p. 3-26, 1973.

VAN ARSDALL, Anne. Reading medieval medical texts with an open mind. In: FURDELL, Elizabeth (ed.). *Textual healing*: essays on medieval and early modern medicine. Nova York: Bull, 2005, p. 9-30.

VASILIEVA, Natalia. Semiological notes on the *De re coquinaria* by Apicius. In: *Latin Vulgaire, Latin Tardif*: Actes du Colloque Internationale sur le latin vulgaire et Tardif (Pécs, 2-5 Septembre, 1985). Tubingen: <s.l.>, 1987, p. 199-205.

VERGER, Jacques. *Cultura, ensino e sociedade no Ocidente nos séculos XII e XIII*. Bauru: Edusc, 2001.

VERHULST, A.; SEMMLER, J. Les status d'Adalhard de Corbie de l'an 822. *Le Moyen Âge*, v. 68, p. 91-123, 1962.

VERHULST, Adrian. *The carolingian economy*. Cambridge: Cambridge University Press, 2002.

VERNET, A. La transmission des textes en France. In: *La cultura latina nell'occidente latino dal VII all'XI secolo*. Setttimana, Spoleto, 1975, p. 89-123.

VOGELLEHNER, Dieter. Les jardins du haut Moyen Âge (VIIIe-XIIe siècles). In: *Jardins ete vergers em Europe occidentale* (VIIIe-XVIIIe siècles). Centre Culturel de l'Abbaye de Flaran. IXe Journées Internationales d'histoire. 18-19-20 Septembre 1987. Auch : <s.l.>, 1989 (Flaran, 9).

VOIGTS, Linda. Anglo-Saxon plant remedies and the Anglo Saxon. *Isis*, v. 70, 1979, p. 250-268.

VOISENET, Jacques. Le banquet chrétien au haut Moye Âge (V^e-XIe): un plaisir encadré. In: *Banquets et manières à la table au Moyen Âge. Senefiance*, Centre Universitaire d'Etudes et de Recherches Mediévales d'Aix, v. 38, 1996, p. 545-559.

VOLLMER, F. *Studien zu dem römischen Kochbuche von Apicio*. Munique: <s.l>, 1920 (Abhandlungen 6).

WALKER BYNUM, Caroline. *Holy feast and holy fast*. Berkeley: University of California Press, 1987.

WALLIS, Faith. Medicine in medieval calendar manuscripts. In: SCHLEISSNER, Margareth (ed.). *Manuscripts sources of medieval medicine*. Nova York: Garland, 1995a, p. 105-143.

_____. The experience of the book, manuscripts, texts and the role of epistemology in early medieval medicine. In: BATES, Don (ed.). *Knowledge and scholarly medical traditions*. Cambridge: Cambridge University Press, 1995b, p. 101-126.

WENZEL, Siegfried. The seven deadly sins: some problems of research. *Speculum*, v. XLIII, n. 1, p. 1-22, 1968.

_____. Reflections on (new) philology. *Speculum*, v. 65, n. 1, p. 11-18, 1990.

WHITAKER, C. Late Roman trade and traders. In: *Land, city and trade in the Roman Empire*. Aldershot: Variorum, 1993, p. 164-165.

WICKHAM, Chris. La sociedad. In: MCKITTERICK, Rosamond (ed.). *La Alta Edad Media*. Barcelona: Crítica, 2002, p. 69-105.

_____. *Framing the Middle Ages*: Europe and the Mediterranean 400-800. Oxford: Oxford University Press, 2005.

WILSON, Margareth. Comentários ao manuscrito de Fulda. New York Academy of Medicine, 1949 (apostila datilografada).

Esta obra foi impressa em São Paulo na primavera de 2014. No texto foi utilizada a fonte Garamond Premier Pro em corpo 11 e entrelinha de 16 pontos.